Ferdinand Dahlmanns · Die lange Flucht

Ferdinand Dahlmanns

Die lange Flucht

Geschichte des Honecker-Attentäters

Roman

Kiepenheuer

Für Eva, Jan, Alexander und Fabian

ISBN 3-378-00449-5

Ich danke allen, die mir geholfen haben, dieses Buch zu schreiben, insbesondere Axel Jäger, dessen wahre Identität ich hier nicht preisgeben kann, für sein Vertrauen, das er mir zunächst als Rechtsanwalt, dann als Autor geschenkt hat. Meine Erzählung hat in weiten Teilen seine Lebensgeschichte zum Inhalt, beruht also insoweit auf wahren Begebenheiten.

Zu Dank verpflichtet bin ich auch meinem früheren Lehrer Dr. Heinz Zumfeld aus Heinsberg für seine Unterstützung und Beratung bei der Erstellung des Manuskripts. Schließlich danke ich vor allem auch meiner Frau Eva für ihre Liebe und Geduld.

Düsseldorf, April 1990 Ferdinand Dahlmanns

Erstes Kapitel

Mai 1979

Gegen 23 Uhr verließen Axel Jäger und Karin Schackow die Ortschaft Dardesheim im Harz in westlicher Richtung. Die Wiese, die sie eben überquerten, war feucht und rutschig. Leichter Nieselregen hatte eingesetzt. Die geschlossene Wolkendecke riß nur selten auf, so daß ihr Vorhaben nicht durch Mondlicht beeinträchtigt wurde. Sie hatten für ihre Kleidung bewußt dunkelgrüne und dunkelblaue Farben gewählt, um während der Nacht unerkannt zu bleiben. Axel rechnete damit, in etwa drei Stunden die deutsch-deutsche Grenze zu erreichen. Falls sie nicht vorher entdeckt würden, schränkte er immer wieder ein, wenn er über den weiteren Verlauf ihrer Flucht nachdachte. Karin gegenüber versuchte er, möglichst selbstsicher aufzutreten, um ihre Angst zu verringern. Zwar war es auch Karins unbedingter Wunsch gewesen, die DDR zu verlassen und damit der Verlogenheit, Bevormundung, Provinzialität und dauernden Bespitzelung durch den Staatssicherheitsdienst zu entfliehen. Aber Axel hatte den Plan entwickelt, den gefährlichen Weg einer Flucht über die Landesgrenze zu wählen.

Hunderte hatten dabei schon ihr Leben verloren. Deutscher Perfektionismus hatte die über 1300 Kilometer lange Grenze zwischen den beiden deutschen Staaten fast unüberwindlich gemacht. Bereits dreißig Kilometer vor der Grenze setzten die ersten verschärften Kontrollen ein. Wer sich dennoch unbemerkt den Grenzsicherungen nähern konnte, mußte einen bis zu 3,30 Meter hohen Metallgitterzaun überwinden. Scharfkantige, aus dem Blech gestanzte

Rauten von nur zwei Zentimeter Größe boten keine Chance, den Zaun ohne Hilfsmittel zu übersteigen. Falls es überhaupt jemandem gelang, bis zum Zaun vorzudringen.

Über fünfhundert Kilometer dieser Grenze waren zusätzlich durch Tellerminen gesichert, die bei einem Druck von nur sechs Kilogramm explodierten. Selbstschußanlagen, die auf einer Länge von 860 Kilometern am Zaun befestigt waren, feuerten über hundert Stahlwürfel, die beim Auftreffen wie Dum-Dum-Geschosse wirkten, auf jeden, der einen der Auslösedrähte berührte. Erdbunker, Beobachtungstürme, Unterstände waren dauernd von Posten besetzt. Mit Maschinenpistolen bewaffnete Soldaten, die in ständig wechselndem Rhythmus längs der Grenze patroullierten, hatten strikten Befehl, auf jeden zu schießen, der sich der Grenze unbefugt näherte. Auf Spurensicherungsstreifen, die einmal wöchentlich frisch geeggt wurden, waren die Fußabdrücke noch tagelang zu sehen.

Viele Wochen hatte Axel auf Karin eingeredet, um sie zu dieser Flucht zu bewegen. Von einem Freund hatte er Kopien zweier Artikel aus einer westdeutschen Zeitschrift erhalten, in denen die Grenzbefestigungen genau beschrieben waren. Den dort abgedruckten Karten war zu entnehmen, daß nur noch wenige Teile der Grenze nicht derart befestigt waren. Südlich der Ortschaft Osterode befanden sich nach der Karte weder Grenzzäune noch Minenfelder. Selbst wenn diese Lücke in der Grenze seit dem Erscheinen der Artikel vor drei Jahren geschlossen worden sein sollte, war er fest entschlossen, die Flucht zu wagen. Er war sogar darauf vorbereitet, die Selbstschußapparate zu entschärfen. In der Zeitschrift waren Konstruktionszeichnungen veröffentlicht, die entsprechende Möglichkeiten aufzeigten.

Südlich des Ortes Osterwieck überquerten sie auf einer Brücke, die zwei Feldwege miteinander verband, den Fluß Ilse. Axel schätzte, daß sie sich nun der Grenze bis auf etwa fünf Kilometer genähert hatten. In diesem Bereich war fast jede Straße mit einem Schlagbaum versperrt. Nur Personen mit Sonderausweis, die in diesem unmittelbaren Grenzbereich wohnten, sowie die Grenzsoldaten durften dieses Gebiet betreten. Axels Nervosität wuchs. Bereits hier konnten die ersten Patrouillen unterwegs sein. Karin verstreute hin und wieder Pfeffer, um Hunde bei einer eventuellen Verfolgung zu behindern. Die Rucksäcke schienen immer schwerer zu werden. Nach etwa zweistündigem Marsch rasteten sie. Einige hundert Meter entfernt sahen sie die Lichter einer Ortschaft.

»Das wird das Dorf Hoppenstedt sein«, sagte Axel. Schweigend aßen sie vom mitgebrachten Brot und tranken Tee aus ihrer Feldflasche. Es hatte aufgehört zu regnen. Sie saßen nebeneinander zwischen drei Bäumen. Axel hatte den Arm um Karin gelegt. Sie wirkte angespannt und sah ihn schweigend mit zusammengezogenen Augenbrauen an.

»Du siehst aus wie fünfunddreißig«, versuchte Axel die Stimmung aufzulockern, »aber ich mag ältere Frauen.«

Karin verzog mißbilligend das Gesicht. »Laß die Scherze«, flüsterte sie. »Jedes überflüssige Wort bringt uns nur in Gefahr.«

Wie immer, wenn Karin sich auf etwas Besonderes konzentrierte, war sie abweisend. Ihre schlanke Gestalt wirkte dann noch drahtiger, als sei nicht nur ihr Verstand, sondern jede Faser ihres Körpers einzig dazu da, die gerade zu bewältigende Aufgabe zu erfüllen. Nur einige kleine Strähnen der langen schwarzen Haare fielen unter der Kapuze hervor in ihre Stirn. Die Lippen des sonst sinnlichen Mundes waren fest aufeinander gepreßt.

Axel verstand es besser als Karin, seine Nervosität zu unterdrücken. Die große, kräftige Gestalt strahlte Ruhe und Selbstbewußtsein aus, obwohl auch er bis aufs äußerste angespannt war. Sicher hatte auch eine gehörige Portion Abenteuerlust, die einem Achtzehnjährigen innewohnt, mit dazu beigetragen, die Flucht zu wagen.

»Wir werden jetzt noch etwa eine halbe Stunde marschieren und uns dann in Grenznähe einen Unterschlupf suchen, in dem wir uns ausruhen können. Von dort aus will ich versuchen, mir einen Überblick über die Grenzanlagen zu verschaffen«, sagte Axel und stand auf. Mit einem Taschenmesser schnitt er einen langen dünnen Ast von einem der Bäume ab und entfernte die seitlichen Zweige. Als sie weitermarschierten, hielt er diesen Ast zwischen Daumen und Zeigefinger vor seine Beine und ließ ihn locker nach unten pendeln.

»Wegen der Stolperdrähte«, sagte er leise zu Karin. »Bleib genau hinter mir und denk daran, weiter Pfeffer zu streuen!« Sie gingen etwa zehn Minuten querfeldein hintereinander her. Kein Laut war zu hören. Die Ruhe wirkte bedrückend. Es war kühler geworden. Plötzlich blieb Axel stehen. Karin sah, wie er sich bückte und dann einen Schritt zurücktrat.

»Stolperdraht«, flüsterte er und zeigte vor sich auf den Boden. Karin konnte nichts erkennen. Sie hob fragend die Schultern. Vorsichtig setzte Axel wieder einen Schritt nach vorn und ließ dabei den Zweig locker vor sich her pendeln. Karin sah, wie der Zweig an einem zunächst nicht erkennbaren Hindernis hängenblieb.

»Haben wir jetzt Alarm ausgelöst?« fragte sie leise.

»Nein, ich glaube nicht«, antwortete Axel. »Dazu war die Berührung mit dem Zweig nicht stark genug. Wir sollten trotzdem versuchen, möglichst schnell den Wald dahinten zu erreichen.«

Schemenhaft waren die ersten Bäume auszumachen. Axel kletterte vorsichtig über den Draht, der in etwa dreißig Zentimeter Höhe über den Boden gespannt war. Karin folgte ihm. Diese Stolperdrähte sind die ersten Fühler, die die vollautomatische Tötungsmaschine an der Grenze nach ihren Opfern ausstreckt. Zum Teil sind mit den Drähten Auslösemechanismen für Leuchtraketen verbunden, die bei einer stärkeren Berührung die Raketen zünden und damit die Grenzposten und Patrouillen alarmieren. Andere wiederum lösen nur stillen Alarm aus.

Nach kurzer Zeit erreichten sie die ersten Bäume des Waldes. Axel sah sich prüfend um und zeigte auf eine Gruppe von Kiefern, die dicht zusammenstanden und deren Äste fast bis zum Boden reichten. Er hob einen größeren Zweig in die Höhe und ließ Karin darunter hindurchkriechen. Dann folgte er ihr.

»Nimm mir den Rucksack ab!« sagte Karin und wandte Axel den Rücken zu. Axel half ihr, die Schulterriemen abzustreifen. Karin massierte ihre Schultern. Sie hatte seit Jahren keinen Rucksack getragen. Sie sah sehr erschöpft aus. Auch Axel hatte in der Zwischenzeit seinen Rucksack abgenommen und eine Plastikfolie auf dem vom Tau feuchten Waldboden ausgebreitet. Sie legten ihre Schlafsäcke auf die Folie. Plötzlich hörten sie das Knacken eines brechenden Zweiges. Karin fuhr zusammen und sah Axel mit weit aufgerissenen Augen an. Axel lief ein kalter Schauer über den Rücken. Er legte seinen Zeigefinger über die Lippen und sah Karin durchdringend an. Irgend etwas raschelte, und bald glaubte Axel, Schritte zu erkennen. Dann nieste jemand in ihrer Nähe.

»Gesundheit!« sagte eine männliche Stimme.

»Diese verdammte Erkältung«, sagte eine andere. Axel wagte kaum zu atmen. Das muß die Grenzpatrouille sein, dachte er. Er sah Karin an, deren Augäpfel sich von einer Seite zur anderen bewegten. Auch sie schien angestrengt zu lauschen. Es kam Karin wie eine Ewigkeit vor, bis Axel sich vorsichtig zur Seite drehte und auf Hände und Knie gestützt seinen Kopf durch die Zweige schob. Sie hatte nicht gewagt, sich zu bewegen, obwohl irgendein spitzer Gegenstand, wahrscheinlich das abgebrochene Stück eines Astes, in ihren Oberschenkel stach.

»Wir müssen hier weg«, flüsterte Axel, der inzwischen wieder zurückgekrochen war, ihr leise ins Ohr. »Hier verläuft irgendwo ein Pfad, den die Streife benutzt. Bleib du zunächst hier; ich werde sehen, daß ich ein anderes Versteck finde.«

Karin schüttelte energisch und mit angstvollem Blick den Kopf. »Du kannst mich doch nicht hier allein lassen«, sagte sie leise, und ihre Stimme verriet, daß sie den Tränen nahe war.

Axel faßte sie hart am Arm an. »Du bleibst, und damit basta! Allein kann ich mich doch viel leiser bewegen, als wir das zu zweit könnten. Du bist hier zunächst sicher. Wenn du dich ruhig verhältst, wird dich so schnell keiner finden.«

Karin seufzte und nickte dann resignierend. »Komm so schnell du kannst zurück, bitte!« flehte sie.

Axel küßte sie, strich ihr sanft über das Haar und drückte sie kurz an sich. Er versuchte, zuversichtlich zu wirken, bevor er vorsichtig das Versteck verließ. Karin setzte sich aufrecht hin. Ihren Rücken lehnte sie gegen den Stamm der Kiefer. Sie zog die Beine an und legte ihren Kopf dagegen. Sie horchte angestrengt in die Dunkelheit. Nach etwa einer Viertelstunde hörte sie ein leises Rascheln wie von Schritten, die sich ihrem Versteck näherten. Erschrocken richtete sie sich auf. Eine Patrouille, schoß es ihr durch den Kopf. Wenige Augenblicke lang hörte sie nichts mehr, bis es wieder deutlich lauter als zuvor raschelte. Karin war wie gelähmt. Sie atmete langsam und stockend. Irgend jemand näherte sich ihrem Versteck. Ein kleiner Ast brach mit einem Geräusch, das für sie angesichts der herrschenden Stille wie ein Schuß klang. Die tief herabhängenden Zweige der Kiefer wurden auseinandergebogen. Karins Augen und Mund waren weit aufgerissen.

»Ich bin's«, flüsterte Axel und ließ sich neben sie fallen. Karin seufzte erleichtert. Axel merkte deutlich, unter welcher Anspannung sie gestanden hatte. »Wir sind fast unmittelbar an der Grenze. Keine zweihundert Meter entfernt steht der Zaun«, sagte Axel leise.

Er wäre beinahe einer anderen Patrouille in die Arme gelaufen, aber er hatte plötzlich einen schwachen Lichtschein erkannt, als ein Grenzsoldat vorsichtig hinter vorgehaltener Hand an seiner Zigarette zog. Er konnte sich gerade noch unter den herabhängenden Zweigen einer Kiefer verstecken, bevor die Grenzsoldaten die Stelle erreichten, an der er zuvor gehockt hatte. Von diesem Augenblick an kroch er nur noch auf allen vieren weiter, bis er einen frisch geeggten Streifen erreichte. Soweit er sehen konnte, wuchs nicht das kleinste Unkraut. Er wußte, daß dies der Spurensicherungsstreifen sein mußte, der jeder Grenzpatrouille auf Grund der Fußspuren verriet, ob sich jemand der eigentlichen Grenzbefestigung genähert hatte. In etwa dreißig Meter Entfernung konnte Axel auch den Grenzzaun erkennen, der sich schemenhaft gegen den Himmel abhob.

»Wir müssen noch heute nacht rüber«, sagte er leise zu Karin. Er erzählte ihr kurz, was er gesehen hatte, ließ jedoch bewußt sein Zusammentreffen mit der Patrouille aus, um Karin nicht noch mehr zu beunruhigen.

»Aber wir hatten doch geplant, daß wir uns hier zunächst einen Tag aufhalten, damit wir die Lage genau auskundschaften können«, warf Karin ein.

»Wir ändern unseren Plan«, versuchte Axel ihr zu erklären, »ich dachte, wir seien noch mindestens einen Kilometer von der Grenze entfernt. Ich habe aber festgestellt, daß es nicht einmal zweihundert Meter sind. Wenn wir jetzt zurückgehen, werden wir wahrscheinlich einer Patrouille in die Arme laufen. Das Risiko ist viel zu groß. Hier können wir nicht bleiben. Zudem könnten uns trotz des Pfeffers die Hunde entdecken. Wir haben keine andere Wahl, als zu versuchen, noch heute nacht in den Westen zu kommen.«

»Aber wie willst du über den Zaun kommen? Damit hatten wir doch gar nicht gerechnet. Nach deiner Karte dürfte hier gar kein Zaun sein.«

»Die Karte ist drei Jahre alt. Außerdem weiß ich nicht, ob wir uns nicht verlaufen haben. Ein einzelner Zaun bedeutet, daß keine Tretminen verlegt sind, sonst stünden dort zwei Zäune. Auf die Selbstschußanlage bin ich vorbereitet. Zurückzugehen ist riskanter, als sofort zu versuchen, über den Zaun zu kommen. Bedenke doch, je länger wir hier bleiben, desto größer ist das Risiko, entdeckt zu werden. In spätestens zwei Stunden ist es hell. Laß uns nicht noch mehr Zeit mit Reden verplempern, sondern komm jetzt!«

Karin willigte schließlich ein. Sie nahmen in ihren Rucksäcken nur die Dinge mit, die sie unbedingt brauchten, streiften schwarze Anoraks über, in deren Futter Karin die Pässe eingenäht hatte. Dann machten sie sich auf den Weg. Zuvor hatten sie noch ihre Gesichter mit der feuchten Erde eingerieben, um sie zu schwärzen, und dunkelblaue Handschuhe angezogen.

Sie krochen zunächst auf allen vieren zu der Kiefer, unter der Axel sich versteckt hatte, als er beinahe der Fußstreife begegnet war. Dort warteten sie ab, bis eine weitere Patrouille den Pfad passiert hatte. Die Grenzsoldaten näherten sich fast lautlos. Man hörte nur gelegentlich das Rascheln von trockenen Blättern. Nachdem sie kurze Zeit gewartet hatten, stieß Axel Karin an, legte seinen Zeigefinger auf den Mund und winkte, daß sie ihm folgen solle. Vorsichtig krochen sie zu dem Spurensicherungsstreifen. Axel sah sich suchend um, bis er einen etwa armdicken, trockenen Ast entdeckte, der ihm von den Füßen bis über den Kopf reichte.

»Damit springst du wie ein Stabhochspringer so weit du kannst, wie wir es geübt haben!« flüsterte Axel so leise, daß Karin ihn gerade noch verstand. »Und dann trittst du genau in meine Fußspuren!«

Axel kroch einige Meter zurück und richtete sich dann auf. Kein Geräusch war zu hören. Er hob den Stock in die Waagerechte, versuchte möglichst schnell anzulaufen und sprang kurz vor Beginn des Spurensicherungsstreifens ab. Dabei stieß er den Ast in die weiche, frisch geeggte Erde und drückte sich mit den Händen so stark wie möglich am Stock ab. Es gelang ihm, wieder auf den Füßen zu landen. Er hob den Ast auf und warf ihn Karin zu, die ihn geschickt auffing. Axel hatte etwa fünf Meter durch seinen Sprung überbrückt.

Auch Karin kroch zunächst zurück und richtete sich auf. Ihr Sprung gelang nicht sonderlich gut. Sie war mit den Händen an dem Stock abgerutscht und auf die Seite gefallen.

»Kriech weiter!« befahl Axel barsch, dem das Herz bis zum Hals pochte. Er nahm den Ast und versuchte, so gut es in der Eile ging, die Rillen der Egge an der Stelle, auf die Karin gefallen war, nachzuziehen. Dann folgte er Karin, die keine zehn Meter von ihm entfernt hockte. Als er sie erreicht hatte, sah er, daß sie sich vor einem Kraftfahrzeugsperrgraben befanden. Axel schätzte ihn auf etwa zwei Meter Tiefe und drei Meter Breite. Ohne Zögern sprang er hinein und half dann Karin hinunterzusteigen. Die Wände des Grabens bestanden aus Baumstämmen, die waagerecht übereinandergeschichtet waren und durch senkrechte Pfosten gehalten wurden.

Axel kramte in seinem Rucksack und warf eine Zange, eine Rolle mit Angelschnur und eine selbstgefertigte Strickleiter auf die Erde. Er führte das Ende der Angelschnur um den Leib und verknotete es. Karin schaute ihm mit skeptischen Blicken zu. Offenbar setzte sie in Axels Vorbereitungen nicht das größte Vertrauen. Sie wirkte erschöpft, und Axel beschlichen Zweifel, ob es richtig war, die Flucht sofort zu wagen. Er hoffte nur, daß Karins Kräfte ausreichten.

»Sobald ich aus dem Graben heraus bin, stellst du dich auf die Rucksäcke, die drüben an der Grabenwand liegen, und beobachtest das Gelände. Wenn du etwas Verdächtiges bemerkst, ziehst du an der Angelschnur, damit ich gewarnt werde. Ich gehe jetzt los.«

»Wir werden es schaffen«, sagte Karin. Ihre Stimme bebte leicht. Axel kletterte an einem der senkrechten Baumstämme, die die Grabenwand abstützten, aus dem Sperrgraben und kroch auf allen vieren am Zaun entlang. Bald sah er in Kopfhöhe den ersten Selbstschußapparat. Unter dem Schußtrichter erkannte er ein Metallrohr, in das ein Auslösedraht hineinführte. Oberhalb und unterhalb des Auslösedrahtes, etwa zwanzig Zentimeter vor dem Zaun, waren Vogelschutzdrähte gespannt, die verhindern sollten, daß Vögel die Auslösedrähte als Aufsitzgelegenheiten benutzen. Alles sah genauso aus wie auf den Fotos und Skizzen in der Zeitschrift. Die Zündkabel, die aus dem Schußtrichter herausführten, konnte er wegen der Dunkelheit erst erkennen, als er sich dem Apparat bis auf Ellenbogenlänge genähert hatte.

Er zog die Zange aus der Tasche. Seine Hand zitterte. Er legte sich zunächst für einige Sekunden auf die Erde, um seine Nervosität unter Kontrolle zu bekommen. Dann atmete er noch einmal tief durch und hockte sich auf die Knie. Der Selbstschußapparat befand sich genau in Hüfthöhe. Axel griff zwischen den beiden Vogelschutzdrähten hindurch und erfaßte mit der linken Hand beherzt das Ende des Schußtrichters. Mit dem Daumen trennte er die beiden Zündkabel, die kurz nebeneinander den Schußtrichter verließen. Dann griff er vorsichtig mit der Zange, die er in der rechten Hand hielt, das obere der beiden Zündkabel, holte noch einmal tief Luft und drückte die Griffe kurzentschlossen zusammen. »Klack« hörte Axel, als die Schneiden aufeinanderschlugen. Beherzt erfaßte er mit der Zange das zweite Zündkabel und durchtrennte es ebenfalls. Es geschah nichts. Axel atmete erleichtert auf.

Er richtete sich auf und lief in geduckter Haltung am Zaun entlang. Nachdem er drei der Pfosten passiert hatte, sah er am vierten in Brusthöhe die nächste Tötungsmaschine. Er blickte sich eingehend nach allen Seiten um, konnte jedoch nichts Verdächtiges feststellen. Er durchschnitt auch hier beide Zündkabel und lief weiter am Zaun entlang. Der dritte Selbstschußapparat war, wie erwartet, in drei Meter Höhe an einem der Stützpfeiler befestigt. Axel überlegte kurz. Die unteren beiden Selbstschußanlagen waren entschärft. Dennoch konnte er nicht wagen, die Drähte zu berühren, da sie wahrscheinlich stillen Alarm auslösen würden. Wenn er sich vorsichtig auf die untere Halterung für den Vogelschutzdraht stellte, müßte es möglich sein, mit der Hand die Zündkabel des obersten Drahtes zu erreichen, ohne Alarm auszulösen.

Mit äußerster Vorsicht setzte er den rechten Fuß auf die am weitesten hervorragende Halterung. Er freute sich, daß sie sein Gewicht trug, als er spürte, daß Karin mehrfach an der Angelschnur zog. Sofort legte er sich so flach er konnte auf die Erde und starrte in höchster nervlicher Anspannung von der Grenze weg in Richtung Wald. Plötzlich sah er am Waldrand wieder den schwachen Lichtschein einer hinter vorgehaltener Hand gerauchten Zigarette. Er preßte sich stärker gegen die Erde und verschmolz optisch mit dem Boden.

—

Martin Tielsche fluchte. Er hatte sich wieder einmal an der Glut seiner Zigarette die Hand verbrannt. Ich werde nie lernen, hinter vorgehaltener Hand zu rauchen, dachte er. Er hielt die Zigarette zwischen Daumen und Zeigefinger der rechten Hand mit der Glut nach innen und hatte die linke Hand halbkreisförmig gegen die rechte gelegt, damit der Lichtschein der Zigarette nicht so weit zu sehen war. Während der Grundausbildung hatte ein Unteroffizier ihm und seinen Kameraden vorgeführt, daß die Glut einer Zigarette nachts über hundert Meter weit sichtbar ist. Natürlich war das Rauchen auf dem Patrouillengang strengstens verboten. Martin rauchte leidenschaftlich gern. Auch auf Patrouille wollte er sich das Rauchen nicht verbieten lassen.

Martin war beileibe kein überzeugter Soldat. Er hatte sich nach dem Abitur nur deshalb für drei Jahre zum Grenzdienst verpflichtet, um später einen Studienplatz für Zahnmedizin zu erhalten. Ohne längere Verpflichtung zur Nationalen Volksarmee konnte er kaum damit rechnen, zum Studium zugelassen zu werden. Er hatte sich vorgenommen, seine Zeit möglichst ohne größere Komplikationen abzureißen und dann endlich mit dem Studium zu beginnen. Er haßte den Grenzdienst. Vor einigen Monaten hatten er und sein Kamerad, mit dem er Doppelstreife lief, einen Flüchtenden auf dem geeggten Spurensicherungsstreifen entdeckt. Der Kamerad hatte sofort mit der Maschinenpistole das Feuer eröffnet und den Flüchtenden am Bein getroffen. Auch Martin hatte geschossen, aber so gezielt, daß er keinesfalls jemanden treffen konnte. Als sie dann zu dem Verletzten gelaufen waren, hatte Martin erkannt, daß der Flüchtende der Gastwirt des Ortes war, in dessen Nähe die Kaserne lag. Martin war zeitweise mit dessen Tochter befreundet gewesen. Der Wirt war zusammengebrochen und hielt sich das linke Bein, aus dem Blut auf die Erde tropfte.

Seit diesem Vorfall hatte er immer häufiger getrunken und war schon mehrfach in der Arrestzelle aufgewacht. Obwohl er davon überzeugt war, den Gastwirt nicht getroffen zu haben, hatte er sich geschworen, nie mehr auf Flüchtlinge zu schießen. Ihm war es deshalb eher recht, wenn Flüchtende den Lichtschein sahen, die die Glut seiner Zigarette ausstrahlte, wenn er daran zog. Wenn er dennoch bemüht war, das Licht zu verbergen, so geschah dies nur deshalb, weil die Posten von ihren Zugführern kontrolliert wurden. Eine weitere Strafe wegen eines Dienstvergehens wollte er sich nicht einhandeln. An diesem Tag hielt er das Risiko für ziemlich gering, da das Gebiet, das er zu kontrollieren hatte, mindestens drei Quadratkilometer groß war. Da dürfte es dem Zugführer schwerfallen, ihn zu finden. Wahrscheinlich würde er sich dieser Mühe erst gar nicht unterziehen.

Sein Kamerad, mit dem er in dieser Nacht Streife zu gehen hatte, schien in Ordnung zu sein. Er gehörte wohl auch nicht zu denen, die darauf aus waren, möglichst bald den nächsten Blechorden an die Brust geheftet zu bekommen.

Sie schlenderten gemächlich über den Kolonnenweg, als Martin auffiel, daß der geeggte Spurensicherungsstreifen verändert aussah. Er konnte es nicht genau erkennen, aber ihm schien, daß an einer Stelle im zweiten Drittel des Streifens die Erde dunkler aussah als die Umgebung, so als sei sie frisch aufgewühlt worden. Martin vermied, genauer hinzusehen, um seinen Kameraden nicht darauf aufmerksam zu machen. Mochte der auch in Ordnung sein, so wußte Martin doch nicht genau, ob er nicht Alarm schlagen würde. Er merkte, daß seine Hände vor Aufregung feucht wurden. Vielleicht war es ja auch nur ein Tier gewesen, das den geeggten Streifen überschritten und dabei in der Erde gewühlt hatte. Er schaute demonstrativ auf die Uhr.

»Fast vier Uhr dreißig«, sagte er zu seinem Kameraden. »Wir müssen uns beeilen, wenn wir die nächste Sprechstelle pünktlich erreichen wollen. Komm, wir legen einen Schritt zu.«

Das nächste Telefon war nach Martins Schätzung noch mindestens einen Kilometer entfernt. In spätestens fünf Minuten mußten sie telefonisch melden, daß sie dort waren.

—

Während der gesamten Zeit hatte Axel die beiden Posten angestrengt beobachtet. Ihm war aufgefallen, daß sie plötzlich schneller gingen. Ob die was bemerkt haben, dachte er. Er hielt es für unwahrscheinlich, denn dann wären sie sicher nicht weitergegangen, sondern hätten sich umgesehen. Dennoch steigerte sich seine Nervosität.

Es konnte nicht mehr lange dauern, bis es hell wurde. Deshalb wartete er nur noch kurze Zeit, nachdem die Patrouille außer Sicht war, und stieg dann entschlossen mit dem rechten Fuß auf die Halterung für den Vogelschutzdraht. Mit der linken Hand ergriff er die oberste Drahthalterung und zog sich vorsichtig am Zaun hoch. Mit der rechten Hand konnte er nun den oberen Selbstschußapparat erreichen. Die Zündkabel, die aus dem Schußtrichter hinausführten, verliefen unmittelbar nebeneinander. Es gelang Axel, da er nur mit einer Hand arbeiten konnte, nicht, sie zu trennen. Kurzerhand entschloß er sich, beide gleichzeitig zu durchschneiden. Wieder hörte er nur das kurze »Klack« der aufeinanderschlagenden Backen der Zange.

Er überzeugte sich hastig, daß tatsächlich beide Zündkabel durchtrennt waren, und stieg dann vorsichtig vom Zaun herab. So schnell er konnte, kroch er auf allen vieren zu Karin zurück. Am Grabenrand legte er sich flach auf die Erde.

»Komm, Karin, es geht los!« rief er leise. »Laß die Rucksäcke liegen, die brauchen wir nicht mehr!« wies Axel sie an und half ihr, aus dem Graben zu klettern.

Sie krochen zu der Stelle, an der Axel den letzten Schußapparat an der Spitze des Zaunes entschärft hatte. »Die drei Schußapparate rechts von uns funktionieren nicht mehr«, erklärte Axel. »Da die Reichweite jedes der Apparate nur bis zum auf der gleichen Höhe angebrachten nächsten geht, kann uns hier nichts passieren. Du brauchst also keine Angst zu haben. Achte aber trotzdem darauf, keinen der Drähte zu berühren, damit kein stiller Alarm ausgelöst wird.«

Axel entwirrte die zusammengelegte Strickleiter und reichte Karin das obere Ende, an dem Haken befestigt waren. Karin wußte, was sie zu tun hatte. Sie stellte sich mit dem Gesicht dem Zaun zugewandt auf. Axel umfaßte von hinten ihre Hüften und hob sie so weit an, daß sie sich an der obersten Halterung für den Vogelschutzdraht festhalten konnte. Vorsichtig legte sie das obere Ende der Strickleiter über den Zaun. Axel setzte sie wieder ab und zog die Strickleiter so fest an, daß die Haken an ihrem oberen Ende den Zaun sicher umschlossen.

Er stellte sich prüfend auf die unterste Sprosse der Leiter. Die Vogelschutzdrähte bogen sich leicht durch und näherten sich dem Zaun und den Drähten der Selbstschußanlage. Axel kletterte eine weitere Sprosse nach oben. Befriedigt stellte er fest, daß die Strickleiter auch bei dieser Belastung ausreichend weit von den Alarmdrähten entfernt war. Er kletterte wieder hinunter und forderte Karin auf, hinüberzusteigen. Zunächst vorsichtig prüfend, dann immer sicherer, kletterte sie Stufe für Stufe hinauf.

Plötzlich gab die Leiter nach. Der oberste Vogelschutzdraht hatte sich gelöst. Um nicht das Gleichgewicht zu verlieren, griff Karin schnell mit der linken Hand auf die obere Kante des Zaunes. Im gleichen Augenblick hörte Axel einen kaum unterdrückten Schmerzensschrei. Trotz der Lederhandschuhe, die Karin trug, hatten sich die Spitzen des gestanzten Zaunblechs tief in ihre Handfläche gebohrt. Instinktiv zog sie ihre linke Hand zurück und verlor dabei vollends das Gleichgewicht. Sie fiel nach hinten und riß dabei Axel, der versuchte, sie aufzufangen, mit zu Boden. Sekunden später flammten starke Taschenlampen auf und beleuchteten gespenstisch den Zaun etwa hundert Meter von der Stelle, an der Axel und Karin lagen. Kommandos wurden gerufen, die Axel nicht genau verstand. Ein Hund bellte. Nur kurz hatte Axel sich darüber gewundert, daß der Zaun von der anderen Seite, also der Bundesrepublik her, angeleuchtet wurde. Er dachte zunächst, daß der westdeutsche Bundesgrenzschutz aufmerksam geworden sein könnte, erinnerte sich dann jedoch daran, daß auch DDR-Grenzsoldaten jenseits des Zauns Streife gingen.

Denn der Schutzzaun stand auf DDR-Gebiet und nicht etwa genau auf der Grenzlinie.

»Lauf zurück in den Graben!« rief Axel schnell. Man hatte sie offensichtlich noch nicht entdeckt, denn die Lichtkegel der Taschenlampen huschten immer noch an anderen Stellen den Zaun entlang. In ihrem Licht wirkte der Grenzzaun noch bedrohlicher. Axel entschloß sich, in die Richtung zu laufen, aus der die Fußstreife gekommen war. Wenn er die Gegenrichtung gewählt hätte, hätte die Gefahr bestanden, daß sie der Patrouille geradewegs in die Arme gerannt wären.

»Lauf so schnell du kannst!« rief er Karin kurz zu. Nachdem sie etwa dreihundert Meter im Graben zurückgelegt hatten, blieb Axel keuchend stehen. Er kletterte an den Balken der Grabenwand in die Höhe. Es war noch dunkel. Die Taschenlampen bestrichen immer noch mit ihrem Licht den Zaun. Die Lichtkegel hatten inzwischen die Stelle erreicht, an der Karin und Axel versucht hatten, den Zaun zu überklettern. Mehrere Hunde bellten aufgeregt. Axel sprang in den Graben zurück.

»Wir laufen jetzt zum Wald. Bleib immer dicht bei mir!« sagte er zu Karin, die nach Atem ringend an der Wand des Grabens lehnte. Er half ihr, aus dem Graben zu klettern, und folgte ihr dann. Gemeinsam rannten sie zurück, überquerten den Spurensicherungsstreifen und erreichten erschöpft den Wald. Karin blieb stehen. Sie beugte den Oberkörper vor, ging leicht in die Hocke und stützte sich mit den Händen auf den Knien ab. Sie keuchte.

»Du kannst jetzt nicht stehenbleiben. Wir müssen weg. In wenigen Minuten wird es hier von Grenzsoldaten nur so wimmeln«, rief Axel ihr leise zu. Er nahm sie am Arm und versuchte, sie mit sich zu ziehen.

Karin folgte nur widerwillig. »Ich kann nicht mehr«, sagte sie völlig erschöpft, »ich halte das auch nervlich nicht durch.« Sie weinte.

»Wir müssen hier weg, solange es noch dunkel ist. Wenn

es hell wird, haben wir keine Chance mehr. Also komm schon!«

Karin richtete sich auf, nahm ein Taschentuch aus der Tasche und wischte sich die Tränen aus den Augen. Ihr Oberkörper straffte sich. »Aber, bitte, lauf nicht so schnell!«

Beide liefen an und verfielen in einen leichten Trab. Sie rannten durch den Wald. Hin und wieder schlugen ihnen Zweige ins Gesicht. Außer ihren Schritten, die, gedämpft durch den weichen Waldboden, kaum zu hören waren, vernahmen sie fast keine Geräusche mehr. Die ersten Vögel waren erwacht und pfiffen vereinzelt. Axel wunderte sich, daß er keinerlei Sirenen, Martinshörner oder andere Alarmsignale hörte. Vielleicht haben sie uns gar nicht gesehen, sondern nur Karins Schrei gehört, dachte er. Plötzlich stolperte er und fiel der Länge nach hin. Sein Fuß war an einem Stolperdraht hängengeblieben, der etwa fünfzehn Zentimeter hoch über den Boden gespannt war. Daß ich daran nicht gedacht habe, schoß es ihm durch den Kopf. Ob sie uns an der Grenze gesehen haben oder nicht, jetzt wissen sie jedenfalls, daß wir hier sind. Er schaute Karin stumm an. Sie hatte es gerade noch geschafft, anzuhalten.

»Wir müssen weiter, sonst ist alles zu spät«, sagte Axel mit nervösem Zittern in der Stimme.

Karin half ihm aufzustehen. Nach kurzer Zeit erreichten sie eine Lichtung, die sie nicht direkt überquerten, sondern am Waldrand entlang umrundeten. Sie kamen an einen Bach, in den Axel ohne Zögern hinabkletterte. Er stand bis zu den Waden im Wasser und winkte Karin, ihm zu folgen.

»Damit die Hunde unsere Spur verlieren«, erklärte Axel und schritt, um im glitschigen Bachbett nicht auszurutschen, vorsichtig weiter. Das Wasser floß relativ schnell. Kleine weiße Schaumkronen bildeten sich und verschwanden wieder, kaum daß er sie wahrgenommen hatte. Wenn er seine Schuhe aus dem Morast zog, entstanden schlürfende Geräusche, als wolle das Wasser ihn zu sich hinunterziehen. Nach etwa dreihundert Metern verließen sie den Bach. Das Wasser tropfte aus ihren Schuhen. Bei jedem Schritt entstanden platschende Geräusche.

Die Dämmerung war angebrochen, als sie den Waldrand erreichten. Vor ihnen lagen Wiesen und Felder, von denen dünne Nebelschwaden aufstiegen. Die Geräusche der Vögel hatten zugenommen. Am Waldrand verlief ein schlecht befestigter Feldweg, in den die Reifen der Fahrzeuge tiefe Furchen gegraben hatten.

»Dahinten ist eine Scheune«, sagte Karin plötzlich, »da können wir uns den Tag über verstecken.«

Axel blickte in die Richtung, in die Karin zeigte. Im Dämmerlicht konnte er die dunklen Umrisse der Scheune erkennen. Sie war aus grobgehobelten Brettern zusammengebaut. Offensichtlich hatte sie schon bessere Tage gesehen. Einer der Torflügel stand halb offen. Vorsichtig spähte Axel in die Scheune und ging dann langsam hinein. Karin folgte ihm. In der Mitte des Raumes standen ein Heuwender, der nur noch vom Rost zusammengehalten wurde, und ein alter Pferdewagen. Rechts davon war Stroh aufgeschichtet, an der linken Seite Heu, das fast bis zur Decke reichte. Gegen das Heu war eine alte Holzleiter gelehnt, auf die Axel zuging. Als er merkte, daß die unterste Sprosse seinem Gewicht standhielt, kletterte er vorsichtig hinauf.

»Komm hoch!« rief er Karin zu, sobald er oben angekommen war. Auch Karin stieg die Leiter hinan und ließ sich erschöpft in das Heu fallen. Nach Atem ringend legte sich Karin neben Axel. Als er sie in seine Arme nahm, zitterte ihr Rücken. Er spürte, wie sein Hals, an den sie ihr Gesicht preßte, feucht wurde. Sie schluchzte. Während er ihr dichtes schwarzes Haar streichelte, schluckte er mehrfach.

Es war noch nicht eine Stunde vergangen, als Axel durch das Motorengeräusch herannahender Lastwagen aus seinen Gedanken gerissen wurde. Sofort sprang er auf und kroch zur Scheunenwand. Die Holzbretter, mit denen die Wand verkleidet war, hatten sich im Lauf der Jahrzehnte stark verzogen, so daß sich breite Spalten gebildet hatten, durch die Axel vorsichtig hinausspähte.

Am Waldrand entlang näherten sich drei LKW der Volksarmee. Auf dem holprigen Weg schaukelten sie von einer Seite auf die andere. Sie kamen nur langsam voran. Inzwischen war auch Karin zur Scheunenwand gekrochen. Ihre verletzte Hand schmerzte, sobald sie sich darauf abstützte. Karin konnte deutlich das Pochen des Pulsschlags in der Wunde spüren. Sie hatte ihre Hand notdürftig in ein Taschentuch gewickelt und so die Blutung zum Stillstand bringen können.

Das Geräusch der Motoren ließ plötzlich nach, schwoll dann noch einmal kurz an und erstarb schließlich ganz. Die Lastwagen hatten am Waldrand angehalten. Die hinteren Bracken wurden geöffnet. Soldaten sprangen von den Ladeflächen herunter. Axel hörte undeutlich die Kommandos der Offiziere. Die Soldaten stellten sich in Reih und Glied auf. Alle waren mit Maschinenpistolen bewaffnet, die an Riemen über ihren rechten Schultern hingen. Die Mündungen zeigten nach unten. Einige hatten Feldstecher vor der Brust. Zwei Offiziere standen vor jeder Kompanie.

»Soldaten! Mehrere Grenzverletzer haben diese Nacht versucht, die Staatsgrenze West zu überwinden. Wahrscheinlich sind es zwei. Einer von ihnen ist verletzt. Wir haben Blutspuren gefunden. Die Wahrscheinlichkeit ist groß, daß sie sich noch im grenznahen Bereich aufhalten. Sie könnten bewaffnet sein. Sie wissen von Ihrer Ausbildung her, daß die Grenze nicht mit Halbheiten zu schützen ist. Machen Sie von Ihrer Schußwaffe Gebrauch, sobald Ihnen dies notwendig erscheint. Sie brauchen nicht auf ausdrücklichen Feuerbefehl zu warten. Alles weitere erfahren Sie von Ihren Zugführern.“

Karin erschauerte, als sie den kalten Befehlston des Offiziers hörte. Die Stimme klang seltsam verzerrt, wie aus einem schlechten Lautsprecher. Die Grenzsoldaten bildeten eine Reihe. Zwischen zwei Soldaten war jeweils ein Abstand von etwa fünf Metern. Auf ein Zeichen des Kompaniechefs schwärmten sie langsam in den Wald aus. Es war wieder ruhig geworden. Nur das Zwitschern verschiedener Vögel war zu hören. Der Nebel hatte sich gelichtet. Axel und Karin sprachen kaum miteinander. Die Strapazen der vergangenen Nacht waren ihnen deutlich anzusehen. Ihre Augen waren gerötet, die Gesichter wirkten angespannt. Karin hatte sich wieder in das Heu zurücksinken lassen, während Axel weiter das Geschehen außerhalb der Scheune beobachtete. »Die LKW fahren wieder weg«, flüsterte Axel plötzlich. Augenblicke später hörte Karin, daß die Motoren angelassen wurden. Schwerfällig setzten sich die Wagen in Bewegung. Der Motorenlärm ließ immer mehr nach und war schließlich nicht mehr zu hören.

—

Martin Tielsche war verärgert. In dem Bereich der Grenze, den er mit seinem Kameraden zu überwachen hatte, war in der letzten Nacht ein Fluchtversuch unternommen worden. Die Flüchtenden mußten ganz in seiner Nähe gewesen sein. Er hatte sich also doch nicht getäuscht, als er glaubte, Unregelmäßigkeiten am Spurensicherungsstreifen festgestellt zu haben. Ihn ärgerte nicht, daß er nicht sofort Alarm geschlagen hatte. Vielmehr störte ihn die Tatsache, daß er nun Zusatzdienst schieben mußte. Zudem hatte er Angst davor, daß die Flüchtenden eventuell gefaßt werden und aussagen könnten, daß er mit seinem Kameraden in kurzer Entfernung an ihnen vorbeigegangen war. Zusammen mit seinem Dienstvergehen wegen Alkohols würde dies wahrscheinlich eine Strafversetzung bedeuten. Damit war sein Studienplatz gefährdet, für den er diesen stupiden Dienst bei den Grenztruppen auf sich genommen hatte. Außerdem war sein Dienst heute nicht wie üblich um sechs Uhr morgens zu Ende gewesen. Sie hatten nur kurz frühstücken können und waren dann mit den anderen Posten, die von ihren Streifengängen zurückgekommen waren, neu eingewiesen worden. Der Gruppenführer hatte bereits Andeutungen gemacht, daß Martin eventuell Konsequenzen zu befürchten hätte. Ihr neuer Auftrag lautete, etwa vier Kilometer hinter der Grenze zu patrouillieren.

Übermüdet und lustlos marschierten sie gegen Mittag auf einem Feldweg am Wald entlang. Martins rechte Schulter schmerzte, weil der Riemen der Maschinenpistole nunmehr seit mehr als zwölf Stunden darüberhing. »Da hinten ist eine Scheune. Laß uns dort zu Mittag essen«, sagte Frank, Martins Begleiter, plötzlich.

»Gut«, antwortete Martin kurz, »wenn der Zugführer kommen sollte, sind wir gerade dabei, die Scheune zu kontrollieren.«

—

»Da kommen Soldaten«, rief Karin und stieß Axel, der vor lauter Erschöpfung eingeschlafen war, aufgeregt mit dem Fuß an. Er sprang sofort auf, kniete sich neben sie und spähte durch die Ritzen zwischen den Brettern nach draußen.

»Leg dich sofort hin«, sagte Axel schnell, »und keinen Laut!«

Beide preßten sich mit dem Rücken ins Heu und horchten angespannt.

—

»Das optimale Versteck für Flüchtende«, sagte Frank, als er hinter Martin in die Scheune trat, »wir sollten uns einmal umsehen.«

»Die liegen sicher oben im Heu und warten, daß wir ihnen das Mittagessen bringen«, erwiderte Martin ironisch, »mach dich doch nicht lächerlich. Ich habe Hunger. Laß uns erst einmal essen. Dann kannst du deine Grenzverletzer immer noch fangen.«

Frank grinste leicht verlegen, zog ein Büschel Stroh aus dem Haufen und legte es auf die alte Pferdekarre. Er nahm die Maschinenpistole von der Schulter, stellte sie an die Bracke der Karre und setzte sich mit einem eleganten Schwung auf das Stroh. Dann kramte er in seiner Umhängetasche und zog ein belegtes Brot, das er beim Frühstück fertiggemacht hatte, heraus. Nachdem er das Pergamentpapier entfernt hatte, biß er hungrig hinein. Martin setzte sich neben ihn.

—

Axel und Karin wagten kaum zu atmen, geschweige denn, sich zu rühren. Axels Hände waren zu Fäusten geballt. Karin fuhr sich nervös mit der Zunge über die Lippen. Seit der letzten Nacht hatten sie nichts mehr gegessen. Das Hungergefühl in ihren Mägen wuchs. Axel überlegte fieberhaft, wie er sich verhalten sollte, wenn tatsächlich einer der Grenzsoldaten auf die Idee kommen würde, auf dem Heu nach ihnen zu suchen. Kampflos wollte er sich nicht stellen. Er rechnete sich zwar kaum Chancen aus, aber den geringen Vorteil, den er hatte, wollte er nutzen. Vielleicht hatte er Glück und konnte tatsächlich beide Soldaten überwinden. Das Überraschungsmoment würde auf seiner Seite sein. Er mußte den ersten Posten angreifen, sobald der den obersten Teil der Leiter erreicht hatte, überlegte er. Es könnte ihm gelingen, den Soldaten mitsamt Leiter zurückzustoßen. Wenn der von der Leiter auf den zweiten Soldaten fallen würde, hätte er eventuell eine Chance. Aber durfte er Karin gefährden, fragte er sich. Schließlich hatte er sie zu dieser Flucht überredet.

—

Martin hatte in der Zwischenzeit sein Brot verspeist und einen Schluck aus der Feldflasche getrunken. Auch Frank hatte seine Mahlzeit beendet. »Schau du oben im Heu nach, ich nehme mir das Stroh vor«, sagte Frank und befestigte seine Feldflasche wieder am Karabinerhaken an seinem Gürtel.

»Du bist naiv, Frank«, erwiderte Martin. »Du glaubst doch wohl, daß sie die Leiter hochgezogen hätten, wenn sie tatsächlich da oben wären. Also laß uns weitergehen. Außer uns ist hier niemand. Wenn der Zugführer uns hier erwischt, ist wieder eine Disziplinarstrafe fällig.«

—

Karin fiel ein Stein vom Herzen. Ihr Atem ging schnell. Auch Axel wirkte erleichtert. Sie hörten den dumpfen Aufprall, als Frank von der Karre auf den Boden der Scheune sprang. »Okay, gehen wir«, hörten sie ihn sagen.

Der Rest des Tages verlief für Axel und Karin ohne weitere Aufregungen. Lediglich zwei PKW der Armee hatten am späten Nachmittag den Feldweg passiert, ohne anzuhalten. Sie hatten in der Scheune nichts Eßbares auftreiben können und den Tag über nur etwas Tee aus Karins Feldflasche getrunken.

Nach Anbruch der Dunkelheit wagten sie, die Scheune zu verlassen. Sie gingen querfeldein in Richtung Osten, bis sie die Straße Nr. 79 erreichten. Sie kamen nach Dardesheim, wo Axel in einem Kuhstall Karins Feldflasche mit Milch füllte. Am frühen Morgen erreichten sie Halberstadt, ohne auf irgendwelche Kontrollen gestoßen zu sein. Sie nahmen den Frühzug nach Magdeburg. Die Serviererin im Bahnhofslokal wunderte sich, daß die beiden immer neue Bestellungen aufgaben. Karin hörte, wie sie zu einer Kollegin sagte: »Die sind einfach nicht sattzukriegen.«

Auf der Fahrt von Magdeburg nach Berlin schliefen sie zumeist. Karin lag zusammengerollt auf dem ausgeklappten Sitz. Sie hatte die Beine angezogen. Ihre Hände lagen schützend über ihrem Gesicht, wie bei einem Kind, daß sich vor weiteren Schlägen fürchtet.

Am späten Nachmittag kamen sie niedergeschlagen in Karins Wohnung an.

Zweites Kapitel

Juli 1979

»Endlich Wochenende«, sagte Karin, als sie sich zur verabredeten Zeit vor dem Bahnhof trafen. Beide hatten Rucksäcke umgeschnallt, in denen sich Reiseproviant befand.

»Zweimal Frankfurt/Oder und zurück«, verlangte Axel am Schalter. Er bekam die Fahrkarten und zahlte.

»Unser Zug geht von Bahnsteig vier. Ich freue mich schon riesig.«

Hand in Hand gingen sie durch die Bahnhofshalle. Karin hüpfte die Treppe hinauf und zog Axel hinter sich her. Am Ende der Treppe traten zwei Bereitschaftspolizisten auf sie zu.

»Darf ich einmal Ihre Fahrkarten sehen?«

Axel zeigte sie vor.

»Wohnen Sie in Frankfurt?«

»Nein.«

»Zeigen Sie mir bitte Ihre Einladungskarten?«

»Welche Einladungskarten?« fragte Axel zurück.

»In Frankfurt/Oder findet dieses Wochenende das Deutsch-Polnische Jugendfestival statt. Die Stadt darf nur von Personen betreten werden, die entweder in Frankfurt wohnen oder die über eine offizielle Einladung verfügen«, belehrte sie der Polizist. Alles an ihm wirkte dienstlich, sein Tonfall, die strengen Gesichtszüge, die kurzen abgehackten Gesten. »Haben Sie nun Einladungskarten oder nicht?«

»Nein, haben wir nicht. Aber Sie können uns doch nicht verbieten, nach Frankfurt zu fahren. Wir wollen dort Verwandte besuchen«, log Axel. »Dann werden Sie Ihren Besuch wohl verschieben müssen. Dieses Wochenende dürfen nur geladene Gäste nach Frankfurt. Und jetzt räumen Sie bitte den Bahnsteig!«

Die Bereitschaftspolizisten schoben sie mit weit ausgestreckten Armen in Richtung Treppe. Axel und Karin sahen ein, daß es keinen Sinn hatte, mit den Polizisten zu diskutieren, und gingen in die Bahnhofshalle zurück.

»Vielleicht kommen wir hinten über die Schienen auf den Bahnsteig«, schlug Karin leise vor.

Sie gingen um das Gebäude herum bis zu einem Maschendrahtzaun, der das Bahnhofsgelände zur Straße hin absperrte. Als Axel gerade ansetzte, den Zaun zu überklettern, sah er zwei Polizisten. Einer führte einen Schäferhund an der Leine.

»Komm zurück!« rief Karin, die die Gefahr auch erkannt hatte. »Das hat keinen Sinn. Laß uns versuchen, zu trampen.« Mißmutig gaben sie am Schalter die Fahrkarten zurück.

Sie hatten Glück. Bereits nach kurzer Zeit hielt ein Lastwagen, der sie auf der Straße Nr. 1 bis zum Ortsanfang Müncheberg mitnahm. Sie gingen zu Fuß weiter und erreichten nach etwa zwei Kilometern die Einmündung der Straße Nr. 5, die in Richtung Frankfurt/Oder führte. Nach der Karte waren es noch etwa 35 Kilometer bis Frankfurt. Sie waren nicht die einzigen, die versuchten, per Anhalter die Stadt an der Oder zu erreichen. Fünf andere Jugendliche standen schon am Straßenrand und reckten den Daumen in die Höhe, sobald sich ein Auto zeigte. Die Straße Nr. 5 war nicht stark befahren, so daß Axel und Karin etwa zwei Stunden warten mußten, bis schließlich ein beigefarbener Wartburg neben ihnen hielt.

»Wo wollt Ihr denn hin?« fragte der Fahrer, der einen freundlichen Eindruck machte. Er war etwa dreißig Jahre alt. »Wenn Ihr zum Festival wollt, müßt Ihr Einladungskarten haben. Sonst lassen die Euch nicht rein. Wahrscheinlich sind wieder überall Straßensperren. Da kommt unerlaubt keine Maus durch. Entweder man wohnt in Frankfurt wie ich, oder man muß eine Einladungskarte vorweisen.«

Axel und Karin sahen sich betreten an. »Können Sie nicht sagen, daß wir bei Ihnen zu Besuch sind? Sie würden uns damit wirklich einen großen Gefallen tun. Ich weiß sowieso nicht, was die Absperrungen sollen. Ist doch kein Parteitag oder eine Parteiversammlung, wo alles gesperrt wird. Das heißt doch Festival der Jugend. Warum haben die solche Angst? Wir wollen doch alle nur ein bißchen Musik hören«, sagte Karin.

»Die wollen eben nicht, daß es zu Krawallen kommt. Schließlich sind unsere polnischen Brüder auch eingeladen«, sagte der Fahrer. Die Ironie in seiner Stimme war unverkennbar. »Die wollen denen zeigen, wie eine ordentliche Jugend aussieht. Jeder DDR-Teilnehmer ist ausgesucht. Sehr sozialistisch seht Ihr ja nicht gerade aus. Seid Ihr wenigstens in der FDJ?«

»Nein«, antwortete Axel.

»Na, dann will ich Euch mal nicht hängenlassen«, sagte der Fahrer und warf Axel, der sich auf den Beifahrersitz setzte, einen gönnerhaften Blick zu.

Schon einige hundert Meter vor den ersten Häusern von Frankfurt/Oder wies ein Volkspolizist, der eine Anhaltekelle über dem Kopf schwenkte, den Fahrer an, hinter sechs bereits wartenden Autos anzuhalten. Weiter vorn am Straßenrand stand ein Polizeifahrzeug. Ein Vopo hatte seinen rechten Arm auf das Wagendach des ersten Autos der Schlange gelegt und sprach mit den Fahrzeuginsassen. Karin spielte mit der rechten Hand unentwegt am Griff ihres Rucksacks. Sie hob ihn an und ließ ihn wieder fallen, hob ihn an, um ihn sofort wieder zurückschnellen zu lassen. Axel trommelte mit den Fingern auf seinem Oberschenkel.

»Laßt das doch! Ihr macht mich ja ganz nervös«, wies

der Fahrer sie schroff zurecht. Er sah Axel unwillig mit zusammengezogenen Augenbrauen an.

Wie Menschen sich verändern, wenn sie unter Druck stehen, dachte Axel. Vor ihnen wendete ein Fahrzeug auf der Straße und fuhr in Gegenrichtung davon. Das Gesicht des Fahrers war puterrot. Der Beifahrer gestikulierte aufgeregt, als der Wagen an Karin vorbeifuhr. Die nächsten beiden Fahrzeuge vor ihnen konnten nach kurzem Anhalten passieren. Bevor der Volkspolizist sich ihnen zuwandte, grüßte er militärisch in Richtung einer großen schwarzen Wolgalimousine, die mit erhöhtem Tempo an der wartenden Kolonne vorbeifuhr.

»Papiere aller Insassen«, sagte der Uniformierte nur und blickte konzentriert von einem zum anderen. Besonders aufmerksam musterte er Karin. Er glaubt wohl, daß Karin zu den Frauen gehört, auf die Uniformierte eine besondere erotische Ausstrahlung haben, dachte Axel, dem der Blick des Vopo nicht entgangen war. Karin zwang sich, kurz zu lächeln.

»Was wollen Ihre Begleiter in Frankfurt?«

»Es handelt sich um meine Nichte und meinen Neffen. Sie wollen mir helfen, meine Wohnung zu renovieren.« Der Fahrer sah dem Polizisten direkt ins Gesicht.

»Ich weise Sie darauf hin«, sagte der Volkspolizist, »daß Sie nicht berechtigt sind, an Veranstaltungen des Festivals teilzunehmen.«

»Das wissen wir«, sagte der Fahrer und fuhr an.

Frankfurt an der Oder wurde im zweiten Weltkrieg fast vollständig zerstört, so daß die Stadt heute vorwiegend aus modernen Gebäuden besteht. Man hatte sich zwar bemüht, erhaltenswerte alte Gebäude stilgerecht wieder aufzubauen, das Rathaus, die gotische Friedenskirche, die früher Nikolaikirche hieß, und die ehemalige Franziskaner-Klosterkirche, die 1971 zu einer Konzerthalle umgestaltet wurde. Aber wegen der beschränkten Mittel und der nach dem Krieg bestehenden Wohnungsknappheit waren im wesentlichen Neubauten errichtet worden, um möglichst schnell Wohnraum zu schaffen.

In der Nähe des Zehme-Platzes am Filmtheater der Jugend ließ der Fahrer die beiden aussteigen. Schon während der Fahrt war ihnen aufgefallen, daß viele Jugendliche die Uniform der FDJ trugen. Dagegen wirkten Axel und Karin mit ihren langen Haaren und ihren verschlissenen Jeans wie Fremdkörper. Beim Aussteigen hatten sie den Eindruck, daß alle Blicke auf sie gerichtet waren.

Dennoch gelangten sie unbehelligt zum Filmtheater der Jugend. Unter einem Transparent mit der Aufschrift: ›Ewige Freundschaft mit der Sowjetunion – das ist der Herzschlag des Lebens‹ hindurch gingen sie mit einer Gruppe polnischer Jugendlicher zum Eingang. Sie hielten sich in der Mitte der Gruppe, so daß den Kontrolleuren nicht auffiel, daß sie keine Einladungskarten vorweisen konnten. Auf einem Podium spielte eine Rock-Band, davor tanzten einige Jugendliche. »Stasi!« flüsterte Karin plötzlich.

Zwei Männer in Regenmänteln traten auf Axel zu. »Darf ich Ihre Einladungskarte sehen?« fragte der eine der beiden.

»Die ist bei der Gruppe. Wir haben uns leider aus den Augen verloren.«

»Dann müssen wir Sie bitten, mitzukommen.«

Die Männer faßten ihn an beiden Armen und schoben ihn dem Ausgang zu. Axel bedeutete Karin mit den Augen, nicht einzugreifen, und ließ sich hinausführen. Er mußte in einen Zivilwagen einsteigen.

Nach etwa zehn Minuten wurden zwei andere Jugendliche in den Fond des Autos gestoßen, die lautstark protestierten. Nach einem kurzen Handgemenge setzte sich das Fahrzeug in Bewegung. Es dauerte nicht lange, bis das Auto wieder anhielt.

Beim Aussteigen sah Axel, daß sie sich am Ufer der

Oder, die in Frankfurt die Grenze zwischen der DDR und Polen bildet, befanden. Die Brücke über den Fluß war festlich erleuchtet. Die beiden Männer führten sie zu einer Holzbaracke, öffneten die Tür und ließen zunächst Axel eintreten. Der hatte die Tür kaum passiert, als er einen Stoß in den Rücken erhielt und nach vorn fiel. Er fing sich mit den Händen ab und drehte sich am Boden blitzschnell um, da er einen weiteren Angriff erwartete. Er sah jedoch nur die geschlossene Tür und hörte, wie der Schlüssel sich im Schloß drehte. Im gleichen Augenblick erscholl ein gellendes Pfeifkonzert. In der Baracke befanden sich vierzig bis fünfzig Jugendliche, die ebenfalls versucht hatten, verbotswidrig an dem Festival teilzunehmen. Axel ärgerte sich, daß sie ihn auf so dumme Art und Weise überrumpelt hatten.

»Komm her, trink einen Schluck!« hörte er jemand hinter sich sagen.

»Karin! Wo kommst du denn her?«

»Ich bin nur wenige Augenblicke nach dir festgenommen und sofort hierher gebracht worden. Immerhin konnte ich noch unsere Rucksäcke holen.«

Sie umarmten sich. Axel sah sich um. Die Baracke war vollständig aus Holz gezimmert. Von der Decke baumelte eine einzelne Glühbirne, die den Raum in ein fahles Licht tauchte. Sie rollten ihre Schlafsäcke aus. In einer Ecke spielte jemand Gitarre.

»We are not afraid«, sang er gerade aus dem Lied von Joan Baez.

»We are not afraid«, wiederholten andere. Flaschen wurden herumgereicht, Zigarettenqualm durchzog die stickige Luft. Karin schloß die Augen und stellte sich vor, mit Freunden an einem Lagerfeuer zu sitzen und heiße Kartoffeln mit einem langen Stock aus der Glut zu fischen. Als sie die Augen nur ganz wenig öffnete, schien ihr die Glühbirne dem Vollmond nicht unähnlich zu sein. »We shall overcome«, sang der Gitarrenspieler gerade, und die anderen wiederholten es. Axel saß mit gerunzelter Stirn neben ihr. Sie legte ihre Hand auf seinen Kopf und strich sanft über sein Haar.

»Laß uns versuchen, das Beste daraus zu machen«, sagte sie und lächelte Axel an. »Schließ die Augen, hör dir die Musik an und stelle dir vor, ganz woanders zu sein, vielleicht im Zeltlager.« Axel blickte sie kurz an und drehte ihr dann demonstrativ den Rücken zu.

Am frühen Morgen, es dämmerte eben, erwachte Axel, als die Tür mit lautem Gepolter aufgerissen wurde. Zwei Vopos erschienen. Der erste baute sich im Türrahmen auf, stützte die zu Fäusten geballten Hände in die Hüften und blickte zunächst schweigend von einem zum anderen. Der zweite Polizist stand seitlich versetzt in der gleichen Pose hinter ihm. Sofort hörten die Gespräche der Jugendlichen auf. Angefangene Sätze blieben unvollendet, manche hielten mitten in der Bewegung inne und blickten gespannt und ängstlich zur Tür.

»Sie werden jetzt aus der Stadt gebracht«, rief einer der beiden in den Raum hinein. »Ich rate Ihnen dringend, sich nicht zu widersetzen. Wir werden Sie sonst mit Gewalt wegtransportieren. In fünf Minuten werden Sie abgeholt.« Er trat zwei Schritte zurück und warf die Tür krachend ins Schloß.

Axel schälte sich aus seinem Schlafsack. Karin war schon aufgesprungen. Sie waren gerade dabei, ihre Rucksäcke umzuschnallen, als die Tür geöffnet wurde und die beiden Vopos wieder erschienen. Von draußen drang Motorlärm herein. Dieselgestank erfüllte den Raum.

Axel schob Karin durch die anderen Jugendlichen hindurch in den hinteren Teil des Raumes. »Laß uns erst einmal sehen, was sie mit den anderen machen«, flüsterte er ihr ins Ohr.

»Verhalten Sie sich ruhig!« schrie der Vopo, als vereinzelt Pfiffe laut wurden. »Sie bewegen sich jetzt einzeln nacheinander im Laufschritt zu dem wartenden Lastwagen und steigen auf. Wer Mätzchen macht, bekommt eins übergebraten!«

Die ersten Jugendlichen verließen, ängstlich nach rechts und links blickend, die Baracke. Axel hatte sich inzwischen so hingestellt, daß er hinausschauen konnte. Er sah ein Spalier von Polizisten, die Schulter an Schulter standen und so eine Gasse bildeten, durch die die Jugendlichen laufen mußten. Sie hielten Gummiknüppel in den Händen. Am Ende der Gasse erkannte Axel die Ladefläche eines LKW, die mit einer grauen Plane überdeckt war. Die Jugendlichen mußten auf das Fahrzeug klettern und sich auf die Ladefläche stellen. Sie hielten sich mit einer Hand am Lattengestell, auf dem die Plane auflag, fest. Als keiner mehr auf dem LKW Platz fand, wurden diejenigen, die nicht mehr hinaufklettern konnten, in die Baracke zurückgedrängt. Axel hörte, wie der Lastwagen davonfuhr. Ein anderer LKW nahm den Platz des ersten ein. Die Tür wurde wieder geöffnet und die nächste Gruppe verladen.

Als zwei Lastautos abgefahren waren, kamen Axel und Karin an die Reihe. Die Plane wurde geschlossen und der LKW fuhr an. Karin stand ganz dicht neben Axel. Sie drückte sich eng an ihn. Mit einem Arm hielt Axel sich am Lattengestell fest, mit dem anderen umfaßte er Karins Schultern.

»Hab keine Angst. Wird schon nicht so schlimm werden«, flüsterte er ihr ins Ohr und genoß es, als ihre Haare sein Gesicht streichelten.

Nach einstündiger Fahrt hielt der LKW plötzlich an. Eine Tür wurde geöffnet und wieder zugeschlagen. Der hintere Teil der Plane wurde angehoben.

»Zwei Mann absteigen!« befahl ein Zivilist, der einen Gummiknüppel in der einen Hand hielt und damit demonstrativ in die andere Handfläche schlug. Zwei der Jugendlichen stiegen aus, die Plane wurde wieder geschlossen. Der Motor heulte auf. Der Laster fuhr weiter. Nach einigen Minuten wiederholte sich die Prozedur.

»Die setzen uns irgendwo in der Prärie ab«, rief jemand. »Am besten laufen wir alle in Fahrtrichtung weiter. Dann treffen wir uns irgendwann im nächsten Ort.«

Schließlich kamen Axel und Karin an die Reihe. Das Fahrzeug hielt, eine Tür wurde geöffnet und wieder zugeschlagen. Die Plane öffnete sich, und grelles Sonnenlicht fiel in das Halbdunkel auf der Ladefläche. »Die nächsten zwei!«, rief ein Vopo. Axel sprang von der Ladefläche und half dann Karin abzusteigen.

»Wo sind wir hier?«

»Das werden Sie irgendwann selbst feststellen.«

»Aber …«, setzte Axel an.

Bevor er den Satz zu Ende sprechen konnte, wurde er von einem Gummiknüppel im Gesicht getroffen. Er hatte den Schlag nicht kommen sehen, da er seine Augen wegen des grellen Sonnenlichts nur wenig geöffnet hatte. Er fiel zu Boden. Seine rechte Gesichtshälfte schmerzte. Er hörte, wie der LKW abfuhr.

»Diese Schweine!« sagte Karin und nahm sein Gesicht in ihre Hände, um sich die Verletzung anzusehen. Axels rechtes Ohr färbte sich rot, ebenso die rechte Wange. »Ist nicht so schlimm«, tröstete ihn Karin.

Axel stand auf und sah sich um. Sie befanden sich auf einer recht schmalen Straße. Rechts erstreckte sich ein Waldgebiet, auf der gegenüberliegenden Seite sah er Felder. Der Lastwagen verschwand gerade hinter einem Hügel.

»Laß uns gehen«, sagte er. »Irgendwann werden wir die anderen treffen. Dann können wir überlegen, was wir machen.«

Sie gingen langsam in die Richtung, in die der LKW weitergefahren war. Die Straße zog sich in sanften Kurven durch die hügelige Landschaft. Sie hatten das Waldgebiet bald hinter sich gelassen. Auf beiden Seiten der Straße erstreckten sich nun Felder und Wiesen.

»Du, dahinten ist ein Bauer.« Sie gingen schneller. Am Straßenrand stand ein alter Traktor. Ein Bauer mähte mit einer Sense Gras. Axel ging zu ihm. »Können Sie uns sagen, wo wir hier sind?«

»Na, Sie machen mir Spaß. Haben Sie sich verlaufen?« fragte der Bauer zurück, rammte die Heugabel in den Boden, legte seine Hände darauf und blickte Axel erstaunt an.

»Ein LKW hat uns hier abgesetzt. Der war so schnell wieder weg, daß wir ihn nicht fragen konnten, wo wir eigentlich sind.«

»Der nächste Ort heißt Güterfelde. Dahinter liegt Potsdam.« Der Bauer zeigte in Richtung Westen. »Hinter den Hügeln ist Teltow.« Der Bauer zeigte nun nach Norden. »Und dann kommt die Grenze zu Westberlin. Wenn Sie mir ein bißchen zur Hand gehen, kann ich Sie gleich bis Güterfelde mitnehmen.«

Axel half, das gemähte Gras auf den Anhänger zu laden. Während der Fahrt lasen sie zwei weitere Jugendliche auf, die sich auch auf den Anhänger setzten. Am Ortseingang von Güterfelde ließ der Bauer sie absteigen. Mitten im Ort stießen sie auf etwa zwanzig Jugendliche.

»Wir haben beschlossen, nach Frankfurt/Oder zurückzufahren. So leicht wollen wir uns nicht unterkriegen lassen. Fast alle wollen mitkommen.« Irgendeiner hatte Bier gekauft, und die Flaschen machten die Runde. Auch Zigaretten wurden herumgereicht. Die Stimmung besserte sich zusehens. Ein anderer hatte die Reiseroute anhand einer Karte ausgearbeitet.

Sie gingen zunächst zu Fuß etwa sechs Kilometer nach Süden zum Bahnhof Saarmund. Dort bestiegen sie einen Zug nach Ost-Berlin. Ein sechzehnjähriger Junge hatte sein Portemonnaie verloren und kein Geld mehr, um die Fahrkarte zu bezahlen. Kurzerhand halfen ihm die anderen. Die gemeinsamen Erlebnisse schweißten die Gruppe, von denen sich die wenigsten kannten, zusammen. Sie hatten alle das gemeinsame Ziel, dem Regime ein Schnippchen zu schlagen.

In Berlin-Köpenick verließen sie den Zug und fuhren mit dem Bus bis zum Bahnhof Friederichshagen. Dort fanden keine Kontrollen mehr statt, so daß sie ungehindert den Zug nach Frankfurt besteigen konnten. Sie fuhren über Fürstenwalde bis nach Pillgram, der letzten Bahnstation vor Frankfurt. Gegen 14 Uhr trennten sie sich, um in kleinen Gruppen zu versuchen, erneut in die Stadt zu gelangen.

Axel und Karin machten sich allein auf den Weg. Hand in Hand gingen sie auf ein Waldgebiet zu. Nachdem sie etwa vier Kilometer gelaufen waren, machten sie auf einer Lichtung Rast. Die Sonne schien durch das Laub der Bäume. Helle Sonnenflecken tanzten nach den Bewegungen der Blätter auf der Erde. Sie hatten sich gerade hingesetzt und waren dabei, ihren Reiseproviant auszupacken, als Karin rief: »Du, da ist ein Hochstand. Laß uns hinaufklettern, Axel!«

Karin war aufgesprungen und lief schon zum Rand der Lichtung. Axel folgte ihr. Sie hüpfte ausgelassen und lachte. Karin kletterte die Leiter hinauf, die aus dünnen Baumstämmen grob zusammengezimmert war. Der Hochstand war gerade so groß, daß zwei Personen darauf Platz fanden. Sie ließen sich auf einem dicken Brett, das als Sitzbank diente, nieder. »Ach, ist das hier schön«, sagte Karin und räkelte sich wohlig in der Sonne.

Vom Hochstand aus konnten sie die gesamte Lichtung übersehen. Am Horizont waren oberhalb der Baumwipfel die ersten Hochhäuser von Frankfurt zu erkennen. Axel schob seinen Arm um Karin und zog sie sanft zu sich, so daß Karin ihren Kopf an seine Brust legen konnte. Er streichelte ihr Haar und küßte ihren Nacken. Karin hielt die Augen geschlossen und genoß seine Zärtlichkeit.

»Laß uns hier bleiben«, sagte sie, während er ihr über die linke Wange streichelte. Statt zu antworten, drückte er ihren Kopf stärker an seine Brust. Axel streichelte nun ihren Hals, beugte den Kopf vor und küßte sie. Ihre Lippen öffneten sich leicht, und Axel liebkoste sie mit seiner Zunge. Karin schlang ihren Arm um seinen Kopf. Mit der Hand streichelte Axel ihre Brust. Er spürte, wie sich die Brustwarzen deutlich unter ihrem T-Shirt abzeichneten. Karin atmete tief. Sie streichelte seinen Kopf. Axel glitt langsam mit seiner Hand abwärts und fuhr unter das T-Shirt. Karin trug keinen Büstenhalter. Beide wurden immer erregter, ihre Küsse leidenschaftlicher. Axel streichelte nun ihre Schenkel, die sich leicht geöffnet hatten. Er versuchte, den Knopf ihrer Jeans zu öffnen.

»Bitte nicht«, sagte Karin. »Ich möchte das jetzt nicht.«

Während sie seine Hand nahm und über ihre Schulter legte, sah sie ihm in die Augen, lachte verschmitzt und gab ihm einen Kuß. »Sei nicht so stürmisch!« Sie drückte sich an ihn.

»Fällt mir verdammt schwer.« Axel küßte wieder ihr Haar.

Sie blieben noch eine ganze Weile auf dem Hochstand, aßen die mitgebrachten Brötchen, lachten, küßten und streichelten sich.

»Wenn wir noch nach Frankfurt wollen, sollten wir allmählich aufbrechen«, sagte Axel.

»Warum bleiben wir nicht einfach hier? Wir haben alles, was wir brauchen, genügend zu essen und zu trinken und unsere Schlafsäcke. Schau dich doch um! Schöner kann es beim Festival nicht werden.«

»Wir haben uns nun einmal vorgenommen, nach Frankfurt zu gehen.«

»Aber wenn es uns hier besser gefällt, können wir uns doch jetzt anders entscheiden. Und außerdem, warum sollten wir wieder Ärger mit der Volkspolizei riskieren, wenn wir uns auch hier wohlfühlen?«

»Du kapitulierst also vor der Vopo?« fragte Axel zurück und setzte sich aufrecht hin.

»Wieso kapitulieren? Wir sind doch nicht im Krieg.«

»Natürlich nicht! Aber andererseits muß man denen doch zeigen, daß sie mit uns nicht machen können, was sie wollen. Wenn sich niemand wehrt, wird sich auch nichts ändern.«

»Aber wir sind doch im Grunde nicht berechtigt, am Festival teilzunehmen. Wenn du eine private Feier veranstaltest, willst du auch nicht, daß Leute erscheinen, die du nicht eingeladen hast«, widersprach Karin.

»Das läßt sich doch wohl nicht vergleichen. Wir wollen zu einer staatlichen Veranstaltung, und zum Staat gehören wir schließlich auch. – Du zählst dich doch nicht zu den Leuten, die mit einer inneren Leck-mich-am-Arsch-Haltung alles tun, was die Vorgesetzten und die staatlichen Organe verlangen, und die ihr Heil im Privatleben suchen. Mir geht es auch nicht um dieses Scheiß-Festival, sondern darum, ihnen zu zeigen, daß sie so mit uns nicht umgehen können. Also komm schon!«

Axel kletterte vom Hochstand. Schulterzuckend folgte Karin ihm.

Sie erreichten Frankfurt am frühen Abend. Nach wie vor schien die Stadt fast nur aus Jugendlichen in den Blauhemden der Freien Deutschen Jugend zu bestehen. Hier und da standen auch polnische Jungen und Mädchen in Gruppen beisammen. Karin und Axel gingen Hand in Hand durch den Lennépark, über den Zehmeplatz, an der Hauptpost vorbei und kamen schließlich zum sowjetischen Ehrenmal. Dort sang ein Jugendchor deutsche Volkslieder. Sie gingen weiter die Oderallee entlang. Quer über die Straße war ein Transparent gespannt mit der Aufschrift: ›Vorwärts unter dem Banner von Marx, Engels und Lenin‹. Sie erreichten schließlich den Platz der Deutsch-Polnischen Freundschaft. Aus dem nahen Stadion hörten sie Rockmusik. Es gelang ihnen, die Kontrollen am Eingang zu umgehen, indem sie zusammen mit einem Krankenwagen das Eingangstor passierten.

»Laß uns tanzen«, sagte Karin und schob Axel vor sich her in Richtung Bühne. Inmitten anderer wild im Rhythmus zuckender Jugendlicher blühte Karin förmlich auf. Sie lachten sich an. Es hat sich gelohnt, noch einmal den Versuch zu wagen, an dem Festival teilzunehmen, dachte Axel. Die Kontrollen schienen weniger streng zu sein. Die Nervosität bei den Sicherheitsbehörden hatte sich wohl gelegt. Es war kaum noch zu befürchten, daß die Beziehung der DDR zum polnischen Brudervolk durch Krawalle beeinträchtigt werden würde.

Als sie vom Tanzen müde waren, gingen Karin und Axel Arm in Arm zu einem Bierzelt. Nur wenige der Jugendlichen trugen hier das dunkelblaue Hemd der FDJ. Rechts neben sich hörte Axel polnische Jugendliche reden. Sie verstanden sich auf Anhieb mit den anderen. Die Stimmung war kaum noch zu überbieten. Axel hatte in der Zwischenzeit reichlich Alkohol getrunken und fühlte sich in bestem Schwung. Eine Band spielte den alten Beatles-Song ›Yesterday‹. Jeder grölte, soweit er konnte, mit, was das Interesse einiger in graue Regenmäntel gekleideter Herren weckte. Axel merkte, wie ihn jemand an der Schulter anstieß.

»Darf ich Ihre Einladungskarte sehen?« wurde er gefragt.

Er drehte sich um. »Die hat unser Gruppenleiter, da hinten«, antwortete er. »Der steht unterhalb der Bühne. Sehen Sie ihn?« Axel zeigte mit dem Arm nach vorn. »Der mit dem etwas schütteren Haar und dem FDJ-Hemd.«

»Dann gehen wir am besten zu ihm«, schlug der Mann im grauen Regenmantel vor und faßte Axel am Arm.

»Lassen Sie mich los!« schrie Axel und drehte sich aggressiv zur Seite, um dem Griff des Mannes zu entrinnen. Kaum hatte er sich losgerissen, rannte er in Richtung Ausgang davon.

»Komm mit, Karin!« rief er. Er sah gerade noch, wie ein

zweiter Mann seitlich auf ihn zulief. Dann schien sein Kopf zu zerplatzen.

—

Als Axel aus der Bewußtlosigkeit erwachte, lag sein Kopf auf Karins Schoß. Er spürte, daß ihm ein Verband angelegt worden war, der eine Platzwunde am Hinterkopf umschloß.

»Wo sind wir?« fragte er Karin.

»Im Keller irgendeines Polizeireviers.«

Axel blickte sich um. Er sah eine Gewölbedecke, die aus Ziegelsteinen gemauert war. Ein kleines Fenster an der Längswand war vergittert. Zwei nackte Glühbirnen hingen an der Decke und erhellten den Raum spärlich. Fünfundzwanzig bis dreißig andere Jugendliche waren hier ebenfalls eingesperrt. Einer spielte auf einer Mundharmonika.

»Das war's dann wohl wieder«, seufzte Axel.

Karin nickte. »Laß uns versuchen, ein bißchen zu schlafen. Ich bin sehr müde. Ist sicher schon nach Mitternacht. Hatte doch auch seine positiven Seiten, der heutige Tag«, sagte sie und lächelte.

Sie krochen in ihre Schlafsäcke und lehnten sich mit dem Rücken an die Kellerwand. Lang ausstrecken konnten sie sich nicht, dafür waren zu viele Personen in dem kleinen Raum. Die Luft war schlecht. Plötzlich röchelte jemand, und Axel sah, daß ein Junge mit den Armen um sich schlug. Augenblicklich entstand ein Tumult. Irgendwer schrie: »Der hat einen Tobsuchtsanfall.« Andere hämmerten gegen die Tür, und plötzlich versuchte jeder, möglichst viel Lärm zu machen. Weißer Schaum hatte sich vor dem Mund des Tobenden gebildet. Drei Jugendliche hielten ihn fest. Die Tür wurde geöffnet, und drei Polizisten mit Gummiknüppeln erschienen. Augenblicklich trat Stille ein. Nur der Tobende stieß heisere Laute aus. Die Jugendlichen bildeten eine Gasse und drückten sich noch enger zusammen, um den Vopos ein Vordringen zu dem Tobenden zu ermöglichen.

»Der hat ab und zu epileptische Anfälle«, sagte einer, der den Tobenden festhielt. »Das ist ein Klassenkamerad von mir.«

Zwei Polizisten faßten den Kranken unter den Achseln und schleiften ihn zur Tür. Die Tür wurde geschlossen. Einige Minuten später hörten sie eine Sirene. Ein Krankenwagen fuhr in den Hof des Polizeigebäudes. Der Epileptiker wurde auf einer Bahre in das Fahrzeug gebracht. Der gesamte Körper einschließlich des Kopfes war mit einem weißen Laken zugedeckt. Der Krankenwagen fuhr ohne Blaulicht und Sirene wieder ab.

Drittes Kapitel

Oktober 1979

»Du kannst ja so zärtlich sein«, flüsterte Karin und biß leicht in sein rechtes Ohrläppchen, küßte Axels Hals und drückte ihren Kopf sanft gegen ihn. Auf ihrem nackten schlanken Leib glänzten kleine Schweißperlen. Sie fühlte sich wohlig entspannt. Das letzte Licht des Tages drang gedämpft durch die Gardinen vor dem Fenster ihrer Wohnung. Im Gegenlicht betrachtete Axel ihre runden Konturen, die vollen Brüste, die schlanken Schenkel. Mit der Hand strich sie ihre langen schwarzen Haare aus dem Gesicht, blinzelte dabei zu Axel hinüber und lächelte, als sie bemerkte, wie er sie beobachtete.

»Über den Wolken«, sang Reinhard Mey auf dem Band, »muß die Freiheit wohl grenzenlos sein.« Als sie sich wieder an ihn schmiegte, zog sie ein Tuch über sich. Es war kühler geworden. Axel blickte gedankenverloren zur weiß getünchten Zimmerdecke empor.

»Was denkst du gerade?« fragte Karin plötzlich.

»Ich träume davon, in Westdeutschland zu leben. Ich komme immer tiefer zu der Überzeugung, daß ich in der DDR nicht leben kann. Ich habe dir schon erzählt, daß ich ursprünglich Tierarzt werden wollte. Jetzt absolviere ich statt dessen eine Metzgerlehre. Und das nur, weil der Staat mir verweigert hat, zur Erweiterten Oberschule zu gehen. Nur Schüler, die an der Jugendweihe teilgenommen haben, dürfen diese Schule besuchen.«

»Das kann ich nicht verstehen«, unterbrach ihn Karin, »zur Jugendweihe gehen doch fast alle. Du hättest dir doch nichts vergeben, wenn du hingegangen wärst. Das geht doch alles zum einen Ohr rein und zum anderen wieder heraus. Ich kann mich noch daran erinnern, daß auch ich einmal feierlich gelobt habe, für die große und edle Sache des Sozialismus zu arbeiten und zu kämpfen, als treue Tochter des Arbeiter- und Bauernstaates eine wahre Patriotin zu sein, die Freundschaft mit der Sowjetunion zu vertiefen und den Sozialismus gegen jeden imperialistischen Angriff zu verteidigen. Das ist doch alles Bla-Bla, wie so vieles Bla-Bla ist in diesem Land.«

»Eben«, fühlte Axel sich bestätigt, »und ich bin es leid, dieses Bla-Bla länger mitzumachen. Ich kann dir auch sagen, warum ich damals nicht teilgenommen habe: weil mein Großvater strikt dagegen war und ich auf seine Ansicht großen Wert gelegt habe. Er war Katholik durch und durch. Für ihn war die Jugendweihe eine atheistische Veranstaltung, die ein staatliches Gegengewicht zur Kommunion bei den Katholiken und zur Konfirmation der Evangelischen schaffen sollte. In dem Punkt hat er sicher recht gehabt. Für ihn wäre es ein Verrat am Glauben gewesen, wenn sein Enkel an der Jugendweihe teilgenommen hätte. Er hat so lange auf mich eingeredet, bis ich davon überzeugt war. Was die gesellschaftlichen Nachteile betraf, so hat er gehofft, daß der Protest der katholischen Bischöfe gegen die Benachteiligung der Jugendlichen, die nicht an der Jugendweihe teilnahmen, Erfolg haben würde. Aber du weißt ja, wie dieser Protest abgeschmettert wurde. Ein wichtiges Auswahlkriterium bei der Zulassung zur Erweiterten Oberschule und damit zum Abitur wie auch zum Studium sei die politische Zuverlässigkeit, und die finde vor allem in der Teilnahme an der Jugendweihe ihren Ausdruck.«

Axel wirkte sehr aufgeregt, wie immer, wenn er über derartige Themen sprach.

»Jetzt denke ich anders darüber«, fuhr er fort. »Wenn ich heute noch einmal vor die Wahl gestellt würde, Jugendweihe oder nicht, würde ich wohl teilnehmen. Ich konnte damals ja nicht ahnen, daß mir die Zukunft derartig verbaut würde. Aber unter diesen Voraussetzungen kann ich hier in der DDR auf keinen grünen Zweig kommen. Schlechter kann es mir in der Bundesrepublik auch nicht ergehen. Was hältst du davon, wenn wir gemeinsam einen Ausreiseantrag stellen?«

Karin antwortete zunächst nicht, sondern sah Axel nur fragend an. »Einen Ausreiseantrag stellen?« wiederholte sie dann. Sie hatte die Stirn in Falten gelegt. »Darüber habe ich bisher nie nachgedacht. Laß mir etwas Zeit! Wir können ja in einigen Tagen oder Wochen noch einmal darüber sprechen.«

Offensichtlich war Karin dieses Thema unangenehm. »Was machen wir denn am Nationalfeiertag?« fragte sie, um dem Gespräch eine andere Richtung zu geben.

»Was denn wohl?« fragte Axel aggressiv zurück. »Wir gehen zur Parade, schwenken unsere Fähnchen und schreien ›Hurra‹ und ›Freundschaft mit unseren Brüdern und Schwestern in der Sowjetunion‹, was denn sonst?«

»Sei doch nicht so bissig. Ich meine, nach der Parade«, versuchte Karin ihn zu beruhigen. »Hast du nicht Lust, mit mir zum Alexanderplatz zu kommen?«

»Sicher habe ich Lust, zum Alex zu gehen. Aber überlege dir doch einmal, was am Nationalfeiertag eigentlich abläuft. Da machen Tausende oder Zig-tausende Bla-Bla, wie du es eben ausgedrückt hast. Ich als Lehrling bekomme vom Betrieb fünf Mark für meine Teilnahme am Aufmarsch. Um den Druck zu erhöhen, damit nur ja jeder zur Kampfdemonstration erscheint und unsere Brüder und Schwestern in den sozialistischen Ländern wie auch der böse Klassenfeind sehen, daß die Bevölkerung hinter der Regierung steht, ist die Teilnahme Pflicht. Wer partout nicht hingehen will, muß sich einen Tag Urlaub nehmen, am besten sogar mehrere Tage, damit nicht auffält, daß er nur wegen der Demo in Urlaub geht. Und diese Verlogenheit willst du weiter unterstützen? Mir wird immer klarer, daß ich raus muß aus der DDR.«

»Einerseits hast du ja recht«, versuchte Karin wieder, ihn zu beruhigen, »aber laß mir doch, bitte, etwas Zeit. Vielleicht stelle ich ja auch einen Ausreiseantrag, aber nicht Hals über Kopf. Das will gut überlegt sein.«

Axel spürte, daß es falsch wäre, Karin weiter zu bedrängen. Demonstrativ drehte er sich auf die Seite.

—

Am Nationalfeiertag trafen sie sich wie verabredet nach dem Umzug auf dem Alexanderplatz. Axel hatte Karin schon von weitem erkannt. Als sie ihn sah, ging sie schneller auf ihn zu, lächelte und erwiderte seine stürmischen Küsse. Arm in Arm schlenderten sie über den Platz, begrüßten Bekannte, kauften Bier in Pappbechern.

In der Nähe des Fernsehturms spielte die Band ›City‹ vorwiegend alte Songs der Beatles und der Rolling Stones. Viele Jugendliche hatten sich um diese Gruppe versammelt. Sie tanzten ausgelassen und sangen laut die Lieder mit. Etwa zwanzig oder dreißig Meter entfernt stand ein weiteres Podest. Eine russische Folkloregruppe mühte sich, die wenigen Zuschauer, die sie um sich scharen konnte, zu unterhalten. Das Balalaika-Orchester hatte keine Chance, gegen die elektronisch verstärkte Musik der Rock-Band anzukommen. Mit finsteren Gesichtern, die zu einer Folklore-Gruppe nicht paßten, registrierten die Musiker, daß immer mehr Zuschauer zur Rock-Band abwanderten. Plötzlich erschien ein uniformierter Polizist auf der Rampe der Rock-Band, die sofort zu spielen aufhörte. Er trat ans Mikrophon.

»Ich bitte Sie in aller Form, leiser zu sein. Durch Ihren Lärm stören Sie die Veranstaltung auf der Nachbartribüne.«

Er diskutierte noch eine Weile mit den Mitgliedern der Band und sprang dann von dem Podest herunter. Schulterzuckend drehte der Bassist der Gruppe an einigen Knöpfen des Verstärkers und gab dann der Band ein Zeichen, den nächsten Song zu spielen. ›Satisfaction‹ von den Rolling Stones erklang. Kaum ein Lied ist besser geeignet, Jugendliche in Rage zu versetzen. Der Lärm war zwar vermindert, aber was der Band nunmehr an Phonstärke fehlte, wurde durch die grölenden Jugendlichen mehr als wettgemacht. Jeder tanzte, einer riß den anderen mit. Ihre Augen strahlten, die Gesichter lachten, Arme zuckten wild, und unzählige Füße stampften auf das Pflaster.

Entnervt brach die Folklore-Gruppe ihre Darbietung ab. Musiker und Tänzer standen ratlos auf ihrem Podest und diskutierten aufgeregt miteinander. Plötzlich riß auch die Musik der Rock-Band unvermittelt ab. Die Jugendlichen grölten und stampften noch kurze Zeit. Die dann eintretende Stille wirkte gespenstisch, zumal auch die Scheinwerfer, die das Podium der Rock-Band in gleißendes Licht getaucht hatten, urplötzlich erloschen.

Undeutlich war zu erkennen, daß wieder ein Polizist die Bühne betreten hatte. Er hielt ein Megaphon in der Hand.

»Ich weise darauf hin, daß diese Veranstaltung kurzfristig für den Rest des Festes vom Veranstaltungsplan gestrichen werden mußte. Ich fordere Sie auf ...«

Mehr war von der Durchsage nicht zu verstehen. Ein gellendes Pfeifkonzert verbunden mit wütenden Buh-Rufen erscholl.

»Mach dich da runter, du grüner Frosch, du verdammtes Bullenschwein!« schrie jemand unmittelbar neben Axel. Das Gesicht war vor Wut verzerrt. Andere Jugendliche stürmten die Bühne und stießen den Polizisten hinunter. Kurze Zeit später flog eine brennende Uniformmütze durch die Luft. Polizeibeamte, die mit großen Plexiglasschilden und langen Holzknüppeln ausgerüstet waren, stürmten aus einer Seitenstraße auf den Platz und versuchten in keilförmiger Formation, die Menge der Jugendlichen auseinanderzutreiben. Während noch kurz zuvor die fröhlich im Rhythmus stampfenden Füße der Tanzenden die Geräuschkulisse bestimmt hatten, waren jetzt vor allem die genagelten Stiefel der Polizisten, die hart auf das Pflaster aufschlugen, zu hören.

Eine wüste Schlägerei begann. Lange aufgestaute Aggressionen entluden sich ungestüm. Pflastersteine flogen durch die Luft. Die Menge wogte über den gesamten Platz hin und her. Ein Gitter über einem Lüftungsschacht brach unter der Last einer Vielzahl wütend trampelnder Jugendlicher, die plötzlich in die Tiefe stürzten. Die Schmerzensschreie der Verletzten übertönten zeitweise den allgemeinen Lärm. Sanitäter mit Tragbahren versuchten hektisch, sich einen Weg durch die Menge zu bahnen.

Bereitschaftspolizisten hatten in der Zwischenzeit den Alexanderplatz umstellt. Hunde wurden eingesetzt, vor deren gebleckten Zähnen und wütendem Gebell die Jugendlichen in panischer Angst flohen. Der Tumult breitete sich in Windeseile über den gesamten Platz aus. Aus den Nebenstraßen drangen immer mehr Uniformierte mit gezückten Gummiknüppeln vor und schlugen, wohin sie gerade trafen. Auch unbeteiligte Jugendliche wurden jetzt in die Schlägereien hineingezogen.

»Laß uns hier verschwinden, schnell!« rief Karin und zog Axel in Richtung der Dircksenstraße fort. Als sie die Straße fast erreicht hatten, kam ihnen eine weitere Einheit Uniformierter entgegen, die dort in Bereitschaft gelegen hatte. Axel und Karin liefen zur nächsten Hauswand, um von der heranstürmenden Polizei nicht über den Haufen gerannt zu werden. Dort standen schon andere Jugendliche, die auch den Platz verlassen wollten. Plötzlich verbreiterte sich die Front der Polizisten. Sie reichte von Häuserwand zu Häuserwand.

»Die wollen uns wieder auf den Platz treiben«, rief jemand. Die Gruppe der Jugendlichen drängte auf den Alexanderplatz zurück. Wer nicht schnell genug laufen konnte und in die Reichweite der Gummiknüppel geriet, wurde erbarmungslos niedergedroschen. Axel und Karin konnten mit anderen Jugendlichen zwei Müllcontainer erreichen, hinter denen sie sich in Deckung brachten. Nun hatten auch die Polizisten die Container erreicht und drückten sie gegen die Jugendlichen, die sich verzweifelt wehrten und Schulter an Schulter versuchten, dem Druck standzuhalten. Auf einmal flog wieder eine brennende Uniformmütze durch die Luft und landete auf einem der Container. Die Vopos ließen von den Müllcontainern ab und stürmten in die Richtung, aus der die brennende Mütze geflogen war. Axel sah, daß über den Köpfen auch eine brennende Uniformjacke auf einem Besenstiel getragen wurde.

»Das ist der reinste Bürgerkrieg«, rief ein Mann neben Karin. Steine wurden geworfen, Scheiben gingen zu Bruch, Verletzte schrien, genagelte Stiefelsohlen erzeugten bei jedem Schritt harte metallene Schläge auf dem Pflaster. In Panik stürmte eine Gruppe von Menschen an Axel und Karin vorbei in die Dircksenstraße. Frauen kreischten. Jeder bemühte sich, nicht hinzufallen, da er von der Menge hinter sich unweigerlich zu Tode getrampelt worden wäre. Axel und Karin jagten hinter den Menschen her. Sie liefen so schnell sie konnten, bis sie die Kreuzung Dircksenstraße/ Rosa-Luxemburg-Straße erreichten. Hier war es ruhiger, und sie blieben erschöpft stehen, um zu Atem zu kommen.

Karin weinte. »Ich will sofort nach Hause«, schrie sie hysterisch. Vom Alexanderplatz hörten sie noch immer Schreie der Verletzten, Gebell der rasenden Hunde, die dumpfen Schläge der Polizeiknüppel. Axel nahm Karins Hand und zog sie mit sich.

In ihrer Wohnung schluchzte Karin immer noch. »Wie kann man so brutal sein«, schrie sie, ein um das andere Mal, fassungslos. »Hast du gesehen, wie sie auf Frauen eingeschlagen haben. Auf völlig wehrlose Frauen, denen die Panik an den Augen abzulesen war. Die keinerlei Gegenwehr lieferten. Die wollten doch nur noch weg.«

Wenige Tage später verbreiteten westdeutsche Zeitungen die Nachricht von Krawallen auf dem Alexanderplatz und berichteten von der unglaublichen Brutalität der Polizei. Sie hatten diese Meldung von der britischen Nachrichtenagentur Reuter erhalten. Deren DDR-Korrespondent Mark Brayne wurde für die angeblich unwahre Berichterstattung vom Außenministerium offiziell verwarnt. Sein Bericht sei von A bis Z erfunden und erlogen. Das SED-Zentralorgan ›Neues Deutschland‹ hatte lediglich berichtet, daß am Nationalfeiertag einige leichtsinnige Jugendliche verletzt worden seien. Die Nachrichtenagentur Reuter wurde aufgefordert, die Meldung zu dementieren, was nicht erfolgte. Einige Zeit später sickerte aus Ostberliner Polizeikreisen durch, daß etwa zweihundert Jugendliche verhaftet worden seien. Vier Polizisten seien getötet und achtundsechzig verletzt worden.

Viertes Kapitel

Oktober 1979

»Dieses Erlebnis hat bei mir das Faß zum Überlaufen gebracht«, sagte Axel, nachdem sie sich beide etwas beruhigt hatten. »Ich werde in den nächsten Tagen einen Ausreiseantrag stellen. Bitte komm mit!«

»Und was glaubst du, wann wir ausreisen dürfen, wenn überhaupt?« fragte Karin, die immer noch unter dem Eindruck des Geschehens auf dem Alexanderplatz stand. »Das dauert doch Jahre. Wenn wir Rentner wären und für die sozialistische Gesellschaft nichts mehr leisten könnten, hätten wir Aussichten, relativ schnell das Land verlassen zu können. Aber die lassen doch keine jungen Arbeitskräfte ziehen. Und gemeinsam können wir doch schon gar nicht damit rechnen, ausreisen zu dürfen.«

»Ich habe mir das genau überlegt. Man muß dem Staat einfach zeigen, daß er nur Ärger bekommen wird, wenn er uns nicht raus läßt.«

»Einfach zeigen, daß er nur Ärger bekommen wird«, äffte Karin ihn nach. »Da brauchst du aber Nerven. Wenn du Ärger machst, landest du schneller im Knast, als dir lieb sein kann, das weißt du doch wohl. Ich will meine Zeit jedenfalls nicht im Gefängnis verbringen.«

»Und ich will raus hier«, schrie Axel und schlug mit der Faust auf die Couch, »glaubst du, ich habe Lust, mein Leben lang Schlange zu stehen, um irgendwelche Selbstverständlichkeiten kaufen zu können? Wie lange hast du angestanden, als du deine Stühle gekauft hast? Einen halben Tag, von morgens halb sechs bis mittags um eins. Und dann gab es keine dunkel gebeizten Stühle mehr, sondern nur noch helle. Die hast du dann eben genommen, weil du nicht wußtest, wann es überhaupt wieder welche gibt.«

»Als ob das so wichtig wäre.«

»Natürlich ist das nicht wichtig. Aber was ist mit der dauernden Bespitzelung. Weißt du denn sicher, daß der Nachbar unter uns nicht für die Staatssicherheit arbeitet? Du hast dich doch nicht einmal getraut, dem zu sagen, wie brutal und unmenschlich wir auf dem Alex zusammengeknüppelt wurden. Das hätte der ja als Kritik an unserem Staat verstehen können. Wie oft haben wir davon geträumt, mal eine Woche Urlaub in Italien zu machen. Am Strand in der Sonne zu liegen und zu faulenzen. Oder einfach zu sehen, wie die Leute in anderen Ländern leben. Welches Land der Erde sperrt denn seine eigenen Bürger so ein wie die DDR? Mit Mauern, Stacheldraht, Tellerminen. An welcher Grenze gibt es denn sonst noch Schußapparate, die Menschen in Stücke schießen, wenn sie versuchen, die Grenze zu überschreiten? Kann ein Staat seine Bürger unmenschlicher behandeln?«

»Also unsere Oberschwester im Krankenhaus war letztes Jahr an der Schwarzmeerküste in Bulgarien«, versuchte Karin, ihn zu beschwichtigen.

»Und was hat sie dafür getan? Zwanzig Jahre Hurra geschrien. Zwanzig Jahre lang blödsinnige, inhaltslose Parolen nachgeplappert. Zwanzig Jahre zum 1. Mai rote Fahnen geschwenkt. Und nie auch nur die leiseste Kritik geäußert. Kein Widerwort. Sich nur geduckt, zwanzig Jahre lang. Und zur Belohnung durfte sie dann zwei Wochen ans Schwarze Meer.«

Axel war von der Couch aufgesprungen, hatte die Decke von seinen Beinen geworfen und nach seiner Jacke gegriffen.

»Ich will keine zwanzig Jahre warten!« schrie er im Weggehen und warf die Tür mit kräftigem Schwung zu.

—

Einige Tage später ging Axel zum Ministerium für Innere Angelegenheiten, um seine Ausreise in die Bundesrepublik Deutschland zu beantragen. Er meldete sich beim Pförtner an, der ihn in ein Zimmer im Erdgeschoß führte.

»Sie warten jetzt hier, bis Sie aufgerufen werden«, sagte er im Gehen und schloß die Tür hinter sich.

Axel Jäger sah sich um. Der Raum war spärlich und auch für DDR-Verhältnisse eher ärmlich eingerichtet. Er setzte sich auf einen der Stahlrohrstühle. Ihm fiel auf, daß die Fensterscheiben aus Milchglas bestanden. Damit keiner reinschauen kann und dabei seinen freundlichen Nachbarn als Stasi-Mitarbeiter erkennt, dachte er.

Nach einer Stunde verließ Axel den Warteraum und klopfte an die nächstbeste Tür. »Wie lange kann das denn noch dauern?« fragte er, als er die Tür noch nicht ganz geöffnet hatte.

»Das geht hier seinen Gang; und zwar der Reihe nach. Sie werden aufgerufen. Und jetzt raus hier!« antwortete ihm ein mürrischer älterer Beamter und strich das Butterbrotpapier glatt, aus dem er gerade eine Stulle genommen hatte.

Axel ging ins Wartezimmer zurück. Inzwischen hatte dort eine junge Frau Platz genommen.

»Hallo«, grüßte er und versuchte trotz der angespannten Situation ein Lächeln zustandezubringen. Die Frau sah nur kurz auf und nickte wortlos. Sie war etwa fünfundzwanzig Jahre alt. Ihr volles schwarzes Haar fiel ihr bis über die Schultern.

»Wollen Sie auch einen Ausreiseantrag stellen?« fragte Axel.

»Gehören Sie auch dazu?« fragte die Frau zurück und musterte ihn mit ihren großen dunklen Augen.

»Wozu?«

»Na zur Stasi. Ich meine zum Ministerium für Staatssicherheit«, verbesserte sie sich.

»Nein. Ich heiße Axel Jäger. Ich sagte schon, ich will einen Ausreiseantrag stellen.«

»Ja und? Ich stelle meinen dritten.«

Die Art, wie die Frau mit ihm sprach, gefiel Axel nicht. Trotzdem versuchte er, weiter mit ihr ins Gespräch zu kommen. »Wenn Sie schon zwei Ausreiseanträge gestellt haben, können Sie mir vielleicht helfen und mir sagen, wie das so abläuft.«

»Wie soll das schon ablaufen. Das wichtigste ist, daß Sie sich einen plausiblen Grund überlegen, warum Sie raus wollen. Danach fragen sie als erstes. Und dann versuchen sie, Ihnen die ganze Sache auszureden. Und irgendwann haben die Sie so weit, daß Sie den Antrag zurücknehmen. Oder er wird abgelehnt. Und alles, was Sie dann erreicht haben, ist, daß die Stasi Ihnen in Zukunft auf die Finger schaut. Aber ich rede schon viel zuviel. Lassen Sie mich in Ruhe!«

Axel merkte, daß es keinen Sinn hatte, mit der Frau das Gespräch fortzuführen. Unter anderen Umständen hätte er nicht so leicht aufgegeben. Aber hier war es wohl auch für ihn besser, den Mund zu halten.

An der gegenüberliegenden Wand hing das obligatorische Bild des Staatsratsvorsitzenden Honecker. Der hatte damals, 1961, den Mauerbau organisiert, als antiimperialistischen Schutzwall, wie offiziell erklärt wurde.

Axels leiblicher Vater war noch zwei Tage vor dem Mauerbau in den Westen gegangen. Seine Frau hatte er mit beiden Söhnen in der DDR zurückgelassen. Die Großmutter hatte Axel erzählt, sein Vater habe immer wieder versucht, mit der Mutter Kontakt aufzunehmen. Sie sei jedoch nicht daran interessiert gewesen. Der Vater hatte auch immer wieder Pakete aus dem Westen geschickt. Das erzählte er der Großmutter, als sie ihn nach siebzehn Jahren im Westen besuchen durfte. Als Rentnerin hatte sie ohne Schwierigkeiten eine Besuchserlaubnis bekommen. Seine Mutter hatte Axel, den jüngeren der beiden Brüder, dann in ein

Heim gegeben, bis ihr neuer Freund drohte, sie nicht zu heiraten, wenn sie nicht das Kind aus dem Heim hole. Auch dafür liebte er seinen Stiefvater, während das Verhältnis zu seiner Mutter kühl blieb.

Schließlich wurde die Tür des Wartezimmers aufgestoßen. Axel schätzte, daß mindestens vier Stunden vergangen waren. »Axel Jäger, kommen Sie bitte mit!« Der Beamte, den er vorhin beim Frühstück gestört hatte, führte ihn in ein Dienstzimmer. Er wies ihm einen Platz an einem kleinen Tisch zu und setzte sich Axel gegenüber.

»Was ist Ihr Anliegen?«

»Ich möchte einen Antrag auf Übersiedlung in die BRD stellen«, antwortete Axel und versuchte, sich ein Lächeln abzuringen.

»Einen Antrag zur Übersiedlung in das kapitalistische Ausland ist in Ihrem Fall ausgeschlossen. Sie haben keine Gründe. Und wir befassen uns nur mit begründeten Anträgen.«

»Die Gründe kann ich Ihnen nennen. Es gibt mehrere«, begann Axel, der sich vorgenommen hatte, sich nicht zu irgendwelchen unbedachten Äußerungen hinreißen zu lassen. »Ich möchte endlich meinen Vater kennenlernen. Der ist zwei Tage vor dem Mauerbau in den Westen gegangen. Ich war gerade ein halbes Jahr alt.«

»Da sind Sie hier falsch«, unterbrach ihn der Beamte schroff. »Gehen Sie am besten in ein Reisebüro und buchen eine Reise in die BRD.«

»Sie wissen genausogut wie ich, daß die Möglichkeit nur auf dem Papier existiert.« Axel bemühte sich, ruhig zu bleiben. »Ich habe es trotzdem versucht. Schließlich ist uns Reisefreiheit zugesichert worden, nachdem die DDR die Schlußakte der Konferenz für Sicherheit und Zusammenarbeit in Europa von Helsinki mit unterschrieben hat. Ich bin in ein Reisebüro für skandinavische Länder und das kapitalistische Ausland gegangen und wollte eine Reise nach Spanien buchen. Da hat man mir gesagt, dafür sei ich mindestens eine Nummer zu klein. Außerdem müsse der Betrieb zustimmen und ein einwandfreies Führungszeugnis ausstellen. Wie ich aussehe mit meinen langen blonden Haaren, konnte die Frau im Reisebüro sich das nicht so recht vorstellen. Sie sagte noch, schon der kleinste Fehler bei der Arbeit, das leiseste Murren, die geringste Auflehnung im Betrieb, und schon sei eine Reise in den Westen nicht mehr möglich. Aber selbst wenn der Betrieb ein gutes Zeugnis ausstellt, geht der Antrag weiter an das Ministerium des Inneren. Dort werden der Zentralcomputer und die Behörden in allen Stadtbezirken, in denen man gelebt hat, befragt, ob es seit 1945 irgendwelche besonderen Vorkommnisse gegeben hat, beispielsweise Teilnahme an Demonstrationen und Protesten.

Wenn auch da nichts vorliegt, geht der Antrag weiter an das Gericht. Hat der Bürger vielleicht irgendwann einmal Kartoffeln oder ein Fahrrad gestohlen oder sich als Jugendlicher in der Dorfkneipe geprügelt? Kurz, wenn die keine Vorstrafen feststellen können, schicken sie den Antrag an das Ministerium für Staatssicherheit, das versucht, sich ein Bild über den Antragsteller zu machen, indem es insgeheim Nachbarn befragen läßt, im Betrieb nachhorcht und so weiter. Ist der Antragsteller verheiratet, hat er minderjährige Kinder, hat er sich gerade erst Vermögensgegenstände größeren Stils gekauft, ein Auto oder ein Haus? Welche Hobbys, welche Gewohnheiten pflegt er? Wie groß ist sein Bekanntenkreis? Hat er Verwandte im Ausland? Und schließlich wird die Frage entschieden, ob der Antragsteller das alles wohl aufs Spiel setzen und im Westen bleiben wird.

Dieser Weg ist mir zu umständlich«, fuhr Axel fort, »und außerdem halte ich es für rechtswidrig, daß nur auserwählte Bürger in den Westen reisen dürfen. Seit Helsinki ist das auch mein Recht. Wenn mir das Recht nicht gewährt wird, suche ich mir einen Staat, der mir meine persönliche Freiheit nicht verweigert. Ich bin schließlich nicht in einem Kinderheim, obwohl mir das manchmal so vorkommt.«

Axel merkte, daß er sich nun doch in Erregung geredet hatte und versuchte, sachlicher weiterzusprechen. »Ich bin ein freier Bürger, ich bin volljährig, und ich möchte gern alle mir zur Verfügung stehenden Rechte in Anspruch nehmen. Wenn mir meine Rechte gewährt werden, will ich auch meine Pflichten erfüllen.«

Der Beamte sah ihn konzentriert an. Er schien fieberhaft zu überlegen. »Ich habe kein Interesse, mit Ihnen zu diskutieren. Füllen Sie den Antrag aus und geben Sie ihn beim Pförtner ab. Sie werden dann von uns hören.«

Der Beamte erhob sich, drückte Axel die Antragsformulare in die Hand, ging zur Tür und öffnete sie. »Auf Wiedersehen.«

Axel setzte sich ins Wartezimmer, füllte den Antrag aus, unterschrieb ihn und gab ihn dem Pförtner. Als er das Gebäude verließ, fühlte er sich erleichtert. Der erste Schritt in Richtung Freiheit war getan.

—

Alle zwei Wochen ging Axel zum Ministerium für Innere Angelegenheiten, um sich nach dem Stand des Antragsverfahrens zu erkundigen. Er erhielt jeweils die Auskunft, es sei noch nichts entschieden, er erhalte Bescheid. Dieses Warten zerrte zunehmend an seinen Nerven. Immer wieder wurde er mit den gleichen nichtssagenden Worten davongeschickt. Zuletzt erhielt er diese Auskünfte nicht mehr vom zuständigen Beamten, sondern vom Pförtner, der offensichtlich instruiert war, ihn nicht weiter in das Ministerium vordringen zu lassen. Damit wollte Axel sich nicht länger zufriedengeben.

»Hören Sie«, fuhr er den Pförtner an, »ich habe den Antrag auf Übersiedlung vor mehr als zwei Monaten gestellt. Ich möchte nun eine sachliche Antwort bekommen.«

»Sie werden Ihre sachliche Antwort zu gegebener Zeit erhalten. Jetzt jedenfalls nicht«, entgegnete der Pförtner. »Und übrigens, ich weise Sie darauf hin, daß Ihre ständigen Nachfragen mutwillige Beeinträchtigungen der staatlichen Organe bei ihrer sozialistischen Tätigkeit sind. Das ist eine Gesetzwidrigkeit, die strafrechtliche Folgen haben kann. Und jetzt gehen Sie!«

Auf ein Strafverfahren wollte Axel es nicht ankommen lassen. Er verließ das Ministerium. Es hatte gerade angefangen zu regnen. Er beeilte sich, die nächste S-Bahn zu erreichen, und fuhr zu seiner Wohnung. Dort warf er sich aufs Bett und überlegte, wie er die Angelegenheit beschleunigen könnte. Seine Mutter und der Stiefvater arbeiteten zwar beide bei Ministerien. Aber er konnte ihnen wohl kaum zumuten, wegen seines Antrages auf Übersiedlung irgendwelche Beziehungen spielen zu lassen. Damit hätten sie riskiert, selbst als politisch unzuverlässig eingestuft zu werden. Selbst wenn er sie inständig gebeten hätte, für ihn nachzufragen, wie sein Antrag beschieden werden würde, wären sie dieser Bitte nicht gefolgt, um die eigene Sicherheit nicht zu gefährden. Axel dachte auch darüber nach, ob es nicht doch noch möglich wäre, zu fliehen. Immer wieder hatten es Menschen geschafft, die Grenzsperren zu überwinden. Im Westfernsehen wurde regelmäßig darüber berichtet. Eine Familie hatte sich einen Fesselballon gebaut und war damit nachts über die Grenze geflogen. Andere hatten mit Lastwagen die Grenzsperren durchbrochen, hatten Flüsse durchschwommen oder waren über die Ostsee per Boot in den Westen gelangt.

—

Axel verkehrte nun häufiger mit Oppositionellen, von denen er sich Informationen über mögliche Fluchtwege erhoffte. Was er dort erfuhr, war entmutigend. Jemand hatte ihn auf Rudi aufmerksam gemacht, einen Alkoholiker, der früher als Maat bei der Marine gedient hatte. Für einige

Flaschen Bier oder einige Schnäpse war Rudi immer bereit, über seine Erfahrungen im Grenzdienst zu erzählen.

Axel hatte sich mit ihm zunächst über Belanglosigkeiten unterhalten. Er merkte, daß Rudi trotz seiner Alkoholisierung auf der Hut war und allen direkten Fragen, die seine Dienstzeit bei der Marine betrafen, auswich. Es dauerte eine ganze Weile, bis Axel ihn davon überzeugt hatte, daß er kein Spitzel der Sicherheit sei.

»Komm, Rudi, trink noch eine!« sagte Axel und schob ihm eine Flasche Bier hin. Er wußte, daß es auch für ihn nicht ungefährlich sein würde, mit Rudi offen zu reden. »Ich will in den Westen, Rudi. Ich dachte, du könntest mir helfen. Ich habe daran gedacht, über die Ostsee zu fliehen. Entweder will ich so weit schwimmen, daß ich die Chance habe, von westlichen Schiffen aufgenommen zu werden, oder aber mit einem Boot direkt durch die Lübecker Bucht nach Westdeutschland rudern.«

Rudi lachte. »Du meinst, du setzt dich in ein Paddelboot, ruderst ein paar Stunden und bist dann im Westen.« Er lachte wieder. »Wenn das so einfach wäre, hätten es schon wesentlich mehr Leute versucht. Du glaubst wohl, alle anderen seien dumm. Und es kann keine Rede davon sein, daß ich dir helfen würde. Ich habe einige Jahre im Knast verbracht, und das reicht mir. Ich helfe niemandem bei der Flucht. Ich will nicht noch einmal ins Gefängnis.«

Rudi griff zu seiner Flasche, trank einen Schluck und wischte sich mit dem Handrücken über den Mund. »Ich habe schon einmal jemandem helfen wollen. Das hat dem nichts genutzt und mir nur Scherereien und Gefängnis eingebracht.«

»Nun erzähl schon!« munterte Axel ihn auf.

»Na schön. Vor einigen Jahren war ich Geschützmaat auf einem Patrouillenboot in der Lübecker Bucht, über die du nach Westen paddeln willst.« Rudi wirkte jetzt sehr ernst. Offensichtlich versuchte er, sich zu konzentrieren. »Es war reichlich Seegang und stockfinster. Irgendwann hatte der Mann am Radarschirm ein kleines Boot in unserer Nähe ausgemacht. Das Patrouillenboot steuerte in die Richtung, in der das Objekt vermutet wurde. Die Suchscheinwerfer flammten auf, und nach kurzer Zeit erkannten wir tatsächlich ein Paddelboot, das mit zwei Personen besetzt war. Es tanzte auf den Wellen und war nur zeitweilig zu sehen, denn es tauchte immer wieder in die Wellentäler ab.

Der Kapitän hat die Bootsinsassen aufgefordert, längsseits zu kommen. Wenn ich daran zurückdenke, höre ich heute noch die Lautsprecherdurchsage.« Rudi nahm wieder einen Schluck aus der Bierflasche. Axel hörte gespannt zu.

»Die Bootsinsassen sind dieser Aufforderung nicht nachgekommen. Ich konnte sehen, wie sie immer schneller paddelten. Eventuell haben sie gehofft, uns entgehen zu können. Vielleicht dachten sie, daß irgendwo eine Nebelbank liegt, in der sie hätten verschwinden können. Aber die hatten keine Chance. Ich habe den Befehl bekommen, einen Warnschuß abzugeben. Den habe ich einige Meter vor den Bug des kleinen Bootes plaziert. Ich sah die Gischt aufspritzen und hoffte, sie würden endlich aufhören zu paddeln. Aber die haben nicht daran gedacht.« Rudi griff wieder zur Flasche, trank einen Schluck und wischte sich verstohlen das rechte Auge.

»Plötzlich stand der zweite Offizier neben mir und gab den Befehl, gezielt zu schießen. Ich habe mich geweigert und gesagt, er könne mir doch nicht befehlen, auf wehrlose Menschen zu schießen, auf Menschen in einem Paddelboot, die wegen der stürmischen See Mühe hatten, das Kentern zu vermeiden. Er drohte mir strafrechtliche Konsequenzen für Befehlsverweigerung an. Ich habe weiter versucht, mit ihm zu diskutieren, um ihn davon abzubringen. Er ging wortlos zu einem anderen Geschütz und feuerte eine Garbe Explosivgeschosse ab, von denen die meisten das Boot trafen. Ich konnte es dann nicht mehr sehen, weil es wieder in ein Wellental abgetaucht war. Das Boot ist auch nie wieder aufgetaucht. Wir sind zu der Stelle gefahren, wo wir es zuletzt gesehen hatten, und haben nur noch Trümmer vorgefunden. An meiner Seite des Schiffes habe ich ein Stück Paddel vorbeischwimmen sehen. Das war alles.«

Axel schaute betroffen zu Boden.

»Es hätte dann fast eine Meuterei an Bord gegeben. Aber wir konnten nichts tun, weil die Offiziere sich auf der Kommandobrücke eingeschlossen hatten. Das Patrouillenboot kehrte zum Hafen zurück. Ich wurde verhaftet und wegen Befehlsverweigerung zu zweieinhalb Jahren verurteilt. Als ich die abgesessen hatte, wurde ich unehrenhaft aus der Marine entlassen.«

Rudi war aufgestanden. Er hatte Tränen in den Augen. Axel hatte ihm die Hand auf den Unterarm gelegt. Rudi schüttelte sie ab und ging grußlos weg. Axel hatte keinen Zweifel daran, daß die Geschichte, die Rudi ihm gerade erzählt hatte, der Wahrheit entsprach. Er hatte ihm angemerkt, wie betroffen er heute noch war, wie er sich verstohlen die Tränen aus den Augenwinkeln gewischt hatte. An eine Flucht über die Ostsee brauchte er jedenfalls nicht mehr zu denken. Daß Rudi darüber zum Alkoholiker geworden war, wunderte ihn nicht. Er empfand Mitleid. Gleichzeitig vertiefte sich sein Wunsch, die DDR so schnell wie möglich zu verlassen.

—

Ein Klopfen an der Tür riß Axel aus seinen Gedanken.

»Da ist ein Brief für Sie abgegeben worden«, rief die Nachbarin.

»Augenblick, ich komme.« Axel stand auf und öffnete.

»Was Offizielles.«

Axel öffnete den Brief, stieß die Tür mit dem Fuß zu und ging, während er leise las, langsam zum Tisch. Es war nicht der erwartete Bescheid über die Ablehnung seines Antrages auf Übersiedlung in die BRD, sondern die Aufforderung, zur Musterung zu erscheinen. Er hatte dies zwar erwartet, aber gleichzeitig gehofft, der Ausreiseantrag würde die Musterung zumindest verzögern. Denn der Staat konnte doch wohl kaum Interesse daran haben, jemand wie ihn, der durch seinen Ausreiseantrag nicht gerade große Standfestigkeit in sozialistischer Überzeugung bewiesen hatte, zur Volksarmee einziehen.

Am Tag der Musterung meldete sich Axel beim zuständigen Wehrkreiskommando. Dort wurden zunächst seine persönlichen Daten überprüft. Anschließend erfolgte die ärztliche Untersuchung. Nur mit der Unterhose bekleidet, betrat Axel das Zimmer. Während der Arzt ihn betastete, abklopfte und seine Lunge abhorchte, diktierte er einem anderen Beamten die Untersuchungsergebnisse.

»Größe 189 Zentimeter. Gewicht 86 Kilogramm. Athletischer Körperbau. Altersgerecht entwickelt. Muskulöse Arme und Beine. Lunge ohne Befund. Beine leichte X-Stellung.«

Die weitere Untersuchung verlief ohne Besonderheiten.

»Sie sind kerngesund«, sagte der Arzt und reichte einige Unterlagen an den Beamten weiter. »Sie melden sich jetzt auf Zimmer zwölf«, befahl ihm der Beamte. »Hier, nehmen Sie die Unterlagen mit!«

Axel gab noch eine Urinprobe ab, bevor er in einen Saal geführt wurde, in dem schon andere junge Männer warteten. Schließlich wurde er über Lautsprecher aufgerufen. Er ging in ein karg möbliertes Zimmer, in dem hinter einem Schreibtisch ein Uniformierter, dessen Dienstgrad Axel nicht kannte, in einer Akte blätterte. Er führte mit dem Offizier ein kurzes Gespräch. Er wurde nach besonderen Interessen, insbesondere dem Wunsch nach einer bestimmten Waffengattung, gefragt, irgendwelchen Vorlieben. Axel gab nur unsinnige Antworten, um schon hier zu demonstrieren, daß er nicht gewillt war, seinen Wehrdienst abzuleisten.

—

Nach etwa drei Wochen erhielt er einen Brief vom Wehrkreiskommando. Wie Axel von Freunden wußte, konnte er nur den Wehrdienstausweis, die sogenannte Hundemarke, und Angaben über den Tauglichkeitsgrad enthalten. Er öffnete den Brief nicht, sondern vermerkte auf dem Umschlag mit der Hand ›Empfänger unbekannt verzogen‹, und warf ihn wieder in einen Briefkasten. Wiederum zwei Wochen später erhielt er erneut einen Brief von der Musterungsbehörde, den er mit dem gleichen Vermerk zurücksandte. Axel hoffte, dadurch Zeit zu gewinnen. Irgendwann einmal mußte schließlich sein Antrag auf Übersiedlung beschieden werden. Hin und wieder hatte er beim Ministerium für Inneres nachgefragt, jedoch immer die gleiche Antwort erhalten, er bekomme schriftlich Bescheid. Schließlich wurde ihm persönlich von einem Polizeibeamten ein Schreiben überbracht, daß er sich zu einer näher bestimmten Zeit bei der Polizeidienststelle seines Wohnbezirks zu melden habe. Aber auch dieser und zwei weiteren Aufforderungen kam Axel nicht nach.

—

Eines Tages erschienen zwei uniformierte Polizeibeamte im Betrieb, in dem Axel seine Fleischerlehre absolvierte. Sie forderten ihn freundlich auf, mit ihnen ›zur Klärung eines Sachverhaltes‹ zum Polizeipräsidium zu kommen. Statt zum Polizeipräsidium fuhren sie mit ihm zum Wehrkreiskommando und führten ihn in einen Raum, den er von der Musterung her kannte. Diesmal saß er nicht nur dem Uniformierten, sondern einem weiteren Mann, einem Zivilisten, gegenüber. Axel wußte sofort, daß dies ein Beamter des Staatssicherheitsministeriums war. Er hatte ihnen schließlich in der Zwischenzeit genügend Anlässe geliefert, auf ihn aufmerksam zu werden.

»Was soll dieser Spuk?« fuhr ihn der Uniformierte an, kaum daß Axel Platz genommen hatte.

»Was meinen Sie mit Spuk?« antwortete Axel scheinbar gelassen.

»Ich meine, daß Sie unsere Briefe ungeöffnet zurückschicken mit der Aufschrift ›Empfänger unbekannt verzogen‹.«

»Das müßte Ihnen doch klar sein. Ich habe Ihnen schon bei der Musterung im persönlichen Gespräch gesagt, daß ich nicht zur Armee will. Ich kann nicht das Ehrenkleid der Nationalen Volksarmee tragen, wenn ich von der Ehre des Systems nicht überzeugt bin. Ich habe Ihnen damals auch erklärt, daß ich einen Ausreiseantrag gestellt habe. Ich müßte ja dumm sein, wenn ich dann noch zur Armee ginge. Als Soldat oder dann vielleicht als Ex-Soldat lassen Sie mich hier doch nie raus.«

»Ich entscheide hier nicht über Ausreiseanträge, daß wissen Sie genau, sondern habe dafür zu sorgen, daß junge Leute wie Sie ihren Wehrdienst leisten. Sie leben in einem Staat, der ständig von den Imperialisten aus dem Westen bedroht wird. Deshalb ist es Ihre Pflicht, diesen Staat zu verteidigen.«

»Ich habe mir diesen Staat nicht ausgesucht. Ich will nicht in diesem Staat leben. Wenn ich das wünschte, hätte ich schließlich keinen Ausreiseantrag gestellt. Außerdem gewährt der Staat mir meine Rechte, zum Beispiel Reisefreiheit, nicht, so daß ich auch nicht einsehe, warum ich meinen angeblichen Pflichten nachkommen soll. Eine Waffe fasse ich sowieso nicht an – aus Gewissensgründen.«

»Da gibt es ja noch die Möglichkeit, zu den Bausoldaten zu gehen. Da haben Sie mit Waffen fast nichts zu tun. Sie werden als Pionier beim Brückenbau oder anderswo eingesetzt«, versuchte der Offizier zu vermitteln.

»Das will ich auch nicht. Ich würde mich in Uniform jeden Tag unwohl fühlen. Ich tue für diesen Staat, den ich so schnell wie möglich verlassen will, nichts mehr.«

»Sie scheinen insoweit aus der Art geschlagen zu sein,

Herr Jäger. Ihr Bruder Roland dient doch zur Zeit in der Armee. Wollen Sie sich vielleicht einmal mit ihm unterhalten?« Der Beamte blieb nach wie vor freundlich.

»Ich hänge sehr an meinem Bruder und respektiere seine Entscheidung. Aber ich habe mich anders entschieden. Mein Bruder wird das seinerseits respektieren.«

»Sie sind sich doch wohl im klaren darüber, daß das strafrechtliche Konsequenzen haben wird. Zwei Jahre Gefängnis sind der übliche Satz, achtzehn Monate plus sechs Monate Zuschlag. Wir haben auch andere Mittel und Wege, Ihnen beizubringen, was Pflichterfüllung dem Vaterland gegenüber heißt.«

»Ja, ja, mit Gewalt wahrscheinlich. Aber ich sage Ihnen, an mir werden Sie wenig Freude haben. Wenn Sie mich zwangsweise in die Kaserne bringen lassen, werde ich wohl meine gesamte Zeit im Armeeknast zubringen.«

»Es hat keinen Sinn, mit Ihnen weiter zu diskutieren. Sie können nach Hause gehen. Sie werden von uns hören.«

Axel stand achselzuckend auf und schritt aus dem Zimmer. Die werden mich doch wohl nicht so einfach gehen lassen, dachte er. Sie werden mich zumindest vorläufig festnehmen, um weiteren Druck auf mich auszuüben. Vom Ende des Ganges her näherten sich zwei Zivilisten. Einer hielt eine rote Akte in der Hand. Auch Haftbefehle sind rot, schoß es Axel durch den Kopf. Die beiden kamen rasch näher. Sie sahen Axel schweigend an. Er wandte sich nach links. Nur nicht laufen, dachte er. Nach einigen Schritten hörte er einen der beiden rufen: »Wo wollen Sie hin?« Er ignorierte die Frage und ging etwas schneller auf eine Glastür am Ende des Korridors zu. Dahinter mußte das Treppenhaus sein. ›Durchgang nur für Behördenangehörige‹ las er auf einem rotumrandeten Schild.

»Sie müssen den Aufzug am anderen Ende des Ganges benutzen«, rief die Stimme hinter ihm her.

Axel blieb abrupt stehen und drehte sich um. Die Männer waren nur noch wenige Schritte entfernt.

»Dort drüben sind die Aufzüge«, sagte der eine kopfschüttelnd. Axel nickte kurz, ging schnell an der rechten Wand entlang an den beiden vorbei und hetzte weiter zum Paternoster, mit dem er ins Erdgeschoß hinabfuhr. Als er die Eingangstür des Gebäudes hinter sich geschlossen hatte, atmete er hörbar aus, wischte seine schweißnassen Hände an der Hose trocken und lief zur nächsten Bushaltestelle.

Fünftes Kapitel

Dezember 1979

Axel arbeitete weiter im Fleischereikombinat, in dem er eine Lehre als Metzger absolvierte. Er hatte sich für diese Ausbildung entschieden, weil er hoffte, daß sie ihm von Nutzen sein könnte, falls er doch noch irgendwann einmal Veterinärmedizin studierte. Gegen fünf Uhr morgens stand er in der Regel auf. Nach der Morgentoilette und dem Frühstück drängelte er sich mit anderen Leuten, deren Gesichter er meist kannte, in die S-Bahn. Er mußte einmal umsteigen und nach Verlassen der Bahn noch etwa zehn Minuten zu Fuß gehen, um den Betrieb zu erreichen. Je nachdem, ob die S-Bahn Verspätung hatte oder nicht, ging er schneller oder langsamer. Zu früh wollte er auch nicht im Betrieb erscheinen. Der Trott würde noch früh genug beginnen, sagte er sich.

Die Arbeit wurde wie am Fließband verrichtet. Jeden Tag mußten siebenhundert Schweine zerlegt werden. Je drei Leute verrichteten die gleiche Arbeit. Sie zogen den ganzen Tag nur die Schwarten ab, lösten nur Schinken aus oder nur Eisbeine. An diesem Tag wurde Axel der Gruppe zugeteilt, die die Schulter auszulösen hatte. Eine Schulter nach der anderen, Schulter, Schulter, Schulter, immer nur Schulter den ganzen Tag. Und dafür bekam ein Lehrling etwa 90 Mark im Monat, ein Achtel von dem, was ein Altgeselle verdiente. Und das für die gleiche Leistung.

Nachdem Axel an diesem Tag die ersten zwanzig Schultern ausgelöst hatte, rief der Lehrmeister ihn zu sich. »Sie sollen sofort zur Brigade kommen. Der Kaderleiter will Sie sprechen.« Axel machte sich auf den Weg ins Verwaltungsgebäude.

»Ach, der Genosse Jäger«, begrüßte ihn der Kaderleiter schon im Vorzimmer. »Gehen wir doch in mein Zimmer.« Axel folgte ihm und nahm vor dem Schreibtisch Platz.

»Ich mache mir Sorgen um Sie, Kollege Jäger«, begann der Kaderleiter. »Ihre Leistung läßt sehr zu wünschen übrig.«

»Seit wann spielt denn in unserem Betrieb Leistung eine Rolle?« unterbrach Axel ihn.

»Was soll diese provokatorische Frage, Jäger? Sie haben allen Grund, sich zu mäßigen.«

Der Kaderleiter sah ihn mit funkelnden Augen an. Bevor er weitersprechen konnte, fuhr Axel unbeirrt fort. »Das will ich Ihnen gern erklären. Sie wissen, daß für uns Lehrlinge Leistungsprämien gezahlt werden. Es vergeht kein Monat, in dem Nina Kubisch keine Leistungsprämie erhält, obwohl sie als Metzgerlehrling völlig ungeeignet ist. Wenn die eine Schweinehälfte tragen soll, läßt sie sich von zwei anderen Lehrlingen helfen. Sie ist körperlich einfach zu schwach für diesen Beruf. Ihre sonstigen körperlichen Vorzüge sollen bei der Betriebsleitung ja bestens bekannt sein.«

Axel sah den Kaderleiter direkt an. Eine leichte Röte überzog plötzlich dessen Gesicht. Umständlich schlug er eine Akte auf, schien kurz darin zu lesen und sagte schließlich, ohne auf Axels Provokation einzugehen: »Leistung bezieht sich doch nicht nur auf die eigentliche Arbeit im Beruf, sondern auch auf die gesellschaftlichen Aktivitäten.«

Axel grinste unverhohlen. Die Röte im Gesicht des Kaderleiters wurde um eine Stufe intensiver. »Fräulein Kubisch ist regelmäßig maßgeblich an der Organisation und Durchführung der Brigadefeste beteiligt.« Axel mußte wieder grinsen. Doch das schien den Kaderleiter nicht weiter zu irritieren. »Sie entwirft Wandzeitungen und bildet das Rückgrat der FDJ-Brigade. Eben dieses gesellschaftliche

Engagement fehlt Ihnen völlig. Ich habe hier Ihre Kaderakte. Und was ich da lese, gefällt mir gar nicht.«

Es entstand eine Pause, als der Kaderleiter die Akte aufschlug und darin zu lesen begann. Die Kaderakte entspricht etwa der Personalakte, wie sie in westlichen Betrieben geführt wird. Sie unterscheiden sich aber insofern, als die Kaderakte den Bürger in der DDR von der Lehrzeit an bis zu seinem Tod begleitet. Sie ist eine Art staatliche Personalakte. In ihr werden nicht nur betriebliche Belange festgehalten, sondern vor allem auch gesellschaftliche. Jedes unentschuldigte Fehlen, sofern es entdeckt wird, jede besondere Auszeichnung wie etwa ›Held der Arbeit‹, jede Straftat, die politische Einstellung, das gesellschaftliche Engagement, alles ist in der Kaderakte vermerkt. Wenn die Arbeitsstelle gewechselt wird, wechselt die Kaderakte mit zum neuen Betrieb. Derjenige, dessen persönliche Daten in der Kaderakte verzeichnet sind, hat keinerlei Anrecht, die Akte einzusehen. Nur besonders autorisierte Personen, die in Bezug auf Linientreue handverlesen sind, wie die Personalchefs eines Betriebs, sind befugt, die Kaderakte einzusehen. Diese Akte ist somit ein perfektes Kontrollinstrument, mit einer für den Staat wichtigen Reglementierungsfunktion.

»Sie nehmen überhaupt nicht am gesellschaftlichen Leben teil«, fuhr der Kaderleiter fort. »Bei Betriebsfeiern lassen Sie sich eine halbe Stunde lang sehen und verschwinden dann wieder. Am 1. Mai haben Sie nicht an der Demonstration teilgenommen, sondern Urlaub eingereicht. So können Sie auf Dauer in unserem Staat nicht zurechtkommen. Wer sich am gesellschaftlichen Leben nicht beteiligt, isoliert sich auf Dauer selbst. Sie geraten im Betrieb ins Abseits. Sie untergraben die Errungenschaften des Sozialismus, Kollege Jäger.«

»Wer sagt denn, daß ich in diesem Staat zurechtkommen will? Wie Sie wissen, habe ich einen Ausreiseantrag gestellt. Damit habe ich doch wohl ausreichend bekundet, daß mir der Staat egal ist. Ich kann keine Errungenschaften des Sozialismus erkennen. Wenn ich abends Westfernsehen einschalte, sehe ich aber so viele Errungenschaften des Kapitalismus, daß für mich klar ist, in welchem Staat ich leben möchte, nämlich in der Bundesrepublik Deutschland.«

»Sind Sie wirklich so dumm, Kollege Jäger?« unterbrach ihn der Kaderleiter. »Sie fallen auf westliche Propagandasendungen herein. Haben Sie noch nie etwas von Arbeitslosigkeit im Kapitalismus gehört? Lesen Sie doch die Berichte der Leute, die aus der DDR in den Westen gegangen sind und nach ein oder zwei Jahren gebettelt haben, wieder zurückkommen zu dürfen.«

»Da fallen Sie auf östliche Propaganda herein, Herr Kaderleiter.«

»Von den Leuten, die aus dem Westen zurückgekehrt sind«, fuhr der Kaderleiter ungerührt fort, »und die ich kenne, ist jeder einzelne froh, wieder hier im Sozialismus leben zu dürfen. Sprechen Sie doch einmal mit dem Kollegen Hacke. Er ist vor drei Jahren in den Westen ausgereist. Der war anfangs genauso verblendet wie Sie und dachte, sich im Westen alles leisten zu können, zu jeder Zeit Apfelsinen und Bananen auf dem Tisch zu haben.

Die Banken in der BRD sind ihm zunächst nachgelaufen, damit er einen Kredit aufnahm. Es sah alles so einfach aus. Hacke hatte eine gute Arbeitsstelle und hätte die monatlichen Kreditraten leicht zurückzahlen können. Aber dann ging der Betrieb, in dem er arbeitete, in Konkurs. Hacke war gerade vier Monate dort. Von heute auf morgen hatte er keine Stelle mehr. Die Arbeitslosenversicherung zahlte nicht, weil Hacke noch keine sechs Monate lang Beiträge gezahlt hatte. Wie sollte er seine Schulden zurückzahlen? Von den paar Mark Sozialhilfe, die er im Monat bekam, konnte er so gerade leben. Die Banken, die anfangs vor ihm auf den Knien gelegen hatten, versuchten nun mit allen Mitteln, ihr Geld zurückzubekommen. Das Auto, das

Hacke sich von dem Kredit gekauft hatte, wurde versteigert. Bei zwanzig Prozent des Wertes hat die Bank den Zuschlag bekommen und damit doppelten Gewinn gemacht. Hacke konnte schließlich seine Miete nicht mehr bezahlen und wurde vom Gerichtsvollzieher aus der Wohnung geworfen. Damit war er zum Penner geworden, der im Sommer auf der Parkbank und im Winter im Obdachlosenasyl übernachtete. Seinen Kummer hat er dann im Alkohol ertränkt. Der Mann war ein menschliches Wrack, bevor er wieder zu uns kam, Kollege Jäger. Schauen Sie sich den Kollegen Hacke heute an. Der Sozialismus hat ihn wieder aufgebaut. Er hat seine Arbeitsstelle, seine Wohnung und einen neuen Wagen bestellt.«

»Den er in fünfzehn Jahren vielleicht bekommt. Und saufen tut er immer noch, auch im Betrieb.«

»Hören Sie mit der Polemik auf«, schrie der Kaderleiter. »Ich versuche, sachlich mit Ihnen zu diskutieren. Also bleiben auch Sie sachlich.« Das Gesicht des Kaderleiters lief noch stärker rot an. Seine Hände blätterten fahrig in der Kaderakte.

»Gut, dann bleiben wir sachlich«, gab Axel nach. »Der Kollege Hacke ist über fünfzig Jahre alt. Er ist träge und entwickelt nicht die geringste Eigeninitiative. Daß der im Westen nicht zurechtgekommen ist, wundert mich gar nicht. Der hat zu lange im Sozialismus gelebt. Klar, daß dabei die Selbständigkeit verlorenging. Der Staat erledigt ja alles für seine Bürger. Aber die Menschen werden dabei immer mehr bevormundet, sie werden unselbständig. Sie werden immer abhängiger vom Staat.

Dabei geht ihre persönliche Freiheit verloren, ohne daß sie es merken. Und damit zahlen sie einen sehr hohen Preis für die staatliche Fürsorge. Vielen Leuten wird das zunehmend bewußt. Der Staat mußte nicht umsonst einen Zaun zum Westen hin errichten, sonst wären ihm seine Bürger längst davongelaufen. In einem Staat, der seine Bürger an der Grenze erschießt, wenn sie in ein anderes Land gehen wollen, der Tellerminen und Selbstschußapparate installiert, damit er seinen Bürgern die Wohltaten des Sozialismus zukommen lassen kann, will ich nicht leben. Bei mir wird Sozialismus mit ›ß‹ geschrieben, weil die Endung -mus nur mit müssen zusammenhängen kann. Und dieses Muß, dieser Zwang ist mir zu groß.«

»Mit dieser Ansicht stehen Sie aber ziemlich allein auf weiter Flur, Kollege Jäger.«

»Das glauben Sie doch selbst nicht, Herr Kaderleiter. Ich verstehe, daß Sie das sagen müssen, aber ich glaube nicht, daß Sie davon überzeugt sind. Warum zahlt der Betrieb jedem, der zum Beispiel an der Demonstration zum 1. Mai teilnimmt, fünf Mark zusätzlich? Warum ist die Teilnahme Pflicht? Warum wird jedem, der nicht an der Demonstration teilnimmt, ein Urlaubstag abgezogen? Doch wohl nur deshalb, damit möglichst viele an den Paraden teilnehmen. Da überlegt sich doch jeder, daß es besser ist, zur Demonstration zu gehen, als einen Urlaubstag zu verlieren und auf die fünf Mark zu verzichten. Wenn alle Leute von ihrer Ansicht, oder besser von der Ansicht, die Sie gerade als die Ihre bezeichnet haben, überzeugt wären, würde doch jeder freiwillig und mit Begeisterung zu den Demonstrationen gehen. Dann wären Ihre Druck- und Lockmittel doch überflüssig.«

»Sie haben sich da in völlig abstruse Gedanken verrannt.«

»Lassen Sie mich bitte ausreden«, unterbrach ihn Axel sofort. »Was ich sagen will, ist, daß mich diese Heuchelei stört. Wie war das denn eigentlich, als vor einigen Monaten der Wirtschaftsminister unserem Betrieb einen Besuch abgestattet hat? Wochen vorher wurde der Betrieb auf Vordermann gebracht. Die Gebäude wurden von außen neu gestrichen. Von anderen Betrieben wurden die neuesten Maschinen ausgeliehen und die Arbeitskräfte, die sie bedienen konnten. Wir hatten noch nie soviel Fleisch in den Kühlhäusern wie zu dieser Zeit.

Die Kollegen, die als politisch zuverlässig eingestuft wurden, mußten die Fragen auswendig lernen, die sie an den Minister zu richten hatten, und Antworten, die sie auf Fragen des Ministers geben sollten. Politisch unzuverlässige Leute, wie mich zum Beispiel, hat man in die letzte Ecke des Betriebes verbannt, wo wir dem Minister auf keinen Fall begegnen konnten.

Das ist doch auch ein Beweis für die Heuchelei in unserem vielgepriesenen Staat und für die Entmündigung der Menschen.«

»Sie sind völlig verbohrt, Kollege Jäger. Ich merke, daß es keinen Sinn hat, mit Ihnen länger zu diskutieren. Sie werden erhebliche Schwierigkeiten bekommen. Wie ich weiß, läuft ein Strafverfahren gegen Sie. Wenn Sie so weitermachen, wird sich die Verurteilung wohl kaum umgehen lassen.

Ich wollte Ihnen hier die Chance geben zu beweisen, daß Sie sich ändern werden. Verstehen Sie das doch endlich. Sie können noch zurück. Leisten Sie Ihren Wehrdienst, nehmen Sie den Ausreiseantrag zurück! Wenn ich dem Gericht sage, daß Sie Ihr Unrecht eingesehen haben und dabei sind, sich zu ändern, wird sich eine Verurteilung eventuell vermeiden lassen. Das hier ist Ihre letzte Chance.«

»Ich werde mich niemals ändern, Herr Kaderleiter. Ich will in den Westen, und ich werde dahin kommen, egal welche Schwierigkeiten Sie oder der Staat mir machen. Nicht ich begehe Unrecht, sondern der Staat, der mich nicht gehen läßt, wohin ich will. Und das, was Sie gerade gesagt haben, bestätigt genau das, was ich eben meinte.

Entweder man arrangiert sich mit dem Staat und gibt seine Freiheit und Selbständigkeit auf, oder man wird vom Staat niedergeknüppelt wie die Leute, die am Nationalfeiertag auf dem Alexanderplatz die Musik hören wollten, die ihnen gefiel.«

»Was heißt denn niedergeknüppelt, Jäger? Sie werden schon wieder polemisch. In jedem Land der Welt wird derjenige, der sich nicht an die Gesetze des Staates hält, bestraft. Das ist doch keine Besonderheit der DDR. Das ist überall notwendig, um die gesellschaftliche Ordnung aufrechtzuerhalten. So naiv können Sie doch nicht sein, daß Sie den Sinn der staatlichen Strafe in Abrede stellen. Ohne die Garantie der gesellschaftlichen Ordnung durch die Macht des Staates kann doch keine Gesellschaft existieren. Da würden ja Mord und Totschlag herrschen. Sie brauchen sich nur die primitiven amerikanischen Wild-West-Filme anzusehen, um zu lernen, wie wichtig die staatliche Ordnung und deren Durchsetzung sind.«

»Sie haben ja völlig recht, Herr Kaderleiter. Aber es geht hier doch nicht darum, daß Mord und Totschlag und das Faustrecht verhindert werden sollen. Soweit sind wir uns doch einig. Es geht darum, daß der Staat mich mit aller Gewalt zwingen will, in einem Land zu leben, in dem ich nicht leben will. Der Staat nimmt mir meine persönliche Freiheit in einem Maße, das nicht mehr zu rechtfertigen ist. Ich kenne keinen Staat der Welt, mit Ausnahme der sozialistischen Länder, in dem es verboten ist, das Land zu verlassen. Diese persönliche Freiheit ist ein Recht, das jeder Mensch hat und das ihm kein Staat der Welt nehmen kann. Auch die DDR hat in Helsinki die Menschenrechte anerkannt, handelt aber nicht danach. Die Unterzeichnung der Schlußakte von Helsinki war ein Lippenbekenntnis, wie es in diesem Staat in allen Bereichen üblich ist. Bei jeder Parade bei der die Demonstranten auf Kommando und staatlichen Druck Hurra schreien, können Sie das zehntausendfach hören. Die Leute merken schon gar nicht mehr, was sie tun und schreien, so sehr sind ihnen die staatlichen Parolen in Fleisch und Blut übergegangen. Und das mache ich nicht länger mit. Ich schlage vor, daß ich jetzt wieder an die Arbeit gehe.«

»Wie Sie wollen. Ich habe Ihnen jedenfalls die Chance gegeben. Denken Sie einfach über das nach, was wir heute besprochen haben. Wenn Sie es sich noch anders überlegen sollten, lassen Sie es mich einfach wissen.« Der Kaderleiter nahm einen Briefumschlag aus einer der Schreibtischschubladen. »Ich übergebe Ihnen hiermit offiziell Ihren Einberufungsbefehl. Quittieren Sie den Empfang auf dieser Durchschrift.«

»Ich quittiere gar nichts!«

»Das wird Ihnen auch nicht helfen. Ich kann jederzeit bezeugen, daß Sie ihn erhalten haben.«

—

Zwei Tage später riß lautes Gepolter Axel aus dem Schlaf. Ein uniformierter Polizeibeamter trat an sein Bett. »Stehen Sie auf! Ziehen Sie sich an! Sie müssen zur Klärung eines Sachverhalts mitkommen.«

Während Axel sich anzog, bemerkte er noch schlaftrunken, daß drei Zivilisten sein Zimmer durchsuchten. »Bei mir herrscht Ordnung«, sagte er. »Die Pornohefte liegen unten links im Schrank. Gleich daneben die westdeutschen Illustrierten. Darüber die verbotenen Schallplatten von Bettina Wegener.«

Die Zivilisten blickten sich kurz an. Einer bewegte hastig den Kopf in die Richtung, in der der Schrank stand. Ein anderer folgte diesem Befehl und öffnete die unteren beiden Türen. Handtücher, Strümpfe und Unterwäsche lagen ordentlich nebeneinander. Verärgert riß der Zivilist alles heraus und verstreute die Wäsche auf dem Fußboden. Axel grinste.

Beim Hinausgehen sah er, daß die Türklinke abgebrochen war. Das Holz am Türrahmen war gesplittert. Man brachte ihn in das Volkspolizeikreisamt von Berlin-Köpenick, Wendenschloßstraße, und sperrten ihn in den Keller.

Die Zelle war mit zwei Pritschen möbliert, die an schmalen Ketten an der seitlichen Wand befestigt waren. Auf jeder lagen zwei ordentlich zusammengelegte Decken. Axel setzte sich auf die Pritsche, die am weitesten von der Tür entfernt war. Falls die Polizeibeamten ihn zum Verhör oder zur Vorführung beim Haftrichter abholten, hatte er so etwas mehr Zeit, sich auf eventuelle körperliche Angriffe einzustellen.

Es vergingen einige Stunden, bis die Tür zum ersten Mal geöffnet wurde. Axel hörte, wie der eiserne Riegel auf dem Gang zur Seite geschoben wurde. Im gleichen Augenblick sprang er auf, um auf einen Angriff vorbereitet zu sein. Als die Tür sich weiter öffnete, entspannte er sich wieder. Ein Beamter, etwa dreißig Jahre alt, warf Axel einen kurzen Blick zu und stellte dann wortlos eine Schüssel auf die unbelegte Pritsche, legte einen Löffel daneben und ein Stück Brot, das etwa die Breite einer Hand hatte. Nachdem die Tür wieder verschlossen war, setzte Axel sich neben die Schüssel. Die Graupensuppe schmeckte mehlig, das Brot war altbacken. Ich muß bei Kräften bleiben, dachte er.

Es vergingen einige Stunden, bis sich die gleiche Prozedur wiederholte. Der Beamte stellte das Abendessen wiederum wortlos in die Zelle. Axel aß und legte sich auf seine Pritsche zurück. Es wurde dunkel in der Zelle. Durch das vergitterte Fenster sah er, daß die Nacht hereingebrochen war. Er überlegte. Die Strafprozeßordnung der DDR sah vor, daß jeder Verhaftete innerhalb von 24 Stunden dem Haftrichter vorgeführt werden mußte. Er wußte, daß diese Frist nur selten eingehalten wurde. Meist setzten die Polizeibeamten schon bei der Erstellung des Verhaftungsprotokolls das Datum des nachfolgenden Tages ein.

So konnte auch dem Haftrichter nicht auffallen, daß der Verhaftete zu spät zu ihm gebracht wurde. Bei wem sollte man sich auch wegen der verspäteten Vorführung beschweren, dachte Axel. Die Polizeibeamten, die die Verhaftung durchgeführt hatten, waren wohl kaum die richtige Adresse. Denn der Haftrichter wird den Polizeibeamten mehr Glauben schenken als dem Verhafteten. Was wird man mir vorwerfen? Sicherlich Wehrdienstverweigerung. Auch geplante Republikflucht wäre denkbar. Vielleicht war ich in den letzten Wochen bei der Wahl meiner Gesprächspartner zu unvorsichtig. Vielleicht ist sogar der Fluchtversuch entdeckt worden. Ob Karin auch verhaftet wurde? Die Durchsuchung der Wohnung konnte eigentlich nichts ergeben haben. Schon vor Wochen hatte Axel alles vernichtet, was ihm gefährlich werden konnte. Vielleicht war auch aufgefallen, daß er aus dem Fleischkombinat regelmäßig Parmaschinken und andere bessere Fleischerzeugnisse gestohlen hatte.

Am nächsten Morgen brachten ihn zwei Beamte in das Gerichtsgebäude. Als Axel den Saal betrat, sah er eine etwa fünfzigjährige Richterin, die ihn interessiert anblickte. Rechts von ihr saß an einem separaten Tisch ein Vertreter der Staatsanwaltschaft. Auch er sah Axel unverhohlen ins Gesicht, als wolle er sich dadurch von Axels Schuld oder Unschuld überzeugen.

Mürrisch nahm die Richterin Axels Personalien auf. Ihre Stimme klang monoton. Für sie handelte es sich um eine Routineangelegenheit. Der Staatsanwalt begann, den Haftbefehlsantrag vorzulesen. Die Anspannung wurde unerträglich. Seine Hände waren feucht und kalt. Nervös rutschte er auf seinem Stuhl hin und her.

»Axel Jäger, Personalien wie angegeben, ist dringend verdächtig, in Tatmehrheit einerseits die staatlichen Organe bei ihrer sozialistischen Arbeit beeinträchtigt zu haben und andererseits den Wehrdienst verweigert zu haben, indem er...« Der Staatsanwalt führte konkret aus, wie Axel die ihm zur Last gelegten Taten begangen haben sollte.

Axel hörte ihm kaum zu. Kein Wort von geplanter Republikflucht. Sein Fluchtversuch mit Karin war also nicht entdeckt worden. Axel konzentrierte sich wieder auf den Vortrag des Staatsanwalts.

»Wollen Sie etwas zu Ihrer Verteidigung sagen?« Die monotone Stimme der Richterin riß ihn aus seinen Gedanken.

»Wehrdienstverweigerung trifft zu«, sagte er. »Ich habe aber nicht irgendwelche staatlichen Organe bei ihrer sozialistischen Tätigkeit beeinträchtigt. Ich habe einen Ausreiseantrag gestellt und mich etwa einmal im Monat danach erkundigt, ob über meinen Antrag schon entschieden worden sei. Ich habe immer nur die gleiche Antwort erhalten, man werde mir Bescheid geben. Das hat nicht einmal zwei Minuten gedauert. Meistens hat der Pförtner mir diese Auskunft erteilt, der sowieso gerade nichts zu tun hatte. Da kann doch von einer Beeinträchtigung der Arbeit keine Rede sein.«

Die Richterin blickte kurz den Staatsanwalt an und schrieb dann etwas in die vor ihr liegende Akte. »Ich sehe keinen Haftgrund«, sagte sie. »Fluchtgefahr besteht meines Erachtens nicht. Denn wenn der Beschuldigte hätte fliehen wollen, hätte er sicher keinen offiziellen Ausreiseantrag gestellt. Ob Wiederholungsgefahr vorliegt, wird sich zeigen. Ich rate Ihnen dringend, nicht nochmals beim Ministerium für Inneres nachzufragen, sonst sehen wir uns irgendwann hier wieder. Ich werde also keinen Haftbefehl erlassen. Sie können jetzt gehen.«

Die Richterin klappte die Akte mit einem vernehmlichen Geräusch zu und legte sie beiseite. Darunter kam die nächste zum Vorschein. Offensichtlich hatte sie noch über andere Haftbefehlsanträge zu entscheiden. Axel war völlig überrascht.

»Sie können jetzt gehen«, hallte es in seinen Ohren nach. Er stand auf und verließ den Gerichtssaal. Auf dem Gang drehte er sich noch einmal um. Niemand folgte ihm.

Sechstes Kapitel

Februar 1980

»Dahinten ist die Freiheit«, sagte Axel leise. Sein Blick war starr auf das Brandenburger Tor gerichtet. Mit den Oberschenkeln drückte er gegen die Eisenrohre der kleinen Absperrung, die die Straße ›Unter den Linden‹ von dem Platz vor dem Brandenburger Tor trennte, als könne er sie dadurch ein kleines Stück weiter zum Tor hin schieben. »Westberlin«, flüsterte er andächtig, als wolle er Karin, die neben ihm stand, eine Liebeserklärung machen. »Es sieht so aus, als müßte man nur über diese kleine Absperrung steigen und dann noch zwei- oder dreihundert Meter gehen, um im Westen zu sein.«

»Deine Träumerei geht mir allmählich auf die Nerven.« Unwillig zog Karin an seinem rechten Arm, in den sie sich eingehakt hatte. »Du stehst an der Absperrung wie ein kleines Kind, das sich an der Schaufensterscheibe eines Spielwarengeschäftes die Nase plattdrückt und wieder einmal die elektrische Eisenbahn bewundert, die es sich so sehr wünscht. Komm schon, laß uns gehen!«

»Kannst du dir vorstellen, daß der Potsdamer Platz, gleich da hinter dem Brandenburger Tor, vor fünfzig Jahren der belebteste Platz in ganz Europa war? Zur Hauptverkehrszeit schoben sich die Autos im Kreisverkehr Stoßstange an Stoßstange über den Platz. – Und jetzt? Totenstille im wahrsten Sinn des Wortes. Keine Autos, keine Fahrradfahrer, nicht einmal Fußgänger. Dafür aber eine drei Meter hohe Mauer. Schau doch genau hin! Die Mauer auf der anderen Seite ist von hier aus fast nicht zu sehen.«

»Aber wir wissen beide, daß sie da ist. Hinter den Pfosten des Tores stehen wahrscheinlich Soldaten. Auch die kannst du von hier aus nicht sehen, aber wir beide können uns vorstellen, daß sie da sind. Versuche doch endlich, realistisch zu sein. Hast du nicht schon Ärger genug?«

»Bisher ist doch noch nicht viel passiert.«

»Das nennst du nicht viel«, schrie Karin plötzlich. Sie hatte sich von ihm losgerissen, war einen Schritt zur Seite gegangen und sah ihn mit böse funkelnden Augen an. »Was muß denn noch alles geschehen?« Über ihre Lautstärke selbst erschrocken, sah sie sich um. »An der Grenze hat man uns fast erwischt«, zischte sie leise. »Du bist verhaftet und zwei Tage in Untersuchungshaft gehalten worden. Wenn nicht noch ein Wunder geschieht, wirst du demnächst einige Jahre im Gefängnis verbringen. Und mir erzählst du was von Liebe. Was habe ich von einer Liebe ohne Zukunft? Immer mehr Leute raten mir, mich so schnell wie möglich von dir zu trennen.«

»Wer rät dir das?« Axel stand wie erstarrt. »Ich habe dich gefragt, wer?« Er ging auf Karin zu, faßte ihre Schultern und schüttelte sie, um seinen Worten Nachdruck zu verleihen.

»Das sag ich dir nicht.«

Axel schwieg. Der Tonfall, mit dem sie das sagte, ließ ihn zurückweichen. Mit traurigen Augen sah er sie an. »Laß uns nicht streiten!« versuchte er, sie zu beruhigen. »Wir gehen zu der Bank dort hinten und sprechen in Ruhe darüber.«

Er nahm Karin in den Arm und führte sie vom Zaun weg. Sie hatte die Arme vor der Brust verschränkt. Mit steifem Gang und geradeaus gerichtetem Blick trottete sie neben ihm her. Axel setzte sie vorsichtig auf die Bank, nahm dann schnell neben ihr Platz und legte seine Arme um sie, als habe er Angst, daß sie wegliefe.

»Laß mich los!« fauchte sie ihn an und drehte ihren Oberkörper hin und her. Axel löste seine Umklammerung.

»Du nimmst auf mich nicht die geringste Rücksicht. Entweder ich mache mit oder du gehst deinen eigenen Weg. Du liebst nicht mich, sondern den Westen, den Kapitalismus, die Obstberge in den Supermärkten, die großen Autos, das Geld. Ohne mit der Wimper zu zucken, gibst du dafür unsere Beziehung auf. Ich bin dir völlig gleichgültig.« Ihr Mund zuckte leicht.

»Bist du denn total verrückt geworden? Ich wollte mit dir zusammen fliehen. Ich habe doch oft genug versucht, dich davon zu überzeugen, auch einen Ausreiseantrag zu stellen. Doch wohl nicht, weil du mir gleichgültig bist, sondern weil ich mit dir zusammen drüben leben will, in der Freiheit.«

»Wozu brauchen wir diese Freiheit denn? Uns geht es doch gut. Wir haben genügend zu essen, können uns ordentlich kleiden. Wir werden eine Wohnung finden. Was willst du mehr? Ob du an der Ostsee oder an der Nordsee deinen Urlaub verbringst, in Spanien oder in Bulgarien, das ist doch wohl gleichgültig. Es kommt doch nur darauf an, daß du persönlich zufrieden bist.

Ich habe manchmal den Eindruck, daß du zu den Leuten gehörst, die nie zufrieden sind. Das sind die, die sich darüber beklagen, daß sie mit Holzlöffeln essen müssen statt mit Bestecken aus Metall. Kaum haben sie die, schielen sie nach den silbernen, und irgendwann schmeckt ihnen die Suppe nur noch aus goldenen Löffeln. Glaubst du denn, daß im Westen die gebratenen Tauben nur so durch die Luft fliegen und du nur den Mund aufzumachen brauchst, um eine zu ergattern? Wie steht es mit der Arbeitslosigkeit? Was soll werden, wenn du alt bist oder krank wirst? Nach dem, was ich bisher gehört habe, ist unser System dem westlichen in solchen Fällen überlegen. Hier wirst du nicht vom Betrieb entlassen, wenn du nicht mehr ganz so leistungsfähig bist. Versuche doch einfach, deine Ansprüche auf dem Boden der Tatsachen zu halten.«

»Halt! Halt!« unterbrach Axel sie. »Wir haben doch

schon so oft darüber diskutiert. Du kannst mich doch nicht so mißverstanden haben. Mir geht es nicht um die Scheiß-Knete. Mir fehlt hier die Luft zum Atmen, die Freiheit, die ich drüben haben werde.«

»Komm mir doch nicht wieder damit. Das sind doch alles nur vorgeschobene Gründe. Ich kann deine Argumente einfach nicht mehr hören. Du bist ein Querulant, der nirgendwo zurechtkommt, auch nicht im angeblich so goldenen Westen.«

Karin war aufgesprungen, schnappte nach ihrer Handtasche und stapfte über den Rasen davon.

»Karin!«, rief Axel hinter ihr her. Komm bitte zurück, dachte er. Dreh dich um!

Sie hatte die Promenade bereits überquert und ging nun auf die andere Seite der Straße. Axel schluckte. Sein Hals fühlte sich trocken an. Ich werde nicht weinen, befahl er sich und schluckte wieder. Er hatte die Hände zu Fäusten geballt. Die Knöchel traten weiß hervor.

Er schaute nach oben. Nur wenige Wolken befanden sich am Himmel. Sie zogen in Richtung Westen über das Brandenburger Tor hinweg. Er wollte Karin zurückholen, mit ihr auf eines dieser weichen Gebilde hinaufklettern und sich über alle Grenzanlagen hinwegtragen lassen. Für diese Wolken existierten keine Mauern, kein Stacheldraht, keine Tretminen, keine Grenzsoldaten.

Jetzt auch noch Karin, dachte er. Unser Fluchtversuch ist gescheitert. Mein Ausreiseantrag verschimmelt in irgendeiner Schublade. Im Betrieb werde ich immer stärker isoliert. Die unangenehmsten Arbeiten habe stets ich zu verrichten. Immer mehr Freunde ziehen sich zurück, um nicht mit dem Spinner, dem Wehrdienstverweigerer, dem Querulanten, wie Karin gerade gesagt hatte, in Verbindung gebracht zu werden.

Ich werde es allen zeigen, schwor er sich. Plötzlich kam er auf die Idee, geradewegs auf das Brandenburger Tor zuzumarschieren. Er würde nicht im Westen ankommen, das war ihm klar. Aber konnte er eindrucksvoller demonstrieren, daß sein Wille nicht gebrochen werden konnte? Der Staat mußte dann seinem Ausreiseantrag stattgeben. Eventuell würde seine ›Flucht‹ sogar im Westen bemerkt. Vielleicht gelang es ihm, westliche Touristen auf sich aufmerksam zu machen, die auf der Straße ›Unter den Linden‹ spazierengingen. Axel erkannte sie an ihrer Kleidung und den umgehängten Fotokameras japanischer Fabrikation.

Ganz in Gedanken spielte er mit den Fingern an dem kleinen Taschenmesser, das in Form eines Anhängers an einer Gürtelschlaufe hing. Ein kleiner Junge, den Axel auf etwa sieben oder acht Jahre schätzte, beobachtete das Spiel seiner Finger ungeniert. Vielleicht würde dieses kleine Taschenmesser später als Waffe angesehen, schoß ihm durch den Kopf. Er löste den Anhänger von der Schlaufe an seinem Gürtel und winkte den Jungen zu sich.

»Was starrst du mich so an?« fragte er. »Gefällt dir das Messer?«

Der Junge sagte zunächst nichts, sondern trat einen weiteren Schritt auf Axel zu. Skeptisch sah er das Messer an. »Ist ja nicht sehr groß. Zeig mal her.« Er streckte seine Hand aus und blickte Axel herausfordernd an.

Axel legte das Messer in die Handfläche des Jungen, hielt aber den Verschluß des Anhängers fest. Der Junge betastete das Messer, nahm die Klinge heraus und prüfte die Schneide, indem er mit dem Daumen quer darüber fuhr. »Scharf ist es ja«, stellte er fachmännisch fest und klappte die Klinge wieder in die Verschalung zurück.

»Ich schenke dir das Messer«, sagte Axel und ließ den Anhänger los. Der Junge lächelte. Seine Augen leuchteten. Schnell drehte er sich um. Im Weglaufen rief er noch »Danke«. Wahrscheinlich befürchtete er, daß Axel es noch anders überlegen könnte, denn er lief rasch über den Mittelstreifen zwischen den Fahrbahen auf die andere Seite der Straße. Dort drehte er sich noch einmal um, winkte Axel zu und verschwand in einer Seitenstraße.

Laufen oder Gehen, überlegte Axel. Wenn er auf das Brandenburger Tor zurennen würde, bestand die Gefahr, daß die Grenzsoldaten auf ihn schossen. Blieb nur das langsame Gehen, damit die Soldaten erkannten, daß er lediglich demonstrieren und nicht etwa ernsthaft flüchten wollte. Leichte Schmerzen machten sich in seinem Magen bemerkbar wie früher, wenn er als Kind Äpfel gestohlen hatte.

Axel stand auf. Gerade war eine Reisegruppe mit Touristen aus dem Westen an der Bank vorbeigegangen, auf der er saß. Er folgte der Gruppe in einer Entfernung von wenigen Metern. Vor der Absperrung am Brandenburger Tor blieben die meisten stehen. Axel ging rechts an ihnen vorbei. Er sah, daß einige Touristen ihre Fotoapparate gezückt hatten, um das Brandenburger Tor zu fotografieren. Die Gelegenheit schien günstig zu sein. Er stieg über die Absperrung und ging geradewegs auf das Brandenburger Tor zu. Seine Angst wuchs.

»He, bleiben Sie stehen! Sie dürfen nicht über die Absperrung klettern!« rief jemand hinter ihm her.

Axel reagierte nicht. Sein Blick war starr auf das Brandenburger Tor gerichtet. Dahinter liegt die Freiheit. Geh ruhig weiter, befahl er sich. Die Knie zitterten. Er zwang sich, nicht stehenzubleiben. Er fühlte sich von tausend Augen beobachtet. Das gab ihm gleichzeitig Sicherheit. Schießen konnten die Grenzer unter diesen Umständen nicht. Dazu gab es zu viele Zeugen, die den Vorfall mit Sicherheit im Westen publik machen würden.

Plötzlich hörte er, daß ein Motor gestartet wurde und sich ein Fahrzeug in Bewegung setzte. Das Motorengeräusch hinter ihm wurde immer lauter.

Dreh dich nicht um, befahl er sich selbst. Er hatte etwa sechzig Meter zurückgelegt, als er einen vielstimmigen Aufschrei hörte, der offensichtlich von Mitgliedern der Touristengruppe ausgestoßen wurde. Das Fahrzeug war ganz nah an ihn herangekommen. Er war gerade im Begriff, sich umzudrehen, weil er befürchtete, angefahren zu werden, als etwas in seinem Kopf zu explodieren schien. Er empfand nichts mehr und merkte auch nicht, als sein Körper auf dem Pflaster aufschlug.

—

Zwei Tage später erwachte Axel aus seiner Bewußtlosigkeit. Als er die Augen aufschlug, erkannte er zunächst das Fenster, dessen Scheiben aus Milchglas bestanden, so daß er nicht hindurchsehen konnte. Das ganze Zimmer war weiß gestrichen. Er lag in einem Bett. Es roch nach Desinfektionsmitteln. In seinem linken Arm steckte eine Kanüle, an der ein Schlauch befestigt war, der zu einer Flasche führte, die mit dem Hals nach unten an einem Gestell hing. Etwas unterhalb der Flasche befand sich ein kleiner Plastikbehälter, in den aus der Flasche eine durchsichtige Flüssigkeit tropfte.

Axels Kopf schmerzte. Als er ihn mit der rechten Hand betastete, stellte er fest, daß der gesamte Kopf bandagiert war. Offensichtlich befand er sich in einem Krankenhaus. Er mußte angestrengt nachdenken, bevor ihm einfiel, wie er dorthin gekommen war. Zunächst entsann er sich nur, daß er auf einer Parkbank ›Unter den Linden‹ gesessen und einem kleinen Jungen sein Taschenmesser geschenkt hatte. Erst allmählich kamen ihm die weiteren Ereignisse in Erinnerung.

Eine Krankenschwester betrat das Zimmer. »Endlich sind Sie aufgewacht. Wir dachten schon, das würde nichts mehr mit Ihnen«, sagte sie gut gelaunt.

»Wo bin ich hier?«

»In der Charité. Sie sind mit einer häßlichen Kopfwunde eingeliefert worden. Die mußte genäht werden.«

»Und wie lange bin ich schon hier?«

»Seit zwei Tagen. Heute ist Dienstag. Ich werde gleich den Arzt verständigen, damit er Sie untersuchen kann.«

Axel war froh, daß die Unterhaltung beendet war. Das Sprechen fiel ihm schwer. Seine Zunge reagierte nur mit äußerster Willensanstrengung so, wie er es wollte.

Einige Zeit später untersuchte ihn ein Arzt und ordnete an, daß die Infusion beendet werden könne. Die Kanüle wurde entfernt. »Sie müssen noch mindestens eine Woche hierbleiben. Sie haben eine schwere Gehirnerschütterung erlitten. Bleiben Sie, bitte, unbedingt im Bett. Wenn Sie sich viel bewegen, besteht die Gefahr, daß Sie über Jahre hinaus unter Kopfschmerzen leiden werden. Also halten Sie sich an die Anordnungen.«

»Wissen meine Eltern, wo ich bin?«

»Wir haben Ihre Mutter verständigt. Aber Sie dürfen keinen Besuch empfangen. Vor der Tür sitzt ein Wachposten. Sie können also auch das Zimmer nicht verlassen. Ich rate Ihnen, machen Sie keine Schwierigkeiten, in Ihrem eigenen Interesse. Ich habe nur dafür zu sorgen, daß Sie wieder gesund werden. Alles andere interessiert mich nicht.«

Der Arzt drückte Axel kurz die Hand und ging aus dem Zimmer.

—

Nach einigen Tagen hatte Axel seine Sprachschwierigkeiten überwunden. Er fühlte sich körperlich wiederhergestellt. Nur gelegentlich stellten sich leichte Kopfschmerzen ein, die ihn an seinen Gang zum Brandenburger Tor erinnerten.

Ich muß versuchen, aus dem Krankenhaus zu fliehen, dachte er. Er verdrängte zunächst jeden Gedanken darüber, wie es weitergehen sollte, wenn er das Krankenhaus verlassen hätte. Erst einmal raus hier, sagte er sich.

Er stand leise auf und ging auf Zehenspitzen zum Kleiderschrank, um sich anzuziehen. Er trug immer noch das hinten offene Nachthemd, daß man ihm bei der Einlieferung übergezogen hatte. Die Schranktür quietschte leise. Er schaute schnell in alle Fächer, konnte seine Kleidung aber nicht finden. Bis auf eine Garnitur Bettwäsche war der Schrank leer.

Axel ging zur Zimmertür, öffnete sie einen Spalt breit und sah auf den Gang. Ein uniformierter Polizist unterhielt sich einige Meter entfernt mit einem Zivilisten, der plötzlich mit der Hand auf ihn wies. Axel schloß schnell die Tür und lief zu seinem Bett. Ein pochender Schmerz durchzuckte seinen Kopf.

Er hatte die Bettdecke gerade wieder geordnet, als der Zivilist, den er auf dem Gang bei dem Uniformierten gesehen hatte, ohne anzuklopfen das Zimmer betrat. Schweigend nahm er einen der Stühle, stellte ihn geräuschvoll neben das Bett, setzte sich und sah Axel ernst an.

»Mensch, Junge, was machst du denn für Sachen?« fragte er unvermittelt. Er mochte etwa fünfzig Jahre alt sein. Die schwarzen Haare waren von grauen Strähnen durchsetzt.

»Was für Sachen meinen Sie?«

»Na, einfach so durch die Grenzanlagen zu spazieren. Was hast du dir eigentlich dabei gedacht?«

»Ach, das ist eine lange Geschichte.«

»Erzähl sie mir doch einfach!«

»Ich will raus aus der DDR. Ich will meine Freiheit. Mich mal in Italien in die Sonne legen und darüber nachdenken, wie mein Leben weitergehen soll. Das ist es, was ich will. Aber der Staat läßt mich nicht. So einfach ist das.«

Axel war wieder einmal in der Position, sein Verhalten rechtfertigen zu müssen. Er verspürte immer weniger Lust dazu.

»Aber du kannst mir nicht erzählen, daß du ernsthaft geglaubt hast, so einfach durch das Brandenburger Tor nach West-Berlin wandern zu können. Als würde man einen Sonntagnachmittagsspaziergang machen. Was glaubst du denn, warum die Schranken vor dem Brandenburger Tor stehen?«

»Weil man den Bürgern ihre Freiheit nehmen will, deshalb.«

Es entstand eine kurze Pause.

»Aber, wer sind Sie eigentlich?« fragte Axel.

»Major Seifart. Staatssicherheitsdienst«, stellte sich der Mann vor.

»Mit Leuten wie Ihnen rede ich nicht. Sie gehören zu denen, die ich nicht mag in diesem Staat. Wäre mir lieb, wenn Sie jetzt gehen würden.«

»Wann ich gehe, haben Sie nicht zu bestimmen. Sie sind nicht in der Position, in der Sie große Töne spucken könnten. Sie haben eine versuchte Republikflucht begangen, und es wäre mit Sicherheit besser für Sie, wenn Sie von Ihrem hohen Roß herabsteigen und kooperativ werden würden. Sie sitzen ganz schön in der Klemme.«

Der Major hatte eine schärferen Ton angeschlagen. Offensichtlich hatte er gemerkt, daß er mit der väterlichen Tour bei Axel wenig ausrichten konnte.

»Sie können mir keine Angst machen. Ich bin mir meiner Lage durchaus bewußt. Gehen Sie jetzt, ich habe Kopfschmerzen.« Axel drehte sich im Bett um und wandte dem Major seinen Rücken zu.

»Ein Simulant sind Sie.«

Als Axel den Kopf unwandte, sah er, daß der Major den Stuhl an die Wand stellte.

»Wir sprechen uns noch, da können Sie sicher sein.« Der Major verließ wütend das Zimmer.

—

Etwa eine Woche später wurde Axel in das Gefängnis Berlin-Rummelsburg verlegt. Das Gebäude war früher ein Kloster gewesen, bis die Nazis die Fenster in den Zellen der Nonnen vergittern ließen und Stahltüren anbrachten. Sie nutzten es als Gestapo-Gefängnis. Die DDR-Regierung nahm verschiedene Umbauten vor. Es wurden Betriebe angebaut, in denen die Häftlinge arbeiten konnten, unter anderem eine Bäckerei, eine Schreinerei, eine Schlosserei. So konnte sich das Gefängnis selbst versorgen und sogar durch die Erledigung auswärtiger Aufträge noch Gewinn erwirtschaften.

Axel wurde zunächst in den sogenannten Med-Punkt, das heißt in den Sanitätsbereich des Gefängnisses eingewiesen. Der Kliniktrakt befand sich in der Nähe der Mauer zu Berlin-West. Durch die Gitterstäbe des Fensters sah Axel einen Maschendrahtzaun, den geeggten Spurensicherungsstreifen, die Hundebewegungszone, in der Schäferhunde, deren Leinen an langen Drahtseilen befestigt waren, hin und her liefen. Dahinter stand die Mauer.

In West-Berlin konnte er eine große Wiese, deren Ränder mit Pappeln gesäumt waren, und dahinter die Spree erkennen. Er stand oft am Fenster, und eines Tages sah er einen Mann auf der Wiese an der Spree, der mit einem Hund spielte, indem er einen Stock warf, den der Hund apportierte. Nachts träumte er davon, daß er selbst auf dieser Wiese spazierenging. Er nahm sich vor, dies zu tun, sobald er im Westen sein würde. Sie würden ihn nicht auf Dauer in der DDR halten können, wenn sein Wille stark genug war, alle Repressalien zu erdulden. Wenn die Behörden erkennen würden, daß sie seinen Willen nicht brechen konnten, würden sie ihn ziehen lassen. Davon war er überzeugt. Er redete es sich immer wieder ein. Sie mußten ihn gehen lassen.

Die Verbände an seinem Kopf wurden regelmäßig gewechselt, zweimal wöchentlich wurde der Schädel geröntgt. Er bekam Magenschonkost zu essen. Hin und wieder erschien ein Häftling mit einem Bücherwagen und versorgte Axel mit Literatur. Der Häftling riet ihm, möglichst lange im Med-Punkt zu bleiben. Dort sei es wesentlich angenehmer als auf den anderen Stationen des Gefängnisses. Durch Simulieren der entsprechenden Symptome konnte Axel seinen Aufenthalt bis auf fünf Wochen ausdehnen.

Vom Med-Punkt wurde er in das Haus eins des Gefängnisses verlegt. Die Gefängnisleitung bot ihm an, dort als Kalfaktor zu arbeiten, mit einem Lohn von drei Mark pro Tag. Als Axel hörte, daß von diesem Geld zwei Mark zur Abdeckung von ›Unkosten‹ in Form von ›Miete und Verpflegung‹ abgezogen würden, lehnte er die Übernahme der Kalfaktortätigkeit ab.

Einige Tage nach seiner Verlegung übergab ihm ein Wärter die Anklageschrift. Er hatte eine Stunde Zeit, sie durchzulesen. Er wurde angeklagt der Beeinträchtigung der staatlichen Organe bei ihrer sozialistischen Arbeit, versuchter Republikflucht, Wehrdienstverweigerung und wegen Diebstahls.

»Haben Sie schon einen Verteidiger?« fragte der Wärter, als er die Anklageschrift wieder abholte.

»Nein, wozu? Bei mir gibt es nicht viel zu verteidigen. Liegt alles klar auf der Hand.«

»Das sollten Sie sich noch einmal überlegen. Bei der Höhe der Strafe, die Sie zu erwarten haben, kann ein Verteidiger sicher noch einiges erreichen.«

Axel erkundigte sich bei seinen Mitgefangenen nach einem guten Verteidiger. Der Wärter brachte ihm eine Liste von Anwälten, die bereit waren, Strafverteidigungen zu übernehmen. Mit deren Namen konnte Axel nichts anfangen. Fast jeder Gefangene hielt seinen Anwalt für den besten. So schloß er kurzerhand die Augen und tippte blind mit dem Zeigefinger auf das Papier. Jonas Hessel, Rechtsanwalt, las er, als er die Augen wieder öffnete. Er teilte seine Wahl dem Wärter mit.

Einige Tage später wurde er in den Besuchsraum des Gefängnisses geführt. Am Tisch saß ein Mann von etwa dreißig Jahren.

»Mein Name ist Leitner«, stellte der Anwalt sich vor.
»Wieso kommen Sie und nicht Herr Hessel?«

»Der Kollege Hessel hat einen Herzinfarkt erlitten und mich gebeten, die Verteidigung zu übernehmen. Ich hoffe, Sie sind damit einverstanden.«

»Wer mich verteidigt, ist mir im Grunde egal. Viel wird doch nicht zu retten sein.«

»Wir können zwar als sicher ansehen, daß Sie verurteilt werden. Aber wir sollten versuchen, durch eine geschickte Verteidigung eine möglichst milde Strafe zu erreichen. Sie sollten nicht so pessimistisch sein.«

Sie besprachen ausführlich den Inhalt der Anklageschrift. Axel bestritt, die staatlichen Organe bei ihrer sozialistischen Arbeit beeinträchtigt zu haben. Die übrigen Vorwürfe gab er zu.

»Wenn Sie die Geschichte am Brandenburger Tor so schildern, wie Sie es gerade getan haben, müssen Sie mit einer harten Strafe rechnen. Meiner Ansicht nach liegt eher eine Kurzschlußhandlung vor. Warum wollen Sie diese Tat nicht als solche darstellen?« fragte der Anwalt.

»Weil es keine war. Ich habe mir genau überlegt, was ich tat. Mir war zwar klar, daß die Flucht nicht gelingen konnte. Aber ich wußte genau, warum ich es dennoch tat. Ich wollte für meine Freiheit demonstrieren und mit diesem unsinnigen Fluchtversuch beweisen, daß man mich keinesfalls in der DDR halten kann, wenn ich es nicht will. Ich wollte dem Staat zeigen, daß ich ihm, falls meine Ausreise nicht bewilligt werden sollte, nur Schwierigkeiten bereiten werde.«

»Dann ist es aber doch richtig, daß Sie in Wirklichkeit gar nicht flüchten wollten. Das heißt, Sie haben bei ihrer Tat nicht vorsätzlich gehandelt. Damit wäre der Vorwurf der versuchten Republikflucht vom Tisch. Denn der Versuch einer Tat kann nur vorsätzlich begangen werden.«

»Ich wollte aber im Prinzip doch fliehen. Wenn man mich nicht aufgehalten hätte, wäre ich bis zur Mauer weitermarschiert und dann drübergeklettert.«

»Ich verstehe Sie nicht, Herr Jäger. Warum versuchen

Sie nicht wie jeder andere Angeklagte, mit möglichst heiler Haut aus diesem Strafverfahren herauszukommen? So schön kann es doch hier im Knast nicht sein. Ich habe zwar noch nicht sehr viel Erfahrung, weil ich erst ein halbes Jahr als Anwalt tätig bin. Aber Ihr Verhalten dürfte relativ selten vorkommen. Sie machen es mir als Verteidiger nicht leicht. Wir haben bis zur Verhandlung ja noch etwas Zeit, so daß Sie sich noch überlegen können, welche Version Sie dem Gericht letztlich erzählen wollen.« Der Anwalt verabschiedete sich kühl.

Siebtes Kapitel

März 1980

Mitte des Monats fand die Hauptverhandlung gegen Axel Jäger statt. Das Gericht war mit einer Berufsrichterin als Vorsitzender Richterin und zwei männlichen Laienrichtern besetzt. Die Vorsitzende eröffnete das Verfahren, die Staatsanwältin las die Anklageschrift vor.

»Sie haben jetzt Gelegenheit, sich zu den Vorwürfen zu äußern«, wandte sich die Richterin an Axel.

»Ich gebe alles zu bis auf Beeinträchtigung der staatlichen Organe«, sagte Axel kurz.

»Was haben Sie sich denn eigentlich dabei gedacht, dem Kombinat, Ihrem Lehrherrn, die feinsten Fleischerzeugnisse zu stehlen?«

»Es ist richtig, daß ich die Sachen weggenommen habe« erwiderte Axel, »aber ich habe das nicht zu meinem eigenen Nutzen getan. Ich habe fast alle Sachen verschenkt, ohne dafür Geld zu nehmen. Es waren ausschließlich Sachen, die man in der DDR nicht kaufen kann. Ich konnte und kann einfach nicht einsehen, daß wir Parmaschinken produzieren, der nur in den Westen verkauft wird. Die feineren Fleischerzeugnisse gehen alle in den Westen, ohne Ausnahme. Und wenn Sie hier beim Fleischer etwas kaufen wollen, bekommen Sie, wenn überhaupt etwas da ist, nur den Ausschuß. Ich halte das für eine Ungerechtigkeit der eigenen Bevölkerung gegenüber. Vor meinem eigenen Gewissen sehe ich das nicht als Diebstahl an, höchstens als sozialistische Umverteilung. Moralisch bin ich jedenfalls im Recht.«

»Sie glauben also, daß zwischen Moral und Recht ein Unterschied besteht?« fragte die Richterin ruhig.

»Mit Sicherheit.«

»Ich will Ihnen zugeben, daß Fälle denkbar sind, in denen sich Moral und Recht leider nicht decken, obwohl es eigentlich so sein sollte. In Ihrem Fall bestehen insoweit aber nicht die geringsten Bedenken. Diebstahl bleibt Diebstahl. Sie wären allenfalls moralisch gerechtfertigt gewesen, das Fleisch zu stehlen, wenn Sie es zum Beispiel einer hungernden Familie gegeben hätten. Aber zu hungern braucht in unserem Staat niemand. Das einzige Ziel Ihres Handelns war, dem Staat zu schaden. Ganz abgesehen davon, daß durch den Verkauf der Waren ins Ausland wertvolle Devisen beschafft werden sollten, die der gesamten Bevölkerung zugute gekommen wären. Es kann nicht angehen, daß sich jeder sein eigenes Recht schafft und danach lebt, ohne das Recht des Staates zu respektieren, in dem er lebt.«

»Aber es gibt Menschenrechte«, unterbrach Axel sie, »die dem Recht des jeweiligen Staates übergeordnet sind, wie das Recht auf Freiheit. Und dieses Recht hat der Staat mir genommen, indem er mich nicht dahin reisen läßt, wohin ich will.«

»Selbst wenn Sie recht hätten, würde das doch nicht einen Diebstahl rechtfertigen. Ich fürchte, wir werden Ihnen das eindringlich klarmachen müssen.«

Die Gelassenheit, mit der die Richterin die Verhandlung führte, verunsicherte Axel. »Wie sind Sie denn eigentlich auf die Idee gekommen, durch das Brandenburger Tor zu spazieren? Sie müssen ja nicht Herr Ihrer Sinne gewesen sein.«

Der Verteidiger stieß Axel unter dem Tisch mit dem Fuß an. Das ist die goldene Brücke, über die Jäger nur zu gehen braucht, um ein mildes Urteil zu erreichen, dachte der Anwalt. Sag schon, daß es eine Kurzschlußhandlung war, forderte er Axel in Gedanken auf.

Axel schwieg zunächst. Die Spannung bei allen Beteiligten schien greifbar im Raum zu stehen. Die Staatsanwältin sah ihn konzentriert an.

»Ich wußte genau, was ich tat«, sagte er dann. Der Verteidiger atmete hörbar aus und schüttelte kaum merklich den Kopf. Die Richterin sah den Anwalt erstaunt an. »Ich könnte den Gang zum Brandenburger Tor jetzt als Kurzschlußhandlung darstellen, wie mir mein Verteidiger geraten hat, und auch Sie, Frau Richterin, mir geradezu in den Mund gelegt haben. Aber so war es nicht. Ich wollte für meine Freiheit demonstrieren und denen, die sie mir nehmen, zeigen, daß ich unter keinen Umständen in der DDR bleiben will.«

»Glaubten Sie denn, mit Ihrer Aktion Erfolg haben zu können? Ich meine, gingen Sie denn davon aus, heil im Westen anzukommen?« unterbrach ihn die Richterin.

»Im Grunde nicht. Wenn man mich nicht gewaltsam aufgehalten hätte, wäre ich aber sicher nicht vor der Mauer freiwillig stehengeblieben und zurückgekehrt.«

Es wurden verschiedene Zeugen vernommen. Anschließend plädierte die Staatsanwältin. »... und schließlich ist bei der Strafzumessung zu berücksichtigen, daß der Angeklagte keinerlei Reue oder auch nur Einsicht zeigt. Er glaubt, sich seine eigenen Gesetze machen zu können. Er fühlt sich moralisch so hochstehend und gefestigt, daß er allein weiß, was gut und richtig ist. Er weiß alles besser als unser Gesetzgeber. Er hat nicht einmal Hemmungen, hier vor Gericht seine abwegigen Vorstellungen kundzutun. Er erklärt sich zum Feind dieses Staates, den er verlassen möchte. Der Angeklagte muß deshalb hart bestraft werden. Ich fordere eine Freiheitsstrafe von vier Jahren.«

So hart ist das ja gar nicht, dachte Axel. Er hatte mit einer höheren Freiheitsstrafe gerechnet. Allein die Wehrdienstverweigerung ›kostete‹ üblicherweise zwei Jahre Gefängnis, denn schon die Wehrdienstzeit betrug 18 Monate. Kürzer konnte deshalb eine Strafe wegen Wehrdienstverweigerung kaum ausfallen.

Der Verteidiger mühte sich in seinem Plädoyer redlich, Axel in einem positiveren Licht erscheinen zu lassen. Er wies auf Axels persönliche Schwierigkeiten hin, die Auseinandersetzung mit Karin kurz vor dem Gang zum Brandenburger Tor. Er kritisierte das von der Staatsanwaltschaft geforderte Strafmaß als zu hart. Es müsse doch berücksichtigt werden, daß der Angeklagte niedergeschlagen worden sei und zwei Tage bewußtlos in der Klinik gelegen habe. Noch heute leider er manchmal unter Kopfschmerz, bedingt durch die erlittene Gehirnerschütterung. Schon das bedeute eine Strafe, so daß eine mildere Verurteilung ausreiche, ihn auf den rechten Weg zurückzubringen.

Das Plädoyer des Verteidigers schien bei den Mitgliedern des Gerichts nicht ohne Wirkung geblieben zu sein. Das Urteil blieb deutlich hinter dem von der Staatsanwaltschaft geforderten Strafmaß zurück. Das Gericht verhängte eine Freiheitsstrafe von drei Jahren und drei Monaten. Die Zeit der Untersuchungshaft wurde angerechnet.

Während die Vorsitzende das Urteil begründete, errechnete Axel, daß er voraussichtlich im März 1983 entlassen würde. Genau drei Jahre Haft lagen noch vor ihm, drei lange Jahre.

Nach der Verhandlung hatte Axel noch kurz Gelegenheit, mit seinem Verteidiger zu sprechen.

»Wir hätten ein milderes Urteil erreichen können, wenn Sie sich an meine Anweisungen gehalten hätten, Herr Jäger«, sagte der Verteidiger, der seine Enttäuschung nur schwer verbergen konnte. »Aber hätte, würde oder könnte bringen uns jetzt nicht weiter. Wir sollten an die Zukunft denken. Ich kann Ihnen da noch einen Tip geben. Sie sollten in den nächsten Wochen versuchen, mit Rechtsanwalt Hartmann aus dem Büro Dr. Vogel Verbindung aufzunehmen. Ich glaube nicht, daß er die Zeit hat, Sie hier zu besuchen. Aber Sie könnten ihm schriftlich Ihren Fall unterbreiten. Wie Sie wissen, kauft die Bundesrepublik regelmäßig Gefangene aus der DDR frei, und Dr. Vogel führt für die DDR die Verhandlungen. Über den Kollegen Hartmann haben Sie die Chance, auf die Transferliste der DDR gesetzt zu werden. Ich werde Hartmann informieren. Er ist ein Studienfreund von mir. Vielleicht haben Sie Glück. Mehr kann ich jetzt nicht für Sie tun.«

Axel wurde in die Haftanstalt Berlin-Rummelsburg zurückgebracht. Er blieb zunächst in seiner Einzelzelle. Noch am gleichen Abend schrieb er einen langen Brief an Rechtsanwalt Hartmann in der Kanzlei Dr. Vogel. Er schilderte ihm in allen Einzelheiten seinen Fall und bat ihn, alles in seiner Macht Stehende zu tun, damit er von der Bundesrepublik freigekauft würde. Zufrieden faltete er den Brief sorgfältig zusammen, beschriftete das Kuvert und gab es offen dem Wärter.

Seine Langeweile wurde nur dadurch unterbrochen, daß er zum Anstaltsleiter gebracht wurde. Der legte ihm nahe, doch als Kalfaktor zu arbeiten, was Axel mit der gleichen Sturheit, die auch der Anstaltsleiter an den Tag legte, ablehnte. Am zweiten Tag schrieb er einen weiteren Brief. Er brauchte dazu wesentlich länger als am Abend zuvor, obwohl der Brief kürzer war. Immer wieder stand er auf, ging einige Schritte in der Zelle auf und ab, schrieb weiter, zögerte dann und kaute auf dem Ende des Stiftes. Wie sollte er Karin begreiflich machen, was er getan hatte? Er bat sie, seinen Brief doch auf jeden Fall zu beantworten, auch wenn sie jetzt noch negativer über ihn denken sollte.

Wenige Tage später wurde die Zellentür geöffnet. »Mitkommen! Alle Sachen packen!«

Axel war überrascht. Wollte der Anstaltsleiter nun doch in Vorleistung treten und ihm seinen Wunsch nach Verlegung in eine Gemeinschaftszelle erfüllen?

»Nun packen Sie schon!«, fauchte ihn der Wärter an. »Wir können nicht ewig auf Sie warten.«

Axel packte so schnell wie möglich alle Sachen zusammen und stellte sich vorschriftsmäßig an der hinteren Wand der Zelle auf.

»Links um, folgen Sie mir!« Der Wärter führte ihn in den Gefängnishof, in dem schon andere Häftlinge warteten. Dort stand ein Bus, dessen Fenster vergittert waren. Also kein Zellenwechsel, sondern Verlegung in ein anderes Gefängnis, dachte Axel. Auf dem Hof wurden den Gefangenen Pakete ausgehändigt.

Axel stieg in den Bus. Innen waren Kabinen eingebaut worden, in die jeweils ein Gefangener hineinpaßte. Sie waren eng, maximal sechzig mal sechzig Zentimeter. Ein Brett diente als Sitzbank. Es war nicht einmal genügend Platz, um das Brotpaket abzulegen, so daß Axel es auf dem Schoß halten mußte. Die Tür der Kabine wurde geschlossen und mit einem Riegel versperrt. Obwohl Axel seinen Rücken fest gegen die hintere Kabinenwand preßte, stießen seine Knie gegen die Kabinentür. Unter der Sitzbank stand ein Eimer für die menschlichen Bedürfnisse.

Der Bus setzte sich in Bewegung, ohne daß Axel wußte, wohin die Reise ging. Man hielt zunächst häufiger, später nicht mehr, woraus Axel schloß, daß sie die Stadt verlassen hatten und sich auf einer Autobahn befanden. Der Bus hielt dann nur noch stündlich. Bei diesen Pausen erhielten die Gefangenen warmen Malzkaffee in Blechbechern. Schließlich stand der Bus längere Zeit still, ohne daß sich jemand um die Gefangenen kümmerte. Nach etwa einer halben Stunde hörte Axel Türen schlagen. Die Kabinentür wurde geöffnet. Er atmete erleichtert auf. Sein Rücken schmerzte, und er war froh, daß er aus der unbequemen Sitzhaltung aufstehen konnte.

»Raus, aber schnell!« befahl ein Wärter barsch. Axel sah sich um. Sie befanden sich auf einem großen betonierten Platz. Am hinteren Ende ragten einige Gebäude, deren

Fenster vergittert waren, auf. Ein circa 3,50 Meter hoher Stacheldrahtzaun begrenzte das Gelände zu allen Seiten hin. Außer den Businsassen und einigen Wärtern war kein Mensch zu sehen. Ringsumher sah Axel nur Felder und Wiesen. Sein Blick blieb an einem der Beobachtungstürme hängen, die sich an jeder Ecke des Geländes bedrohlich gegen den grauen Himmel abhoben. An den Geländern der Plattformen waren große Scheinwerfer montiert. Dazwischen erkannte er die schwarzen Silhouetten der Maschinengewehre. Dunkel gekleidete Posten gingen auf und ab.

Quer über das Gelände verlief eine Überlandleitung, die sich in drei Stränge aufteilte. Unwillkürlich dachte Axel an die Reste eines zerrissenen Spinnennetzes. Alles kam ihm so bekannt vor. Mehrere dicke Kabel führten in eines der Gebäude hinein. Keiner der Gefangenen sagte ein Wort. Windböen fegten über den Platz und trieben Staubwolken vor sich her.

Plötzlich fiel Axel ein, wo er eine derartige Anlage schon einmal gesehen hatte. Es sah aus wie im Konzentrationslager Sachsenhausen der Nazis, das er als Schüler einmal besichtigt hatte. Er spürte Angst in sich aufsteigen. Hier kommst du nicht mehr lebend raus, schoß es ihm durch den Kopf. Von der Hochspannungsleitung wird Strom abgezapft. In den Baracken steht ein elektrischer Stuhl neben dem anderen.

»Stellen Sie sich in die Reihe zu den anderen! Träumen Sie nicht!« schreckte ihn eine Stimme aus seinen Gedanken.

»Ihr wollt uns hier umbringen«, schrie Axel, der von Panik ergriffen wurde. »Seht ihr nicht die Hochspannungsleitungen«, rief er den anderen Gefangenen zu. Die sahen ihn nur ungläubig an.

Zwei Wärter ergriffen Axel, drehten ihm die Arme auf den Rücken und legten ihm Handschellen an. »Der rastet aus«, rief einer der Wärter.

Axel trat mit den Füßen und traf einen der Wärter am

Schienbein. Ein dritter kam hinzu, umfaßte Axels Beine und riß ihn zu Boden. Ein vierter legte ihm Fußfesseln an. Axel bäumte sich auf. Er wehrte sich, so gut er konnte. Sie trugen ihn in eines der Gebäude und legten ihn auf eine weiße Bahre. Anschließend fesselten sie ihn mit Gürteln.

»Wir sind hier noch mit jedem fertig geworden«, hörte Axel einen der Wärter sagen. Ein anderer legte seinen linken Arm frei. Ein weißgekleideter älterer Mann erschien. Er hielt eine Spritze in der Hand. Axel sah, wie eine kleine Fontäne kurz aus der Nadel heraussprang. Dann verspürte er den Einstich in seinem linken Arm. Er bäumte sich nochmals auf, konnte sich aber kaum noch bewegen. Die Gürtel, die seine Arme festhielten, drückten sich in sein Fleisch. Der Griff des Wärters, der ihn zusätzlich festklammerte, wurde kräftiger. Axel merkte, wie ihm die Sinne schwanden. »Das wär's«, sagte jemand. Axel war bewußtlos.

Als er am nächsten Tag erwachte, saß der grauhaarige Mann, der ihm die Spritze verabreicht hatte, an seinem Bett. Axels Arme und Beine waren noch immer gefesselt.

»Wie fühlen Sie sich?« fragte der Mann und lächelte ihn freundlich an. Das graue Haar war in der Mitte gescheitelt. Die blauen Augen hoben sich von seinem hellen Teint ab. Axel war von diesen Augen überrascht. Sie strahlten Wärme aus und Verständnis. Er hatte auf Anhieb Vertrauen zu diesem Menschen.

»Es geht so«, antwortete Axel. Sein Mund war trocken. »Kann ich etwas trinken?«

»Soll ich Ihnen etwas geben, oder kann ich es wagen, Sie loszubinden?« Der Mann stand auf und füllte an einem Waschbecken einen Zahnputzbecher mit Wasser.

»Sie können mich ruhig losbinden.«

Der Arzt löste die Gürtelschlaufen an den Armen, ließ aber die Füße gefesselt. Axel massierte seine Handgelenke, nahm den Becher und trank gierig.

»Warum haben Sie gestern solche Schwierigkeiten gemacht?«

»Als ich das Lager sah, habe ich an das KZ Sachsenhausen denken müssen. Ich war mir sicher, wir würden hier umgebracht werden.«

»Na, da kann ich Sie beruhigen. Sie sehen ja selbst, Sie leben noch. Wenn man Sie umbringen wollte, hätte man das sicher in der letzten Nacht getan. Sie befinden sich hier in einem ganz normalen Gefängnis.«

»Und wo liegt dieses normale Gefängnis?«

»In Bitterfeld. Vielleicht haben Sie schon davon gehört. Das ist ein Gefängnis wie jedes andere, nur vielleicht etwas größer. Wir haben hier unsere Werkstätten, in denen die Gefangenen arbeiten. Die Ziegelei, die Chlorgasherstellung, die Schlosserei, die Bäckerei und die Schreinerei.«

»Ich werde hier jedenfalls nicht arbeiten. Ich unterstütze nicht einen Staat, der mir meine Freiheit nimmt.«

»Sie sind noch jung«, sagte der Arzt bedächtig. »Sie sollten sich das genau überlegen. Sie können hier nicht mit dem Kopf durch die Wand gehen, ohne sich den Schädel einzurennen. Man wird Sie zum Arbeiten zwingen. Seien Sie vernüftig und lassen Sie es darauf nicht ankommen. Ich habe hier so manchen gesehen, der versucht hat, sich zu widersetzen. Ich kann Ihnen nur abraten. Versuchen Sie, Ihre Zeit so gut wir möglich ...« Der Arzt hörte mitten im Satz zu sprechen auf. Die Tür hatte sich geöffnet und ein uniformierter Wärter war ins Zimmer getreten.

»Ich soll den Gefangenen abholen.«

»Kommen Sie in einer Stunde wieder. Ich muß ihn erst noch untersuchen.«

Axel wunderte sich über den plötzlichen Wechsel des Tonfalls in der Stimme des Arztes. Gerade eben hatte er noch so sanft und gütig mit ihm gesprochen, und von einer Sekunde auf die andere fiel der Arzt in einen Ton, der Axel an die Stimme des Kompaniechefs erinnerte, die er gehört hatte, als er sich mit Karin bei seiner Flucht im Heuschober versteckt hatte. Der Wärter verließ das Krankenzimmer.

»Na, dann frühstücken Sie erst einmal«, sagte der Arzt mit der gleichen gütigen Stimme, als sei der Wärter nie dagewesen. »Und lassen Sie sich das, was ich gesagt habe, durch den Kopf gehen.«

Nachdem Axel gefrühstückt hatte und vom Arzt untersucht worden war, wurde er zur Kleiderkammer geführt, wo er neue Anstaltskleidung erhielt. In der Zelle, die ihm zugewiesen wurde, befanden sich fünf weitere Männer unterschiedlichen Alters. Auf den ersten Blick erschien Axel ein etwa Vierzigjähriger, der sich mit ›Karl‹ vorstellte, am sympathischsten. Er half Axel, das Bett zu richten. Alle Utensilien sollten akkurat übereinanderliegen, sonst würden die Wärter die Decken auseinanderzerren und ihn zwingen, das Bett neu zu bauen.

Axel verstaute seine Sachen in einem Spind und unterhielt sich mit den anderen Zellengenossen. Fritz war wegen Mordes an seiner Frau verurteilt worden, Hans wegen Unterschlagung von Gewerkschaftsbeiträgen, Karl wegen Diebstahls, Willi und Franz wegen versuchter Republikflucht. Axel blieb zunächst einige Tage in dieser Zugangszelle, bevor er in einen anderen Gebäudetrakt verlegt wurde. In der neuen Zelle standen zwölf Betten, die doppelstöckig aufgestellt waren. Unmittelbar an die Zelle grenzte ein kleiner Waschraum an. Das Waschbecken bestand aus einem steinernen Trog, in den aus vier Wasserhähnen nur kaltes Wasser eingelassen werden konnte. An der Fensterseite befanden sich vier Toilettenbecken.

Den ganzen Tag über kamen weitere Personen in die Zelle, so daß sie erst gegen Abend vollständig belegt war. Offensichtlich hatte man in dieser Zelle hauptsächlich politische Häftlinge konzentriert. Viele waren wegen versuchter Republikflucht verurteilt, andere wegen staatsfeindlicher Hetze, einer wegen verbotener Kontaktaufnahme mit einem Westdeutschen. Die unterschiedlichsten Berufe waren vertreten, vom Bäcker über einen Schlosser, einen Architekten bis zum Gynäkologen.

Axel hatte ein Bett unterhalb des Fensters ergattern können. Diese Betten waren besonders begehrt, weil dort etwas Frischluft einströmte.

Einige Tage später wurde den Neuankömmlingen die Arbeit zugeteilt. Das Gespräch mit dem Arzt hatte Axel so beeindruckt, daß er sich vorgenommen hatte, zumindest den Versuch zu machen, ohne große Schwierigkeiten die Gefängniszeit zu überstehen. Dazu gehörte auch zu arbeiten.

Axel wurde der Chlorgasherstellung zugeteilt. Seine Tätigkeit bestand darin, die Becken, in denen auf dem Weg der Elektrolyse Chlorgas hergestellt wurde, zu säubern. Die Becken der völlig veralteten Anlage waren mit Deckeln verschlossen, die an die fünfzehn Tonnen wogen. Sie mußten mit über zweihundert fast armdicken Schrauben befestigt werden. Obwohl sechzig Gefangene in diesem Bereich arbeiteten, standen für den Notfall nur fünfzehn Gasmasken zur Verfügung.

Eines Tages erhielten sie die Anweisung, eines der Bekken neu mit Salzsäure zu füllen.

»Das ist glatter Selbstmord«, schrie ein älterer Gefangener aufgeregt. »Das Becken wurde noch nicht gereinigt. Wenn wir da neue Salzsäure einfüllen, kann Chlorgas austreten. Ich habe keine Lust, mir die Lunge zu verätzen.«

Die Gefangenen legten die Arbeitsgeräte aus der Hand und diskutierten miteinander.

»Das ist Meuterei«, schrie der Vorarbeiter. »Wir haben diesen Monat unser Plansoll längst nicht erfüllt. Es bleibt keine Zeit, das Becken zu reinigen. Ihr kommt hier nicht eher raus, bis das Becken gefüllt ist, und wenn es drei Tage dauert!«

»Ich las mich doch nicht verheizen!« schrie ein anderer und griff wütend nach einem Besen. »Wenn Chlorgas austritt, sitzen wir wie Ratten in der Falle. Alle Ausgänge sind verschlossen.«

»Ich fasse hier nichts mehr an!« schrie ein nächster. Das allgemeine Gemurmel wurde lauter.

Der Vorarbeiter hatte Wärter gerufen, die schützend einen Ring um ihn bildeten.

»Wenn Sie nicht sofort anfangen, das Becken zu füllen, kommen alle für die nächsten zwei Wochen in Einzelhaft. Das heißt halbe Ration, keine Briefe von außerhalb, der nächste Besuchstag fällt aus. Überlegen Sie sich das. Ich gebe Ihnen fünf Minuten Zeit.«

Das Gemurmel der Gefangenen schwoll weiter an. Die ersten gaben auf und fingen an, Salzsäure aus Fässern in das Becken zu gießen. Axel weigerte sich. Zusammen mit fünfzehn anderen Gefangenen stellte er sich soweit wie möglich von dem Becken entfernt an die Wand. In ihrer Nähe hingen die Gasmasken.

Plötzlich knallte es kurz und ohrenbetäubend. Sofort verbreitete sich ein gelblichgrünes Gas. Gefangene schrien, einige wimmerten. Axel ergriff eine der Gasmasken, die hinter ihm an rostigen Haken aufgehängt waren. Einer der Häftlinge versuchte, sie ihm zu entreißen. Ein kurzer Kampf entstand, den Axel durch einen gezielten Faustschlag zum Kinn seines Gegners zu seinen Gunsten beendete. Schnell stülpte er die Gasmaske über sein Gesicht und zurrte die Gummiriemen hinter seinem Kopf fest.

Eine Tür wurde geöffnet, die ins Freie führte. In wilder Panik stürmten die Gefangenen hinaus. Axel faßte den Mann, den er niedergeschlagen hatte, an den Schulter und schleifte ihn in Richtung Ausgang. Unter der Gasmaske fiel ihm das Atmen schwer. Jeder Atemzug verursachte pfeifende Geräusche. Durch die schmutzig verschmierten Augengläser konnte er kaum etwas erkennen. Er steuerte auf einen hellen Fleck zu, den er für den Ausgang hielt.

Draußen riß er sich die Maske vom Gesicht, um endlich ungehindert atmen zu können. Ein schreckliches Bild bot sich ihm. Gefangene wälzten sich mit schmerzverzerrten Gesichtern am Boden. Einige hatten die Hände an den Hals gelegt und röchelten. Andere versuchten, sich die von der Säure benetzten Kleider vom Leib zu reißen. Wärter liefen mit Eimern umher und gossen Wasser auf die Verletzten, um die Säure, die sich immer tiefer ins Fleisch fraß, zu verdünnen. Gelblichgrüne Gaswolken zogen träge durch die Tür ins Freie und lösten sich dort langsam auf.

»Sofort zurück in die Zellen!« rief ein Wärter, »um die Verletzten kümmern wir uns.«

Durch den Schock willenlos geworden, ließ sich Axel ohne Gegenwehr in seine Zelle führen. Er warf sich auf sein Bett und fing nach kurzer Zeit hemmungslos an zu weinen.

Am nächsten Tag weigerte er sich, erneut in der Chlorgasherstellung zu arbeiten. Als er dies einem Wärter mitteilte, wurden ihm zu seinem Erstaunen keinerlei Repressalien angedroht. Der Wärter nahm es lediglich zur Kenntnis. Axel blieb den ganzen Tag über in seiner Zelle.

Ohne irgendeine Erklärung teilte man ihm am folgenden Morgen der Ziegelei zu. In einem großen Ringofen wurden Mauerziegel gebrannt. Axel hatte mit anderen Gefangenen die Aufgabe, den Ofen an der einen Seite mit getrockneten Tonziegeln zu füllen und an der anderen Seite die gebrannten Ziegel herauszunehmen. Im Ofen herrschte mörderische Hitze. Den Gefangenen standen zwar Asbestkleidung und eine Asbestmütze zur Verfügung, aber keiner hielt es länger als eine Viertelstunde im Ofen aus.

Die Hitze war unerträglich. Die Sohlen der Schuhe, die aus etwa zehn Zentimeter dickem Eichenholz bestanden, brannten, wenn ein Gefangener zu lange in der Glut gestanden hatte. Sie konnten in bereitgestellten Zinkeimern gelöscht werden. Die Gummireifen eines kleinen Traktors, mit dessen Hilfe die Steine ein- und ausgeladen wurden, platzten alle paar Tage, was zu willkommenen Arbeitspausen führte. Die Wärter hegten stets den Verdacht, daß die

Gefangenen ihn absichtlich längere Zeit in der Glut hatten stehenlassen, um eine außerplanmäßige Ruhepause zu erzwingen. Ständig hinkte die Ziegelei hinter der viel zu hoch gesteckten Norm her.

Eines Tages war die Stimmung unter den Gefangenen auf dem Nullpunkt angelangt. Einer warf wütend zwei Ziegelsteine gegen den Traktor und schrie: »Ich tue nichts mehr, keinen Schlag. Das ist unmenschlich, Leute bei dieser Hitze arbeiten zu lassen.« Er verließ den Ringofen. Andere folgten ihm. Draußen zogen sie ihre Handschuhe aus und warfen sie wütend auf die Erde.

Die Wärter zückten die Gummiknüppel und stießen aufgeregt Pfiffe aus ihren Trillerpfeifen. »Gehen Sie sofort an Ihre Arbeit zurück!« schrie der Vorarbeiter im typischen Befehlston. Keiner der Gefangenen rührte sich. Immer mehr Wärter erschienen, unter ihnen auch der gefürchtete Oberleutnant Mieth, einer der stellvertretenden Gefängniskommandeure. Auch er hielt einen Gummiknüppel in der Handfläche, den er im Takt seiner Schritte gegen die linke Hand schlug. Augenblicklich trat Ruhe unter den Gefangenen ein. Auch die Wärter hörten auf, zu pfeifen. »Die Ruhe vor dem Sturm«, hörte Axel einen der Gefangenen flüstern.

»Gefangene!« schrie der Oberleutnant. Sein Gesicht verzog sich zu einem Grinsen, das seine Macht demonstrieren sollte. Sadistische Vorfreude auf die bevorstehende Auseinandersetzung war in seinen kalten Augen, mit denen er einen nach dem anderen scharf ansah, abzulesen. »Sie haben jetzt die Wahl. Entweder Sie gehen freiwillig in den Ofen zurück und verrichten Ihre Arbeit, oder wir prügeln Sie hinein, und dann bleiben Sie drin, bis Sie schwarz werden.« Das sadistische Lächeln erschien wieder auf seinem Gesicht. Es machte ihm Spaß, den Gummiknüppel, den er nun an einer Schlaufe am rechten Handgelenk locker hin- und herschwingen ließ, zu benutzen. Angst stieg in Axel auf.

»Herr Oberleutnant!« ergriff einer der Gefangenen das Wort. »Lassen Sie uns nur eine halbe Stunde verschnaufen. Es ist heute im Ofen nicht auszuhalten. Die Glut ist noch zu heiß.«

»Sie haben hier Ihre Pflicht zu erfüllen, Sie liegen weit hinter der Norm. Ich werde diese Meuterei nicht dulden. Gehen Sie sofort in den Ofen zurück! Sie bleiben dort, bis ich Ihnen erlaube, wieder herauszukommen. Wer vorher seinen Kopf hinausstreckt, verliert seine Zähne.« Ein gefährlicher Unterton schwang in der Stimme mit.

»Ich zähle jetzt bis drei. Wer dann nicht im Ofen verschwunden ist, bezieht Prügel. Eins ..., zwei ...« Es entstand eine kurze Pause, als zögerte der Oberleutnant weiterzuzählen. »Drei«. Der Oberleutnant stürmte zusammen mit den Gefängniswärtern mit gezückten Gummiknüppeln auf die Männer zu. Die ersten Gefangenen wichen in den Ringofen zurück.

Axel sah plötzlich den Oberleutnant mit erhobenem Gummiknüppel vor sich. Der Schlag sollte seinen Kopf treffen. Axel wehrte ihn mit dem linken Arm ab und landete gleichzeitig mit der rechten Hand einen Faustschlag gegen den Kopf seines Gegenübers. Der Oberleutnant wich verdutzt zurück. Offensichtlich hatte er nicht mit dieser Gegenwehr gerechnet. Axel stand plötzlich allein. Die anderen waren bereits in den Ringofen zurückgedrängt worden. Drei Gefängniswärter kamen mit dem Oberleutnant auf ihn zu. Dieser Übermacht mußte auch Axel weichen. Er drehte sich um und rannte in den Ringofen. Er wurde noch, kurz bevor er den Ofen erreicht hatte, von einem Schlag im Rücken getroffen. Der Schmerz schien für einen Augenblick unerträglich zu sein, ließ dann aber nach.

Innen standen die Gefangenen verängstigt. »Ich lasse Euch erst heraus, wenn zwei Anhänger beladen sind«, schrie der Oberleutnant.

Den Gefangenen blieb keine andere Wahl, als sofort mit

der Arbeit zu beginnen. Üblicherweise durften sie den Ringofen für zehn Minuten verlassen, wenn sie einen der kleinen Anhänger des Traktors beladen hatten. Nun sollten es zwei sein. Die Hitze war teuflisch. Zu allem Überfluß ließen die Wärter auch noch Kohlenstaub von oben in den Ringofen nachfüllen, um ihn weiter aufzuheizen, so daß sich zwischen den Gefangenen eine schwarze Staubwolke, deren Kohlepartikel glühend heiß waren, ausbreitete.

Axel war gerade dabei, seine Holzschuhe in einem der Zinkeimer zu löschen, als ein Gefangener neben ihm bewußtlos wurde. Axel fing ihn auf. »Hier ist jemand ohnmächtig geworden«, rief Axel laut hinaus. »wir müssen ihn hinausbringen. Wir kommen jetzt.«

»Dann müssen die anderen eben schneller arbeiten. Wer rauskommt, kriegt eins auf die Nase«, schrie der Oberleutnant zurück.

Axel lugte vorsichtig um einen der Pfosten des Eingangs. Er sah in den Augenwinkeln, daß ein Gummiknüppel sich seinem Gesicht näherte und wich instinktiv aus. Krachend schlug der Knüppel gegen den Pfosten. Axel trat in den Ringofen zurück. Er trug die Beine des Ohnmächtigen, ein anderer hielt ihn an den Schultern fest. Das Atmen fiel ihnen schwer. Der Kohlenstaub verstopfte Mund und Nase. Die Gefangenen wuschen zwar abwechselnd ihr Gesicht mit dem Wasser aus den Zinkeimern, aber das verschaffte nur kurzfristig Linderung. Ein zweiter wurde ohnmächtig und fiel urplötzlich mit dem Gesicht in die glühende Asche. Schreie des Entsetzens waren zu hören. »Wir müssen einen Schwerverletzten hinausschaffen. Bitte lassen Sie uns raus!« rief jemand.

»Kommen Sie!« schrie der Oberleutnant zurück. Offenbar wurde ihm die Lage zu heikel. Er hatte gemerkt, daß er die Situation wieder unter Kontrolle hatte.

Der Verwundete wurde hinausgetragen. Zunächst vorsichtig, dann aber immer schneller, folgten ihm hustend die anderen Gefangenen. Sie ließen sich vor dem Ringofen erschöpft auf die Erde fallen. Die Wärter hatten in einem Abstand von wenigen Metern einen Ring um sie gebildet. Mißtrauisch und mit angriffsbereit erhobenen Gummiknüppeln beobachteten sie jede Bewegung der Häftlinge. Aber die waren viel zu erschöpft und mit sich selbst beschäftigt, als daß sie daran gedacht hätten, die Wärter anzugreifen.

Am Abend lag Axel müde und zerschlagen auf seinem Bett. »Ich werde hier nichts mehr anfassen, und wenn Ihr nur noch ein Fünkchen Verstand habt, streikt ihr auch«, sagte Axel zu seinen Mitgefangenen. »Unter diesen Umständen kann niemand von mir erwarten, daß ich arbeite. In der Chemiebude zieht man sich Verätzungen zu. Einer hat sogar sein Auge verloren, weil ihm Salzsäure hineingespritzt ist. Im Ringofen bekommt man von dem glühenden Kohlenstaub eine Staublunge. Hört euch doch an, wie ihr hustet abends, als hättet ihr Tuberkulose. Ich tue hier nichts mehr, da können die mit mir machen, was sie wollen.«

»Mach dich nicht lächerlich!« rief ein anderer. »Wir müssen da durch. Die machen uns alle fertig, wenn wir streiken.« Die meisten stimmten ihm zu.

»Wenn ihr euch nicht wehrt, werdet ihr die Verhältnisse nie ändern«, sagte Axel. »Die sind doch auf uns angewiesen. Jedes Gefängnis unterhält sich selbst und erwirtschaftet sogar noch Gewinne. 1977 haben die Gefängnisse in der DDR 19 Millionen Mark Gewinn erwirtschaftet. Das konnte jeder im Neuen Deutschland nachlesen. Damals hat doch der Ackermann sogar noch den Vaterländischen Verdienstorden bekommen. Wir arbeiten hier billiger als jede Maschine. Wir sind Sklaven, und zwar von der billigen Sorte.«

Axel war von seinem Bett aufgesprungen. »Wenn wir nicht mehr arbeiten, machen die keinen Gewinn. Also werden sie auf unsere dringlichsten Forderungen eingehen müssen. Wir müssen nur zusammenhalten.«

»Du redest wie ein Politiker«, sagte einer abfällig. »Laß mich mit deinem Mist in Ruhe! Ich habe eine Frau und drei Kinder, die auf mich warten. Ich bin in einem Jahr wieder draußen. Die Zeit werde ich auch noch überstehen.«

»Was glaubst du denn«, erwiderte Axel, »wie deine Frau sich freut, wenn du mit einer verätzten Lunge rauskommst. Da läuft im Bett nichts mehr, mein Freund. Dann bist du froh, wenn du ruhig in deinem Sessel sitzt und keine Finger zu krümmen brauchst. Denn bei der kleinsten Anstrengung wirst du röcheln wie ein Asthmatiker.«

»Laß mich in Ruhe, du Schwätzer!«, sagt ein Gefangener und drehte Axel demonstrativ den Rücken zu.

»So falsch ist das doch gar nicht«, äußerte sich der Gynäkologe. »Wenn wir uns nicht wehren, machen die mit uns, was sie wollen. Aber unsere Zelle alleine kann da gar nichts ausrichten. Da muß das ganze Gefängnis mitmachen. Telefoniere doch mal rum, Axel!«

Axel ging in den Waschraum, nahm eine Saugglocke und begann, eines der Toilettenbecken leerzupumpen. Dann beugte er sich mit dem Kopf darüber und schrie so lange »Hallo« in die Toilettenschüssel, bis er Antwort bekam. »Schick mir mal einen, der im Ringofen arbeitet!« rief Axel.

Nach einiger Zeit meldete sich jemand.

»Warst du heute im Ringofen dabei?« fragte Axel.

»Sprich deutlicher!« bekam er zur Antwort.

»Ob du heute im Ringofen …« Weiter kam Axel nicht, irgend jemand hatte seinen Kopf ergriffen und ihn in das Toilettenbecken gedrückt. Gleichzeitig wurde die Wasserspülung betätigt. Axels Haare wurden naß. Beim Luftholen schluckte er Wasser. Ihn überkam ein Brechreiz, der durch den Ekel ausgelöst wurde, den er empfand. Er versuchte, sich mit den Armen vom Boden hochzudrücken, konnte seinen Kopf aber nicht befreien. Als er nach hinten griff, um die Hand von seinem Hals zu lösen, drehte ihm der Angreifer die Hand auf den Rücken. Gleichzeitig wurde sein Kopf an den Haaren aus dem Becken gezogen. Die Wasserspülung hörte zu laufen auf. Axel konnte sich aufrichten. Zwei Gefängniswärter hielten ihn fest. Vor ihm stand Oberleutnant Mieth.

»Sie wollen also eine Revolution anzetteln. Aber das wird Ihnen nicht gelingen«, sagte der Oberleutnant mit drohendem Grinsen. Unvermittelt schlug er Axel mit aller Kraft die Faust in den Magen. Axel spürte den stechenden Schmerz in der Magengrube. Er mußte sich übergeben. Als er sich etwas erholt hatte, traf ihn der zweite Schlag, der auch in seinem Magen landete. Immer noch wurde er von beiden Gefängniswärtern festgehalten.

»Sie feiges Schwein!« schrie er den Oberleutnant an. »Sagen Sie denen, die sollen mich loslassen! Dann werde ich es Ihnen zeigen.«

Statt einer Antwort schlug der Oberleutnant noch zweimal zu. Axel wurde schwarz vor Augen. Dann sank er in Ohnmacht.

Als er wieder erwachte, befand er sich in einer Einzelzelle. Neben ihm saß der Arzt. Er blickte Axel an und schüttelte dabei den Kopf. »Sie haben meinen Ratschlag also nicht befolgt«, sagte er.

»Sie sind der einzige richtige Mensch hier«, antwortete Axel, »die anderen sind Schweine, sadistische Schweine. Die scheinen nur darauf aus zu sein, uns körperlich und seelisch zu zerstören.«

»Dazu will ich mich nicht äußern«, sagte der Arzt vorsichtig. »Egal, wie Sie die anderen auch einschätzen. Wenn Sie sich nicht zumindest ein wenig anpassen, werden Sie körperlich oder seelisch oder auch in beiden Bereichen Schaden nehmen. Das ist sicher. Fügen Sie sich Ihrem Schicksal, Ihnen bleibt keine Wahl. Ich muß jetzt gehen.«

Er stand auf und klopfte gegen die Zellentür. Wenige Augenblicke später wurde sie geöffnet, und der Arzt verließ wortlos die Zelle.

Mittags erfuhr Axel von einem Wärter, daß ihm dreimal achtzehn Tage Einzelhaft auferlegt worden waren. Vierundfünfzig lange Tage. Er bekam keine Bücher, konnte mit niemand sprechen. Seine einzige Beschäftigung bestand darin, die Tätowierung auf seinem linken Arm zu vervollständigen. Er sah auch darin einen Protest gegen das Regime.

Tätowierungen waren strengstens verboten, sie galten als Selbstverstümmelung. Vielleicht lag darin der Reiz für Axel, denn besonders schön fand er die von ihm gefertigten Kunstwerke nicht. Ein früherer Zellengenosse hatte ihm gezeigt, wie diese Tätowierungen anzufertigen waren und ihm die Umrisse des westdeutschen Bundesadlers auf die Innenseite des Handgelenks tätowiert. Da das Tätowieren im Gefängnis strengstens verboten war, suchten die Wärter tagsüber, wenn die Gefangenen bei der Arbeit waren, systematisch nach Gegenständen, die zum Tätowieren benutzt werden konnten. Axel führte deshalb seine Nadel, die er fürs Tätowieren präpariert hatte, ständig im Saum seiner Jacke versteckt bei sich.

Er hatte eines Tages einen der Aufseher gebeten, ihm einen Knopf anzunähen. Der Wärter hatte sich – wie erwartet – geweigert, aber Axel Nadel und Faden gebracht. Als er die Nadel wieder abholen wollte, hatte Axel vorgegeben, sie im Bett verloren zu haben. In Wirklichkeit hatte er sie unter seiner Matratze befestigt. Unter Anleitung eines Zellengenossen hatte er die Nadel zunächst an den Mauersteinen so spitz geschliffen, wie es eben ging. Der im Tätowieren erfahrene Mithäftling hatte die Nadel in einem Winkel von fünfundvierzig Grad auf seinen Daumennagel gestellt. Als sie nicht mehr abrutschte, war er mit der Schärfe zufrieden.

Dann hatte er aus seinem Bettlaken einen Baumwollfaden herausgezogen und diesen so um die Nadel gewickelt, daß nur noch ein kaum sichtbares Ende der Spitze herausragte. Damit sich der Faden nicht wieder löste, wurde er mit Zahnpasta eingerieben. Als die Zahnpasta ausgehärtet war, lag die Nadel sicher zwischen den Fingern.

In den ersten Tagen seiner Einzelhaft sammelte Axel in einem Stück Pergamentpapier Schmalz, das er sich vom Mund absparte. Als er genügend beisammen hatte, schnitt er mit einer Rasierklinge ein Stück seines Schnürsenkels ab und steckte es als Docht in das Schmalz. Danach zündete er den Schnürsenkel an. Es entstand eine Flamme, die sehr stark rußte. Diesen Ruß fing Axel auf, indem er einen Eßlöffel in kurzem Abstand über die Flamme hielt. Als sich am Löffel eine Rußschicht von einem halben Zentimeter Stärke gebildet hatte, kratzte Axel ihn vorsichtig mit der Rasierklinge ab.

Den Ruß schüttete er in ein leeres Marmeladeglas und gab dann das Zuckerwasser, das sich wegen ihrer schlechten Qualität regelmäßig auf der Marmelade absetzte, dazu. Sorgfältig verrührte er den Ruß mit dem Zuckerwasser. Es bildete sich eine schwarzblaue Farbe. In stundenlanger Arbeit setzte Axel nun Punkt neben Punkt, um die Umrisse des Bundesadlers auszufüllen. Vorsichtig tauchte er die Nadel in die Farbe, so daß der Wollfaden, der um die Nadel gewickelt war, sich leicht mit Farbe vollsaugte. Beim Stich der Nadel gab der Faden die Farbe an die Haut ab. Die Farbe setzte sich in den tieferen Hautschichten fest.

Als die achtzehntägige Einzelhaft vorüber war, hatte Axel den Bundesadler vollständig fertiggestellt. Er wurde auf eine Zweibettzelle verlegt. Ein anderer Häftling kam etwa eine halbe Stunde später hinzu. Er stellte sich mit Max Günze vor.

»Ich war praktischer Arzt in der Nähe von Magdeburg.«

»Weswegen sitzt du hier?« fragte Axel.

»Wegen versuchter Republikflucht«, antwortete der Arzt.

»Was ist denn bei dir schiefgelaufen?«

»Mein Paß war zu schlecht gefälscht. Wir hatten mit dem Auto eine Polenreise gemacht. In Warschau haben meine beiden Kinder, meine Frau und ich von einem Fluchthelfer westdeutsche Pässe bekommen. Wir wollten von Warschau nach Leningrad fliegen, von Leningrad nach Helsinki und von dort aus nach Düsseldorf. Meine Frau und die beiden Kinder hatten die Kontrolle am Warschauer Flughafen schon hinter sich gebracht, als dem Zollbeamten auffiel, daß mein Paß gefälscht war. Wir wurden alle vier sofort verhaftet.

Sie haben uns in einer normalen Linienmaschine nach Ostberlin zurückgeflogen. Wir waren zusammen mit vier Stasi-Beamten die einzigen Fluggäste in einer riesigen Maschine mit mindestens hundertzwanzig Plätzen. Wir haben beide ein Jahr und sechs Monate bekommen. Die Kinder wurden zwangsweise zur Adoption freigegeben. Ich weiß nicht, wo sie sind.« Günze wirkte sehr bedrückt.

»Aber wieso versuchst du zu fliehen? Euch Ärzten geht es doch relativ gut«, fragte Axel.

»Es gibt verschiedene Gründe. Zunächst die Tatsache, daß meine Kinder hier nahezu keine Chancen haben, Medizin zu studieren. Die Arbeiter- und Bauernkinder werden den Kindern der Intellektuellen vorgezogen. Wenn meine Kinder trotzdem einen Studienplatz bekämen, müßten sie, wenn sie Fachärzte werden wollten, fünf Jahre eine Grundausbildung in Marxismus-Leninismus absolvieren.

Außerdem sind wir Christen. Wenn meine Kinder also wider Erwarten alle Hürden überwunden hätten und sich als Ärzte niederlassen wollten, würden sie als Christen bei der Zuteilung der Wohnung und der Praxisräume benachteiligt. Ich habe für uns einfach keine Zukunft in der DDR gesehen.«

Nachdem Axel einen Tag in der Gemeinschaftszelle verbracht hatte, wurde er erneut in Einzelhaft genommen. Ein ›Erzieher‹ hatte ihm erklärt, daß maximal achtzehn Tage Einzelhaft hintereinander zulässig seien. Er hatte dreimal achtzehn Tage zu verbüßen, jeweils unterbrochen von einem Tag in einer Gemeinschaftszelle.

Achtes Kapitel

Mai 1981

Roland Jäger, Axels älterer Bruder, trat aus dem Schankraum der Gaststätte ›Zur Linde‹ ins Freie. Leichter Nieselregen schlug ihm entgegen. Instinktiv wollte er den Kragen seiner Uniformjacke hochschlagen, als seine Hand am Hals vorbei ins Leere griff. Er lächelte. Die Zeit der Uniformjakken ist vorbei, dachte er. Fünfzehn Monate lang hatte er regelmäßig den Kragen hochgeschlagen, wenn er spürte, daß die ersten Regentropfen fielen. Heute, am 30.4.1981, hatte er dieses ›Ehrenkleid der Nationalen Volksarmee‹ zum letzten Mal getragen.

Wie hatte er dem Entlassungstag entgegengefiebert! Für die letzten hundertfünfzig Tage in der Armee hatte er sich wie alle Entlassungskandidaten ein Bandmaß von hundertfünfzig Zentimeter Länge gekauft. Jeden Morgen noch vor dem Frühstück hatten er und die beiden Kameraden, die mit ihm zusammen entlassen werden sollten, unter lautem Gejohle einen Zentimeter des Bandmaßes abgeschnitten. Dieses Zeremoniell hatte ihre Anspannung verstärkt und den Tag der Entlassung immer wichtiger erscheinen lassen.

Während der letzten vierzehn Tage war er aus dem Feiern nicht mehr herausgekommen und jeden Abend mehr oder minder betrunken zu Bett gegangen. Wie in fast allen Armeen der Welt war der Griff zur Flasche zumindest nach Dienstschluß üblich. Auch die strenge Ahndung der Disziplinarverstöße unter Alkoholeinfluß konnte das ständige Ansteigen des Alkoholkonsums in der Armee nicht verhindern.

Nach dem Verlassen der Kaserne hatten sich traditionsgemäß alle entlassenen Soldaten in der Kneipe ›Zur Linde‹ getroffen und dort den Abschied von der Armee noch einmal kräftig begossen. Roland fühlte sich stark angeheitert, als er das Lokal verließ, um sich zum Bahnhof von Eisleben zu begeben.

In Eisleben hatte er sich während seiner Dienstzeit immer recht wohl gefühlt. Hier hatte Martin Luther gewirkt. In der tausendjährigen Stadt gab es viele alte Gebäude, die ihren Teil zu der gemütlichen Atmosphäre im Zentrum beitrugen. Mit etwa 28 000 Einwohnern war sie überschaubar, so daß er bald wußte, wo er seine knapp bemessene Freizeit am besten verbringen konnte. Er ging am Lutherdenkmal und dem Altstädtischen Rathaus aus dem 16. Jahrhundert vorbei und kam zur Langen Gasse, in der das Geburtshaus Luthers liegt. In der Hand hielt er eine Flasche Bier, aus der er ab und zu einen Schluck nahm.

Inzwischen fühlte er sich reichlich angetrunken, was ihm nicht unangenehm war. Das war ein Tag zum Feiern, und er fing lauthals an zu grölen. Etwa fünfzehn Meter vor ihm ging ein Soldat in Uniform. Auch von diesem Unbekannten werde ich mich verabschieden, dachte er und begann, schneller zu gehen. Roland Jäger hatte den Soldaten fast eingeholt, als er plötzlich das Gleichgewicht verlor und hinfiel. Das ärgerte ihn maßlos.

»He, warte doch!« rief er dem Uniformierten hinterher. »Du sollst warten, Mensch!«

Als der Unbekannte keine Anstalten machte stehenzubleiben, warf Roland voller Zorn über sein eigenes Mißgeschick die Bierflasche hinter ihm her, die neben dem Soldaten auf den Bürgersteig fiel und mit lautem Klirren zerbrach.

»Was soll das?« Der Soldat drehte sich erschrocken um.

»Ach, Sie sind das, Feldwebel Rohde.« Roland hatte seinen früheren Zugführer erkannt. »Ich wollte Ihnen die leere Flasche mitgeben. Ist Pfand drauf.«

Feldwebel Rohde war nicht gerade ein beliebter Zugführer. Humor war nicht seine Stärke. Er buckelte bei seinen Vorgesetzten und schikanierte seine Untergebenen. Wenn er vertretungsweise bei den Soldaten ›Politische Schulung‹ abhielt, las er fast nur aus dem Buch ›Vom Sinn des Soldatenseins‹ vor, das jeder Wehrpflichtige bei Antritt des Wehrdienstes erhielt.

»Hauen Sie ab, Jäger! Sie sind ja betrunken!« raunzte Feldwebel Rohde ihn an. Der verächtliche Tonfall der Stimme ließ Roland wieder aggressiv werden. Er haßte diesen Befehlston, der Menschen zu Marionetten degradierte, die wie an Schnüren gezogen zu funktionieren hatten.

»Sie können mich mal, Feldwebel! Ich hab's hinter mir. Hier ist der letzte Zentimeter meines Bandmaßes, den schenk ich Ihnen«, sagte Roland, ging einen Schritt auf Rohde zu und versuchte, ihm den Schnipsel in die äußere Brusttasche der Uniform zu stecken.

»Letzte Warnung! Du sollst abhauen, Jäger!«

Wieder dieser unnachahmliche Tonfall. Rohde stieß Roland mit beiden Händen von sich. Roland stolperte zwei Schritte zurück, um den Stoß abzufangen. Trotz seiner Trunkenheit konnte er sich auf den Beinen halten. Das wollte er sich nicht gefallen lassen. Nicht einen Funken Humor hat dieser Kommißkopp. Wollte ihm auch noch seinen Entlassungstag verderben. Jähzorn stieg in ihm auf. Er stürzte auf Rohde zu und schlug ihm mit der Faust gegen die Brust. Rohde fiel nach hinten, trat einen Schritt zurück und geriet dabei mit dem rechten Fuß auf die Kante des Bürgersteiges. Er strauchelte und fiel der Länge nach auf die Straße.

Roland hörte Reifen quietschen und sah einen Lastwagen, der auf den auf der Straße liegenden Rohde zuschoß. Der Feldwebel versuchte instinktiv, sich von dem herannahenden LKW wegzudrehen, was ihm aber nicht gelang. Er wurde von den Vorderrädern des Fahrzeugs überrollt. Seine Uniformjacke verfing sich im Radkasten. Rohde wurde einige Meter mitgeschleift, bis der Wagen zum Stehen kam.

Roland war wie gelähmt. Er hörte um sich herum nichts mehr. Fassungslos starrte er auf Rohde, der an seiner Uniformjacke unter dem Laster hing. Der Verletzte rührte sich nicht. An der Hüfte tropfte langsam Blut auf die Straße.

Der LKW-Fahrer stieg aus dem Führerhaus. Er stand sichtlich unter Schock. An den umliegenden Häusern wurden die Fenster geöffnet. Eine Frau rief: »Ich hole Polizei und Krankenwagen.« Zwei Männer liefen auf das Auto zu und versuchten, die Uniformjacke vom Radkasten zu lösen und den Feldwebel unter dem Fahrzeug hervorzuziehen. Roland spürte, daß seine Knie nachzugeben drohten. Schräg hinter ihm stand eine Bank. Mühsam setzte er sich hin. Sein Gesicht war bleich. Minuten vergingen, ohne daß Roland bewußt registrierte, was um ihn herum vor sich ging.

Plötzlich merkte er, wie ihn jemand an der Schulter faßte. Er drehte sich um und sah einen Mann von etwa fünfundvierzig Jahren, der mit einem grauen Regenmantel bekleidet war. Er wies sich als Polizeibeamter aus und bat Roland, mit ihm zu kommen. Widerstandslos folgte Roland. Der Polizeibeamte führte ihn zu einem Zivilfahrzeug, öffnete die hintere Tür und forderte Roland auf, einzusteigen. Er selbst ging hinten um das Auto herum und stieg durch die andere Tür in den Fond des Fahrzeugs ein. »Zur Wache!« befahl er dem Fahrer.

Während der Fahrt sprach niemand ein Wort. Roland starrte nach vorn durch die Frontscheibe, ohne recht wahrzunehmen, was geschah und wohin sie fuhren. Es hatte wieder leicht zu regnen angefangen, und der Fahrer schaltete die Scheibenwischer ein.

Irgendwann hielt das Fahrzeug. Der Polizeibeamte stieg aus, ging um das Fahrzeug herum und öffnete die hintere Tür. »Kommen Sie!« sagte er zu Roland, »da entlang«, und zeigte auf den Eingang des Volkspolizeikreisamtes.

»Ich muß Sie zunächst in eine Zelle sperren. Sobald ich von der Unfallstelle näheres erfahren habe, werde ich Sie vernehmen. Geben Sie mir Ihren Personalausweis, damit ich die Personalien schon einmal aufnehmen kann.«

Roland gab dem Beamten den Ausweis und ging in die Zelle.

»Was ist mit Feldwebel Rohde?« fragte Roland.

»Weiß ich nicht«, antwortete der Polizist, »sobald ich etwas erfahre, werden wir uns unterhalten. Geben Sie mir Ihren Gürtel! Krawatte haben Sie ja keine.«

Roland zog seinen Gürtel aus der Hose und gab ihn ab. Die Tür wurde geschlossen. Er hörte, wie der Riegel vorgeschoben wurde und der Schlüssel sich zweimal im Schloß drehte. Er sah sich in der Zelle um. An der Decke war eine Lampe festgeschraubt, die von einem Drahtkorb umgeben war. Sie beleuchtete den Raum nur mäßig. Gegenüber der Tür befand sich eine Liege aus Beton. Sie war fest mit der Wand und dem Fußboden verbunden. Darauf lagen eine Kokosmatte und eine Wolldecke. Das Fenster bestand aus Glasbausteinen, vier Steine breit und drei Steine hoch.

Roland setzte sich auf die Liege, stützte den Kopf in die Hände und versuchte, nachzudenken. Er konnte kaum einen klaren Gedanken fassen. Immer wieder sah er die Situation vor sich, seinen Faustschlag gegen die Brust, den strauchelnden Feldwebel. Er hörte das Quietschen der Reifen, sah, wie Rohde überfahren wurde. Es war ein Unglücksfall, ein tragischer Unglücksfall, sagte er sich immer wieder. Ich konnte doch nicht ahnen, daß er auf die Straße fällt.

Wie spät es wohl sein mochte, vielleicht 20 oder 21 Uhr? Sein Zug war sicher längst abgefahren. Um 23.18 Uhr sollte er in Berlin ankommen. Anna wollte ihn vom Zug abholen, Anna, seine Freundin. Im letzten Brief hatte sie ihm geschrieben, wie sehr sie sich auf seine Entlassung freute. Es war überhaupt ein Wunder, daß die Freundschaft die Wehrdienstzeit überdauert hatte, obwohl er nur jedes halbe

Jahr für eine Woche nach Hause kommen konnte, dachte er.

Sie wollten bald zusammenziehen, falls sie eine Wohnung finden würden.

Hoffentlich ist der Feldwebel nicht tot, dachte Roland.

Und was wäre, wenn Anna schon eine Wohnung für sie gefunden hatte? Wenn sie es ihm bisher nicht gesagt hatte, um ihn zu überraschen? Schließlich war ihr Schwager bei der Kommunalen Wohnungsverwaltung. Über Beziehungen war doch vieles möglich. Jeder in der DDR versuchte, sich ein Netz von Beziehungen aufzubauen. Eine Hand wäscht die andere.

Wieder dachte er an Feldwebel Rohde. Von der Wirkung des Alkohols spürte er kaum noch etwas. Der Unfallschock hatte ihn ernüchtert. Vielleicht war es schon nach 23 Uhr. Dann stand Anna jetzt auf dem Bahnsteig. Irgendjemand mußte ihr doch Bescheid sagen. Roland stand auf und schlug mehrmals kräftig gegen die Zellentür.

»Aufmachen!« rief er, »aufmachen!«

Er horchte. Nichts rührte sich. Er preßte den Mund an den linken Spalt zwischen Tür und Mauerwerk und rief nochmals so laut er konnte. »Aufmachen, aufmachen!«

Als er Schritte hörte, trat er von der Tür zurück und bemerkte, wie jemand durch den Spion, der in der Tür angebracht war, schaute.

»Was ist los?« wurde er gefragt, ohne daß sich die Tür öffnete.

»Ich möchte jemand benachrichtigen, daß ich hier sitze.«

»Wen denn?«

»Meine Freundin, Anna Hoppe, in Berlin.«

»Geht nicht. Hast du keine Eltern?«

»Doch. Können Sie denen nicht Bescheid sagen? Adresse und Telefonnummer stehen in meinem Entlassungsschein, und der ist in meinem Personalausweis«, rief Roland durch die immer noch geschlossene Tür.

»Werde ich machen. Aber gib jetzt Ruhe!«

Roland hörte, wie die Schritte sich wieder entfernten. Die neu aufkeimenden Gedanken an Feldwebel Rohde verdrängte er. Wenn seine Eltern Bescheid wüßten, würden sie Anna sicher sofort benachrichtigen. Vielleicht wartete Anna schon auf dem Bahnhof. Wenn er nur wüßte, wie spät es ist.

Endlich hörte Roland Schritte vor der Zellentür. Der Riegel wurde zurückgeschoben, der Schlüssel ins Schloß gesteckt und zweimal umgedreht. Roland war von seiner Pritsche aufgestanden und sah erwartungsvoll zur Tür. Als sie sich öffnete, trat ein uniformierter Beamter in die Zelle.

»Kommen Sie mit zur Vernehmung! Ich muß Ihnen Handschellen anlegen.«

»Wieso Handschellen? Das ist wirklich nicht nötig. Ich bin doch vollkommen friedlich.«

»Friedlich oder nicht. Handschellen müssen sein.«

Roland ließ sich ohne Widerstand die Handschellen anlegen. Der Beamte führte ihn in den zweiten Stock des Gebäudes. Kommissar Wernecke, las er, als er das Vernehmungszimmer betrat, auf dem Türschild. Das Zimmer, in das er geführt wurde, war dunkel. Nur die Tischlampe brannte und warf einen kreisrunden Lichtkegel auf den Schreibtisch, hinter dem ein Mann saß, dessen Gesicht Roland zunächst nicht sehen konnte.

»Setzen Sie sich!« sagte der Mann. Roland sah, wie die Hand des Mannes in dem Lichtkegel auftauchte und auf einen Stuhl vor dem Schreibtisch zeigte. Er nahm Platz. Die Lampe blendete ihn. Als er sich an die Lichtverhältnisse gewöhnt hatte, erkannte er einen Mann von etwa fünfundfünfzig Jahren. Auffallend war der kugelrunde Bauch, über dem das Hemd sich spannte. Die Hose des Mannes schien kaum Chancen zu haben, den Bauch an seiner dicksten Stelle zu umspannen.

»Da hast du dir ja eine schöne Geschichte eingebrockt. Mensch, Junge, das kann böse Folgen haben.«

»Was ist denn mit dem Feldwebel Rohde?« fragte Roland mit zittriger Stimme. »Ist ... ist er ...?« Er machte eine Pause. Er mochte das Wort nicht aussprechen.

»Ist ziemlich schwer verletzt«, antwortete die Stimme hinter dem Schreibtisch, »aber woher kennst du ihn?«

»Er war mein Zugführer. Ich bin heute entlassen worden aus der Volksarmee.«

»Und wie war das Verhältnis zu ihm?«

Vorsicht, dachte Roland. Wenn du ihm jetzt sagst, daß du ihn wegen seiner ewigen Schikanen gehaßt hast, zieht der Kommissar daraus falsche Schlüsse. »Na, er war halt mein Zugführer«, antwortete er ausweichend.

»Hattest du ein gutes oder ein schlechtes Verhältnis zu ihm?«

»Zu Feldwebel Rohde hatte, glaube ich, keiner ein besonders gutes Verhältnis. Er war schließlich unser Zugführer.«

»Das heißt, du hattest ein schlechtes Verhältnis zu ihm.«

»Na, so kann man das auch nicht sagen.«

»Jetzt paß mal auf, mein Junge«, schlug der Vernehmende eine schärfere Tonart an und löste gleichzeitig seine Hände, die er über dem Bauch gefaltet hatte. Die rechte Hand drang weiter in den Lichtkegel vor auf Roland zu, und der Mann fuhr mit erhobenem Zeigefinger, den er drohend in Rolands Richtung reckte, fort: »Entweder du erzählst mir alles, was passiert ist, und redest nicht drumherum. Ich habe keine Lust, dir heute nacht alles aus der Nase zu ziehen. Oder wir unterbrechen die Vernehmung, und du gehst mit dem nächsten Transport nach Berlin zur Staatssicherheit. Also, was ist dir lieber?«

Die Alternative war für Roland klar. Mit dem Staatssicherheitsdienst der DDR wollte er nichts zu tun haben. Es gab Leute, die die Stasi mit der Gestapo im Dritten Reich verglichen. Sie war die eigentliche Macht im Staat, keinerlei behördlicher oder parlamentarischer Kontrolle unterworfen und hatte nahezu alle Vollmachten. Sie war nur der obersten Führungsspitze der SED verantwortlich und diente allein der Machterhaltung der Partei. Auch in den kleinsten Betrieben und Verwaltungseinheiten befanden sich Spitzel, die jede Besonderheit weitermeldeten.

In der Kaserne war gemunkelt worden, daß auch Feldwebel Rohde ein Mitarbeiter der Stasi sei. Als vor einigen Monaten Knall und Fall der Kompaniechef abgelöst wurde und niemand einen Grund dafür angeben konnte, gab es ein Gerücht, wonach Feldwebel Rohde und die Sicherheit dahinter stecken könnten. Und ausgerechnet mit diesem Feldwebel mußte Roland sich am Tag seiner Entlassung anlegen.

»Ich will Ihnen alles erzählen, was ich weiß. Wie kommen Sie darauf, daß ich Ihnen etwas verschweigen würde?« versuchte Roland einzulenken.

»Gut, dann erzähl mal, was passiert ist«, forderte ihn der Mann hinter dem Schreibtisch auf.

Roland berichtete, wie er den Vorfall erlebt hatte. Er ließ auch nicht aus, das er die Bierflasche hinter dem Feldwebel hergeworfen hatte. »Es war ein Unglücksfall. Ich wußte doch, als ich die Flasche warf, zunächst nicht, daß es Feldwebel Rohde war.«

»Aber dann hast du dich mit ihm geprügelt und ihn vor den Laster gestoßen«, hörte Roland plötzlich eine Stimme aus dem Hintergrund sagen. Er versuchte angestrengt, an der ihn blendenden Lampe vorbei in den hinteren Teil des Raumes zu sehen. Aus der Dunkelheit trat plötzlich ein Mann hervor, der von Roland unbemerkt an einem der Aktenschränke gestanden hatte. Er rückte einen Stuhl an die Seite des Schreibtischs und setzte sich neben den Beamten, der Roland zunächst vernommen hatte.

»Ich habe ihn nicht absichtlich vor den Laster gestoßen. Ich habe schon gesagt, daß es ein Unglücksfall war«, sagte Roland schnell. »Ich wollte ihn doch nicht etwa umbringen. Mein Wehrdienst war beendet. Feldwebel Rohde konnte mich doch nicht mehr ärgern.«

»Das heißt also, daß Rohde dich beim Wehrdienst geärgert hat«, folgerte der zweite Vernehmende in gefährlich ruhigem Tonfall.

Roland wurde zunehmend unruhiger. Die beiden hinter dem Schreibtisch versuchten, ihm Dinge zu unterstellen, die nicht der Wahrheit entsprachen.

»Jawohl, Rohde hat mich nicht nur geärgert«, schrie Roland, »er hat mich regelrecht schikaniert. Immer hat er meinen Spind besonders sorgfältig kontrolliert und mit einem weißen Tuch über die Kleiderstange gewischt. Wissen Sie eigentlich, daß man eine Messingkleiderstange polieren kann, so lange und so oft man will? Die ist nicht sauber zu bekommen. Ein weißes Tuch verfärbt sich immer dunkel, wenn man über Messing wischt. Das wußte auch Feldwebel Rohde. Das war reine Schikane. Und immer nur bei mir. Der konnte mich nicht leiden. Deshalb hat er mich bis auf's Blut gereizt.«

»Und du hast es ihm heute heimgezahlt, was?« unterbrach ihn der zweite Mann.

Roland wurde bleich. Sein Magen krampfte sich zusammen. Das hätte er nicht sagen dürfen, dachte er bei sich. Jetzt hatten sie ihn doch so weit gebracht. »Ich sage nichts mehr«, preßte er erschöpft hervor, »gar nichts mehr.«

Der erste Mann griff zum Telefonhörer. »Der Beschuldigte Jäger kann auf seine Zelle.«

Wenige Augenblicke später erschien ein Uniformierter, legte Roland Handschellen an und führte ihn zurück in die Zelle. Der Riegel wurde vorgeschoben, der Schlüssel drehte sich zweimal im Schloß. Roland setzte sich auf die Pritsche und mußte plötzlich weinen. Er schluchzte und schlug mit der Faust auf das Bett. Dann warf er sich lang hin und fiel nach längerer Zeit in einen unruhigen Schlaf.

Am nächsten Morgen hörte Roland noch im Halbschlaf, wie der Riegel seiner Zellentür geräuschvoll zur Seite geschoben wurde. Die Schlüssel schlugen aneinander. Als die Tür sich öffnete, war er schon von seiner Pritsche aufgesprungen. Das Herz schlug ihm bis zum Hals. Ein Uniformierter trat mit einem Tablett in der Hand ein.

»Frühstück. Machen Sie sich fertig! In einer dreiviertel Stunde werden Sie abgeholt.«

Er stellte das Tablett auf einen kleinen Holztisch. Darauf standen eine Tasse, aus der Dampf aufstieg, und ein Teller mit zwei Scheiben Graubrot. Daneben lag ein Stück Margarine.

Als der Uniformierte sich zum Gehen wandte, fragte Roland, noch schlaftrunken: »Wohin werde ich gebracht? Was heißt abgeholt?«

»Weiß ich nicht. Sie werden ja sehen«, antwortete der Polizist und verließ sofort wieder die Zelle.

Roland nahm den Hocker, schob ihn zum Tisch und setzte sich. Er nahm das Messer, an dem ihm auffiel, daß es an beiden Seiten gleich stumpf war, und verteilte die Margarine auf dem Brot. Sie reichte für beide Scheiben. Er trank einen Schluck aus der Tasse und schüttelte sich widerwillig. Auch bei der Armee hatte er häufiger Kaffee-Ersatz getrunken, der nur mit viel Zucker genießbar zu machen war, aber dieses Zeug war ungenießbar. Er aß nur die Brote.

Was wohl mit dem Feldwebel ist? dachte er. Er wusch sich am Waschbecken und verrichtete seine Notdurft auf dem Kübel, der in der Zelle stand. Dann setzte er sich auf den Hocker und wartete.

Es dauerte nicht lange, bis die Tür wiederum geöffnet wurde. »Nehmen Sie Ihren Eimer und kommen Sie mit!« befahl ihm der Uniformierte, der das Frühstück gebracht hatte. Er führte Roland durch einen schmalen Gang zu einer Toilette. »Machen Sie den Eimer sauber! Da ist eine Bürste.«

Nachdem Roland das erledigt hatte, wurde er in die Zelle zurückgebracht. »Bauen Sie Ihr Bett! Sie werden gleich abgeholt.« Die Zellentür wurde wieder geschlossen.

Nach kurzer Zeit hörte Roland Schritte und Stimmen

auf dem Gang. Der Riegel wurde zurückgeschoben, der Schlüsselbund schlug laut gegen die Tür, die Tür wurde geöffnet. Zwei Zivilbeamte betraten die Zelle.

»Ich lege Ihnen jetzt Handschellen an. Sie gehen auf Transport.«

Roland streckte seine Hände vor, die Handschellen schlossen sich um die Handgelenke. Wie schnell man sich an die Fessel gewöhnt, dachte er. Einer der Zivilisten ging voran, der andere faßte ihn am Arm und schob ihn zur Tür. Sie gingen durch den schmalen Gang und stiegen eine Treppe hinauf. Im Wachraum wurde ihm sein Mantel um die Schultern gelegt. Sie verließen das Gebäude und gingen zu einem wartenden Personenauto. Roland mußte hinten einsteigen. Je einer der Zivilisten setzte sich rechts und links neben ihn. Kaum waren sie eingestiegen, fuhr der Wagen an.

»Wohin bringen Sie mich?« fragte Roland ängstlich.

»Sie werden schon sehen. Sie haben keine Fragen zu stellen«, antwortete der Mann zu seiner Linken.

Die weitere Fahrt verlief schweigend. Roland warf hin und wieder einen verstohlenen Blick auf die beiden Männer neben sich. Der rechte wurde offensichtlich nervös, wenn Roland ihn ansah. Er zwinkerte dann auffallend häufig mit den Augenlidern. Er war der Jüngere von den beiden, etwa Mitte dreißig. Er vermied es, Roland anzublicken und schaute meistens aus dem Fenster. Der linke war kräftiger und offensichtlich erfahrener. Er blickte hin und wieder mit ausdruckslosem Gesicht zurück, ohne eine Gefühlsregung zu zeigen. Ansonsten sah er in der Regel am Fahrer vorbei stur geradeaus, so, als verfolge er intensiv die Fahrtroute.

Nach einer etwa halbstündigen Fahrt bog das Fahrzeug von der Hauptstraße ab. Sie befuhren nun eine schlecht asphaltierte Nebenstraße und näherten sich einer Stadt, die Roland nicht kannte. Schließlich hielten sie vor einem vierstöckigen Gebäude. Der Fahrer hupte kurz. Ein schmiedeeisernes Tor öffnete sich. Beim Durchfahren erkannte Roland zwei Posten, die mit Maschinenpistolen bewaffnet waren. Das Fahrzeug fuhr in den Innenhof und hielt vor einer Stahltür. Der Mann zur Rechten stieg aus und klopfte. Als die Tür geöffnet wurde, winkte er in Richtung Fahrzeug.

»Steigen Sie hinter mir aus!« befahl der zweite Bewacher, öffnete die Tür und verließ das Fahrzeug. »Da, zur Tür!«

Auf dem Weg dorthin erkannte Roland, daß die beiden bewaffneten Posten dem Fahrzeug gefolgt waren und nun einige Meter entfernt standen, die Maschinenpistolen im Anschlag.

Er betrat das Gebäude, in dem ihn zwei Männer in blauen Nylonkitteln erwarteten. Sie führten ihn in einen Raum und befahlen ihm, sich auszuziehen und sämtliche Kleidungsstücke abzulegen. Die Blaukittel durchsuchten sorgfältig Rolands Sachen und legten alles, was sich in den Taschen befand, auf den Tisch.

»Arschbacken auseinander! Vorhaut zurück!«

Nachdem die körperliche Untersuchung nichts Verdächtiges ergeben hatte, mußte Roland ein Formular unterschreiben, auf dem alles, was man ihm abgenommen hatte, aufgeführt war. Anschließend wurde er neu eingekleidet. Er quittierte den Empfang dieser Sachen auf einem weiteren Formular. Einer der Blaukittel öffnete eine Stahltür gegenüber jener, durch die sie den Raum betreten hatten.

»Neuzugang. Kommt in Verwahrraum 74«, sagte er zu zwei Uniformierten und deutete Roland mit dem Kopf an, den beiden Wachmännern zu folgen.

Sie durchschritten einen langen Gang. Alle drei bis vier Meter befand sich auf jeder Seite eine schwere Stahltür, die mit zwei Riegeln und einem überdimensionalen Schloß gesichert war. Das sind also die sogenannten Verwahrräume, dachte Roland. Die Türen waren in einem dunklen Grauton gestrichen, die Wände in einem etwas helleren

Grau und die Decke des Ganges in einem schmutzigen Weiß. Sie kamen zu einer Stelle, an der rechts und links weitere Gänge abzweigten. Roland mußte an einem weißen Strich etwa zwei Meter vor der Ecke stehenbleiben. Einer der Uniformierten schaute vorsichtig um die Ecke in beide Gänge und bedeutete Roland dann mit der Hand, weiter mitzukommen.

Roland fiel auf, daß sie bislang keinen anderen Personen begegnet waren und daß fast kein Geräusch zu hören war außer seinen Schritten und denen seiner Bewacher. Auch aus den Zellen war kein Geräusch zu vernehmen. Er bekam Angst. Was sie hier wohl mit ihm anstellen würden. Das Gebäude wirkte verlassen, menschenleer. Er wagte nicht zu fragen, ob er der einzige Gefangene sei.

Vor der Tür mit der Nummer 74 blieben sie stehen. Der Schlüssel steckte im Schloß. Einer der Uniformierten öffnete die Tür und schob Roland hinein. Die Einzelzelle war ähnlich eingerichtet wie die, in der Roland die Nacht bei der Polizei verbracht hatte. Er hörte, wie beide Riegel vorgeschoben wurden und der Schlüssel sich im Schloß drehte.

Roland setzte sich auf die Pritsche. Er dachte nach. Ob seine Eltern und Anna informiert waren? Was die Polizei ihnen wohl erzählt hatte? Er hatte doch bisher mit der Polizei nichts zu tun gehabt. Dafür war innerhalb der Familie sein Bruder Axel zuständig. Der stellte öfter etwas an, hatte schon mit der Polizei seine Erfahrungen gemacht und verbüßte derzeit eine mehrjährige Haftstrafe.

Es würde sich alles aufklären. Er hatte den Feldwebel doch nicht absichtlich vor den Laster gestoßen. Das ging doch alles viel zu schnell. Es war ein Unglücksfall. Warum hatte Rohde sich auch so blöde angestellt? War doch üblich, daß die Entlassungskandidaten über die Stränge schlugen und ihre Späßchen machten. Sicher, er hatte zu Feldwebel Rohde nicht gerade das beste Verhältnis gehabt.

Es war ein Unglücksfall, ein Unglücksfall, ein verdammter Unglücksfall.

»Stehen Sie von der Pritsche auf, 86! Ja, Sie. Sie sind Nummer 86.«

Roland schaute überrascht zur Tür. Ob die Stimme ihn meinte? Er blieb zunächst verdutzt sitzen. Dann öffnete sich eine Klappe in der Zellentür, und Roland sah den Teil eines Gesichts, das in die Zelle schaute.

»Sie heißen von jetzt an Nummer 86, merken Sie sich das«, sagte das Gesicht, und Roland sah, wie die Augenbrauen sich zusammenzogen und sich Falten auf der Stirn dieses Gesichts bildeten. »Haben Sie die Anstaltsordnung nicht gelesen?«

»Ich habe keine bekommen«, antwortete Roland und stand auf, um zur Tür zu gehen.

»Bleiben Sie, wo Sie sind!« befahl das Gesicht.

Roland blieb stehen.

»Tagsüber haben Sie auf der Pritsche nichts zu suchen. Sie können sich auf den Hocker setzen, aber nicht auf die Pritsche. Wenn ich Sie nochmals tagsüber auf der Pritsche erwische, gibt's verschärften Arrest, klar?«

Roland konnte zunächst nicht antworten, so überrascht war er. »Ja, gut«, sagte er dann. Aber die Klappe war bereits wieder geschlossen, das Gesicht verschwunden.

Er begann, in der Zelle auf und ab zu gehen. Drei Schritte hin, drei Schritte zurück. Drei Schritte zum Fenster, umdrehen, drei Schritte zur Tür, umdrehen, drei Schritte zum Fenster, drei Schritte zur Tür, umdrehen ...

Zusammen mit dem Mittagessen, das aus einer dünnen Gemüsesuppe und einem größeren Stück Brot bestand, wurde ihm ein Exemplar der Anstaltsordnung übergeben. Während er die Suppe aß, blätterte er mit der linken Hand die schon abgegriffene Broschüre durch. Er durfte die Ruhe der Anstalt nicht stören, keinen Lärm machen, nicht klopfen oder singen und dergleichen. Deshalb die Stille, dachte er. Wenn der Verwahrraum, wie die Zelle hier genannt wurde, von anderen betreten wird, hat der Inhaftierte aufzustehen, sich in der Nähe des Fensters aufzustellen, die Hände locker an die Seiten der Oberschenkel zu legen und zur Tür zu sehen.

Er durfte keine Aufzeichnungen ohne Genehmigung anfertigen oder besitzen, nicht zu anderen Inhaftierten Kontakt aufnehmen und keine Gegenstände aus dem Fenster werfen. Nur mit Genehmigung des Leitenden Staatsanwaltes durfte er Briefkontakt zu Angehörigen pflegen oder Besuche empfangen. Körperkontakt mit dem Besucher war verboten. Es durfte nur über persönliche Dinge gesprochen werden, keinesfalls über die Untersuchungshaft oder deren Grund. Die sind sogar witzig, dachte er, als er las, daß er den Verwahrraum nicht ohne Genehmigung verlassen dürfe. Als das Geschirr abgeholt wurde, mußte er unterschreiben, daß er die Anstaltsordnung zur Kenntnis genommen habe. Man gab ihm einen Personalbogen, den er ausfüllte, und ein weißes Blatt Papier, auf den er seinen Lebenslauf schreiben sollte.

Roland Jäger, schrieb er in großen Druckbuchstaben darüber. Geboren am 17. 08. 1957, drei Jahre Kindergarten, dann zehn Jahre Schule. Zweijährige Ausbildung zum Elektroinstallateur bis Juni 1976. Danach Facharbeiter beim VEB Funkwerk in Berlin Köpenick. November 1979 bis Ende April 1981 Nationale Volksarmee. Besondere Auszeichnungen: zweimal die ›Goldene Kindersonne‹ in der Vorschule wegen besonders eifriger Mitarbeit.

Der weitere Tag verlief ohne Besonderheiten, drei Schritte zum Fenster, umdrehen, drei zur Tür, umdrehen, und so fort. Hin und wieder war in regelmäßigen Abständen ein Auge am Guckloch zu sehen, das wahrscheinlich zu dem Gesicht gehörte, das ihn vor dem Mittagessen zurechtgewiesen hatte. Ab und zu Schritte auf dem Gang, Vorschieben und Zurückstoßen der Riegel, Klappern von Schlüsseln. Von außen drang kaum ein Laut in die Zelle. Die Glasbausteine ließen nur diffuses graues Licht ein.

Nachts konnte Roland nicht schlafen. Ihn störte das regelmäßig wiederkehrende Auge am Guckloch. Als er sich daran gewöhnt hatte, hörte er Klopfzeichen, die vom Heizkörper zu kommen schienen. Vielleicht wollten andere Gefangene Kontakt zu ihm aufnehmen. Er traute sich nicht zu antworten, gab sich aber Mühe, die Morsezeichen, die er zu erkennen glaubte, zu entziffern. Es gelang ihm nicht. Offensichtlich wurden doch keine Morsezeichen verwandt.

Er wußte immer noch nicht, was mit Feldwebel Rohde geschehen war. Hoffentlich lebte er noch. Hoffentlich wußten Anna und seine Eltern Bescheid.

Im Traum sah er Rohde, der aus der Klinik entlassen wurde. Er humpelte zwar, kam aber, als er Roland erkannte, auf ihn zu und gab ihm die Hand. Er nahm sogar den Blumenstrauß an, den Roland für ihn gekauft hatte. Er sei ihm nicht böse, sagte Rohde, es sei schließlich ein Unfall gewesen. Dann gingen sie gemeinsam in die nächste Kneipe, prosteten sich zu. Immer aber, wenn Roland das Glas zum Mund führte, leerte es sich, ohne daß er nur einen Tropfen trinken konnte. Rohde lachte über Rolands erstauntes Gesicht und behauptete, er könne schneller trinken als Roland. Rohde lachte, bis ihm die Tränen über das Gesicht liefen. Rohdes Tränen liefen an der Nase entlang und tropften vom Kinn auf den Fußboden, auf dem sich schon eine Lache gebildet hatte. Aus dieser Lache wurde ein See, der zunehmend größer wurde. Das Wasser des Sees stieg immer weiter.

Roland war unfähig, sich zu rühren. Das Wasser erreichte seine Knie, seine Hüften, die Brust. Und Rohde lachte immer weiter und trank und lachte und lachte und trank. Roland hörte sich rufen: »Hör auf zu lachen, Rohde, hör auf!« Er reckte sein Kinn in die Höhe, damit das Wasser des Sees nicht über seinen Mund stieg. Verzweiflung kroch in ihm hoch, Angst, Todesangst. Er wollte Rohde von sich wegstoßen.

»Hör auf zu lachen, Rohde!« hörte er sich wieder rufen.

Seine Arme gehorchten ihm nicht. »Bitte hör auf, Rohde, hör auf zu ...« Dann erreichte das Wasser seinen Mund. Er preßte die Lippen so fest aufeinander, wie er konnte. Aber bald stieg das Wasser über seine Nase, so daß er nicht mehr atmen konnte. Er schluckte Wasser, es schmeckte salzig wie Tränen.

Dann spürte er, wie ihn jemand kräftig an den Schultern faßte. Gleichzeitig bekam er eine Ohrfeige, die seinen Kopf von einer Seite auf die andere warf. Er riß die Augen auf und erkannte zuerst das Auge, das zu dem Guckloch gehörte, dann das Gesicht, das immer durch die Klappe stierte, dann die Uniform und zuletzt eine zweite. Zwei Aufseher hielten ihn fest.

»Wachen Sie auf, 86! Hören Sie auf zu schreien!«

Roland merkte, daß er nur geträumt hatte. Er war schweißgebadet. Er atmete schwer. Die Spannung, unter der sein Körper gestanden hatte, ließ nach. Erschöpft ließ er sich zurücksinken. »Entschuldigung, ich habe schlecht geträumt«, sagte er.

Die Uniformierten ließen von ihm ab und traten von der Pritsche zurück. »Geben Sie jetzt Ruhe!«, sagte der eine. Beide verließen die Zelle. Roland war wieder allein.

Am nächsten Morgen holten ihn zwei Uniformierte ab. Sie gingen mit ihm wortlos durch den Gang, an dem die anderen Zellen lagen, und betraten durch eine Stahltür, die wie eine Zellentür aussah, einen weiteren Gang. Sie kamen an Türen vorüber, die dick gepolstert waren. Auf dem Boden des Gangs lag ein Kokosläufer, der das Geräusch ihrer Schritte dämpfte. Hier sind die Räume, in denen die Verhöre stattfinden, dachte Roland. Daraus dringt kein Laut nach draußen. Seine Unruhe und Nervosität steigerten sich zur Angst.

Der erste Uniformierte blieb vor einer der gepolsterten Türen stehen, straffte sich und trat ein, ohne anzuklopfen. »Genosse Major, wir bringen den Gefangenen Jäger.«

»Soll reinkommen«, hörte Roland und wurde im selben

Augenblick von dem zweiten Uniformierten leicht an der Schulter angestoßen.

Er betrat das Zimmer, das auffallend freundlich wirkte. Vor dem Fenster stand ein großer Schreibtisch aus Kiefernholz, links daneben ein Aktenschrank. Das Fenster hatte normales Glas. Es war vergittert. Ein Flügel war halb geöffnet. Ein etwa fünfzigjähriger, in Zivil gekleideter Mann trat auf Roland zu und reichte ihm die Hand.

»Guten Morgen, Herr Jäger«, sagte der Major überraschend freundlich.

Roland erwiderte den Gruß.

»Nehmen Sie doch Platz!« forderte der Mann ihn auf und zeigte auf zwei Stühle, die vor dem Schreibtisch standen. Er selbst ging um den Schreibtisch herum und setzte sich ebenfalls. »Wie war denn die Nacht?«

»Nicht sonderlich gut unter diesen Umständen«, antwortete Roland, »das können Sie sich ja denken.«

»Sicher, angenehm ist es nicht, hier zu sitzen. Aber Sie werden verstehen, wir haben keine andere Wahl.«

Roland war verblüfft über die Freundlichkeit, mit der er behandelt wurde. Dennoch wollte er auf der Hut sein.

»Das ist eine böse Sache, die Sie da angestellt haben. Wie ist es denn so weit gekommen, erzählen Sie doch mal!«

Roland ging zunächst nicht darauf ein, sondern fragte: »Sind meine Eltern verständigt? Und meine Freundin?«

»Machen Sie sich keine Sorgen. Die wurden schon am Tattag von der Polizei informiert.«

»Können sie mich denn besuchen?«

»Das hängt ganz von Ihnen ab. Wahrscheinlich zunächst nicht. Aber wenn die Vernehmungen abgeschlossen sind und Sie ausgepackt haben, kann ich sicher beim Staatsanwalt etwas für Sie tun. Aber nun erzählen Sie mal.«

»Was ist mit dem Feldwebel?« fragte Roland weiter, »ist er schwer verletzt?«

»Jetzt paß mal gut auf, mein Junge.« Plötzlich duzte der Vernehmer ihn. »Die Spielregeln lauten, ich frage und du antwortest, nicht umgekehrt. Wenn du dich daran hältst, kommen wir prima miteinander aus, ok?«

»Aber Sie müssen mir doch sagen, was mir eigentlich vorgeworfen wird. Warum bin ich hier, und wer sind Sie?«

»Ich bin Major beim Ministerium für Staatssicherheit. Was Ihnen vorgeworfen wird, wissen Sie ja wohl selbst«, sagte der Major scharf.

Er siezt mich ja wieder, dachte Roland. »Muß ich nicht irgendwann einmal zum Haftrichter? Sie können mich doch nicht ohne Haftbefehl festhalten.«

»Alles zu seiner Zeit. Ich wollte zunächst einmal von Ihnen hören, was eigentlich passiert ist. Ich will Ihnen doch helfen. Wir können so einiges tun, damit es nicht ganz so schlimm für Sie wird. Ein schöner Schlamassel, in den Sie da hineingeraten sind.«

»Aber dann sagen Sie mir doch endlich, was los ist«, unterbrach Roland ihn und wurde lauter.

Der Major sprang auf. Der Stuhl flog zurück. Sein Gesicht lief rot an. Er stützte beide Hände, die er zu Fäusten geballt hatte, auf den Schreibtisch. »Du hast hier zu erzählen«, brüllte er, »nicht ich. Und jetzt zurück in die Zelle!«

Er griff zum Telefon. »Jäger muß zurück«, schrie er ins Telefon und knallte den Hörer auf die Gabel. Einige Augenblicke später wurde die Tür geöffnet, ein Uniformierter trat ein, der zweite blieb im Türrahmen stehen.

»Stehen Sie auf, Jäger!« befahl der Major.

Roland ging zur Tür. Der zweite Uniformierte trat zurück, nahm den Türgriff in die rechte Hand und zuckte mit dem Kopf in Richtung des Ganges. Roland trat hinaus, der erste Uniformierte folgte.

»Ach übrigens, Jäger«, hörte Roland den Major rufen, »kommen Sie doch noch einmal zurück!«

Roland trat an den beiden Uniformierten vorbei ins Zimmer.

»Übrigens, Feldwebel Rohde ist tot. Gestern Nacht gestorben. Und jetzt gehen Sie!«

Roland war wie erstarrt. Ungläubig sah er den Major an. »Tot?«

Der Major antwortete nicht, sondern winkte mit der Hand in Richtung der Uniformierten. Einer nahm Rolands Arm und zerrte ihn aus dem Zimmer. Die Tür wurde geschlossen.

Während sie ihn zur Zelle zurückführten, schossen Roland unzählige Gedanken durch den Kopf. Er konnte nicht klar denken. Alles stürmte auf ihn ein. Feldwebel Rohde tot, dachte er. Das Bild des am Radkasten des Lastautos hängenden Rohde erschien vor seinen Augen. Er dachte an Anna und das Ende seiner Beziehung zu ihr, das mit einer langen Haftstrafe wohl zwangsläufig verbunden war. Feldwebel Rohde ist tot, schoß es ihm immer wieder durch den Kopf, tot. Als er wieder in seiner Zelle war, ließ er sich auf den Hocker fallen, vergrub das Gesicht in den Händen. Seine Augen starrten auf einen Punkt auf dem Fußboden. Alle Gedanken, die ihm eben noch durch den Kopf gegangen waren, waren verschwunden. Er empfand nur noch eine große Leere.

Neuntes Kapitel

Mai 1981

Roland saß den ganzen weiteren Tag in seiner Zelle. Es gab keine Vernehmung mehr. Offensichtlich wollten sie ihn schmoren lassen. Er war sehr niedergeschlagen. Hin und wieder sagte er sich, daß es schließlich ein Unglücksfall gewesen sei. Er habe den Tod Rohdes doch nicht gewollt. Sicher würde er bestraft werden, aber so hart konnte die Strafe doch nicht ausfallen. Indem er sich das einredete, wurde er ruhiger. Dennoch war er nicht in der Lage, vom Mittagessen mehr als ein paar Löffel zu essen. Den Rest ließ er zurückgehen.

In der folgenden Nacht schlief er zwar wieder sehr unruhig, hatte aber keine Alpträume.

Am nächsten Morgen erschienen die beiden Uniformierten und führten ihn zu dem Gang mit den gepolsterten Türen. In einem der Zimmer erwartete ihn eine Staatsanwältin. Nachdem Roland vor dem Schreibtisch Platz genommen hatte, las sie ihm den Haftbefehlsantrag vor. »Roland Jäger ..., steht unter dem dringenden Verdacht, Feldwebel Rohde vorsätzlich getötet zu haben. Am 30. 04. 1981 traf er das spätere Opfer in der Langen Gasse in Eisleben. Es kam zum Streit, in dessen Verlauf Jäger den Feldwebel Rohde in Tötungsabsicht auf die Straße stieß, so daß dieser von einem Lastkraftwagen überfahren wurde und schwerste innere Verletzungen erlitt, an denen er in der Nacht zum 02. 05. 1981 im Krankenhaus starb. Die Tat ist ein Verbrechen nach den §§ 112 folgende des Strafgesetzbuches der Deutschen Demokratischen Republik. Roland Jäger wird wegen Verdunkelungs- und Fluchtgefahr in Untersuchungshaft genommen.«

Die Staatsanwältin hielt kurz inne, schaute Roland an und fragte: »Wollen Sie dazu irgend etwas äußern?«

»Es ist falsch, was Sie da vorgelesen haben. Ich wollte ihn nicht töten. Das war ein Unglücksfall, warum glaubt mir das denn keiner?«

»Weil es genügend Zeugen gibt, die bestätigen können, daß Sie Feldwebel Rohde gehaßt haben. Das haben Sie übrigens selbst bei der Polizei in Eisleben zugegeben.«

»Aber deswegen wollte ich ihn doch nicht umbringen. Ich hatte in Zukunft nichts mehr mit ihm zu tun. Ich war doch gerade aus der Armee entlassen. Warum sollte ich das tun?« sagte Roland in der Hoffnung, die Staatsanwältin zu überzeugen.

Die blickte ihn nur kühl an. »Erzählen Sie das doch dem Haftrichter, dem Sie wahrscheinlich heute noch vorgeführt werden. Der entscheidet über die Untersuchungshaft. Was ich Ihnen eben vorgelesen habe, war der Antrag auf Erlaß eines Haftbefehls. Ich werde im Protokoll vermerken, daß Sie den Vorwurf bestreiten. Aber das tun doch fast alle, Herr Jäger. Für mich ist die Sache klar.«

Sie lächelte mitleidig und sagte dann zu den Uniformierten, die an der Tür gestanden hatten: »Sie können ihn zurückbringen.«

Roland merkte, daß es keinen Sinn hatte, länger mit der Staatsanwältin zu reden. Er würde versuchen, den Haftrichter zu überzeugen. Der mußte ihm glauben. Für so dumm konnte ihn doch keiner halten, auf offener Straße jemand absichtlich umzubringen. Jeder vernünftige Mensch mußte sehen, daß es ein Unglücksfall war. Das lag doch auf der Hand.

Roland wurde in seine Zelle zurückgeführt. Er war unruhig. Nachdem er kurze Zeit auf seinem Hocker gesessen hatte, begann er wieder, auf und ab zu gehen. Drei Schritte hin, drei Schritte zurück. Drei Schritte zum Fenster, drei Schritte zur Tür.

Es dauerte nicht lange, bis die Zellentür wieder geöffnet wurde und die beiden Uniformierten ihn erneut abholten. Sie führten ihn zu dem Gang mit den gepolsterten Türen. Jetzt kommt es darauf an, dachte Roland, dem Haftrichter alle Einzelheiten klarzumachen. Dann mußte auch der einsehen, daß von Absicht keine Rede sein konnte. Der erste Uniformierte öffnete eine Tür.

»Ach, der Herr Jäger«, wurde er begrüßt. Roland blickte zum Schreibtisch. Dort saß nicht, wie erwartet, der Haftrichter, sondern der Stasi-Major, der ihn zunächst vernommen hatte. Der Major wirkte wieder betont freundlich.

»Zigarette?« fragte er. Roland lehnte ab.

»Aber eine Tasse Kaffee werden Sie doch trinken wollen, Bohnenkaffee.« Roland sah zwei Kännchen Kaffee und zwei Tassen auf dem Schreibtisch stehen sowie Milch und Zucker.

»Bedienen Sie sich!« forderte ihn der Major auf. »Wie ich hörte, waren Sie gerade bei Staatsanwältin Grete Jahn. War sicher nicht angenehm, oder? Kennen Sie übrigens deren Spitznamen?«

Roland schüttelte den Kopf.

»Ruck-Zuck-Grete«, klärte ihn der Major auf, »das bleibt aber unter uns.«

Wieder diese Vertraulichkeit, dachte Roland. Er goß sich Kaffee ein. Er konnte der Versuchung nicht widerstehen. Es schien wirklich Bohnenkaffee zu sein.

»Wahrscheinlich war die wieder so schnell, daß Sie gar nicht verstanden haben, worum es eigentlich ging, was?«

»Doch«, antwortete Roland. »Sie meinte, ich hätte den Feldwebel absichtlich vor den Laster gestoßen. Aber das ist falsch.«

»Sieht aber doch danach aus«, warf der Major ein.

»Ist aber nicht so.«

»Es kommt überhaupt nicht darauf an, wie es war«, sagte

der Major kalt. »Wichtig ist nur, was die Richter später glauben. Die waren selbst nicht dabei. Das Gericht interessiert nur, was bewiesen ist. Ob Sie absichtlich getötet haben oder nicht, ob es also ein Unglücksfall war, hat sich nur in Ihrem Kopf abgespielt. Da kann aber keiner reinsehen. Also schauen die Richter sich die Umstände an, unter denen sich das alles ereignet hat. Und da sind verdammt viele Indizien, die gegen Sie sprechen.« Der Major machte eine Pause und sah Roland eine Weile an.

»Aber...«, setzte Roland an.

»Augenblick«, unterbrach ihn der Major. »Lassen Sie mich weiter erklären! Da ist zunächst die Tatsache, daß Sie Feldwebel Rohde gehaßt haben. Dafür gibt es Zeugen aus Ihrer Kompanie. Sie waren auch so unvorsichtig, dies bei der Polizei in Eisleben einzugestehen. Dann die Tatsache, daß Sie eine leere Bierflasche hinter Rohde hergeworfen haben. Da fragt sich doch jeder, warum wohl. Wenn man einmal davon ausgeht, daß Sie Rohde gar nicht treffen wollten, was wahrscheinlich kaum einer glaubt, muß man sich fragen, warum Sie Rohde dann provoziert haben, als Sie versuchten, ihm den letzten Zentimeter Ihres Bandmaßes in die Brusttasche zu stecken.«

»Woher wissen Sie das?« unterbrach ihn Roland.

»Der Staatssicherheitsdienst weiß so einiges«, antwortete der Major und lächelte hintergründig. »Darauf komme ich später noch.« Er trank einen Schluck Kaffee und fuhr dann fort: »Wir haben also ein Motiv, nämlich Haß, und die Tatsache, daß Sie Rohde provoziert haben. Daraus kann man dann den Schluß ziehen, daß Sie Rohde in einen Streit verwickeln wollten, um ihn dann vor ein fahrendes Auto zu stoßen. Körperlich waren Sie Rohde ja wohl überlegen.«

»Nein«, schrie Roland, der die Fassung verlor, »so war es aber nicht.«

»Halten Sie den Mund!« brüllte der Major zurück, »beherrschen Sie sich! Ich habe gerade versucht, Ihnen zu erklären«, fuhr er etwas ruhiger fort, »daß es so gewesen ist, wie die Richter es für bewiesen halten. Wollen Sie sich einreden, die Richter würden sagen: es wird schon so gewesen sein, wie der Jäger uns erzählt. Der arme Junge ist da in einen schrecklichen Unglücksfall verwickelt.«

Der Major sah Roland mitleidig an. Er zog die Mundwinkel nach unten und hob die Augenbrauen.

»Sie sind ein Traumtänzer. Sie verkennen die Realitäten. Alle Umstände sprechen doch gegen Sie. Wissen Sie denn überhaupt, was da auf Sie zukommen kann?«

Der Major wurde wieder lauter. Roland schwieg.

»Ich werde Ihnen einmal vorlesen, was in § 112 des Strafgesetzbuches steht, damit Ihnen klar wird, in welcher Gefahr Sie sich befinden.«

Der Major griff zu einem Buch in einem blauen Einband und schlug es auf. Nach kurzem Blättern las er vor: »Paragraph einhundertzwölf. Mord.« Das letzte Wort betonte der Major besonders. Roland zuckte zusammen. »Absatz eins. Wer vorsätzlich einen Menschen tötet, wird mit Freiheitsstrafe nicht unter zehn Jahren oder mit lebenslänglicher Freiheitsstrafe bestraft.«

Der Major machte eine Pause. »Und jetzt passen Sie genau auf, Jäger!« Er hob die rechte Hand mit ausgestrecktem Zeigefinger. Roland hörte gespannt zu. »Absatz zwei. Auf Todesstrafe kann erkannt werden, wenn die Tat ...« Es entstand eine kurze Pause. Offensichtlich suchte der Major etwas im Text. Bei Ziffer drei des Absatzes zwei des § 112 las er weiter. »... wenn also die Tat heimtückisch oder in besonders brutaler Weise begangen wird.«

Der Major blickte vom Buch auf und sah Roland an. Roland senkte den Kopf. Er war schockiert. Der Major schwieg und schaute ihn unverwandt an. Roland atmete schwer, wie der Major befriedigt feststellte. Er hatte seine Stirn in Falten gelegt.

»Aber«, setzte Roland an, seine Stimme war leise und krächzte leicht, »es war doch nicht so.«

»Sie sind so naiv, Jäger, wie man naiver kaum noch sein kann. Ich habe Ihnen schon zweimal erklärt, worauf es ankommt, nämlich allein darauf, was die Richter glauben. Die können sich zu Ihren Gunsten noch so sehr Mühe geben. Alle Indizien sprechen gegen Sie. Sehen Sie das endlich ein.«

»Können Sie das letzte noch einmal vorlesen?« fragte Roland unbeirrt.

»Ja«, antwortete der Major, »also ... Auf Todesstrafe kann erkannt werden, wenn die Tat heimtückisch oder in besonders brutaler Weise begangen wird.«

»Aber das war doch nicht besonders brutal. Unter besonders brutaler Weise stelle ich mir vor, wenn man jemand langsam zu Tode quält.«

»Die Auslegung müssen Sie schon den Richtern überlassen. Aber da sehe ich ein verdammt großes Risiko für Sie. Für mich ist das auch besonders brutal, wenn man einen Menschen vor einen fahrenden Wagen stößt. Aber selbst wenn Sie recht haben und die Richter das so sehen wie Sie, werden Sie um LL wohl kaum herum kommen.«

»Was heißt LL?« fragte Roland.

»LL wie lebenslänglich«, antwortete der Major und grinste. »Ach übrigens«, fuhr der Major fort. »Habe ich Ihnen schon gesagt, daß es da noch einen Zeugen gibt?«

»Einen Zeugen?« fragte Roland ungläubig. »Was für einen Zeugen?«

»Einer von uns«, antwortete der Major, »ich meine vom Staatssicherheitsdienst.«

»Der kann ja bestätigen, daß es ein Unglücksfall war. Daß der Feldwebel nur vor den Laster gefallen ist, weil er an der Bordsteinkante ins Stolpern geriet. Damit ist doch alles klar.«

Roland atmete erleichtert auf. Er schöpfte Hoffnung. Wenn das stimmte, konnte das Schlimmste verhindert werden. Endlich eine gute Nachricht. »Warum haben Sie das nicht gleich gesagt? Warum machen Sie die Sache so spannend? Warum lesen Sie mir erst das halbe Gesetz vor, wenn durch den Zeugen die Wahrheit bewiesen werden kann? Warum machen Sie das, Herr Major?« fragte Roland wütend.

»Es gibt da ein Problem. Ich will ganz offen zu Ihnen sein. Sie wissen ja, daß Feldwebel Rohde auch zum Staatssicherheitsdienst gehörte. Der Zeuge wollte sich mit Rohde an Luthers Geburtshaus treffen. Er hat Rohde kommen sehen und den Vorfall beobachtet. Ich weiß aber nicht, was er genau gesehen und gehört hat. Der Staatssicherheitsdienst wird nicht so gern in solche Sachen hineingezogen. Dadurch würden ja auch zu viele Leute erfahren, daß Rohde zu uns gehörte.«

»Das wußte doch jeder in der Kaserne«, unterbrach ihn Roland.

»Falsch, Herr Jäger. Viele haben es geahnt, aber keiner hat es gewußt. Das ist ein großer Unterschied.«

Der Major ließ wieder eine kurze Pause entstehen und fuhr dann fort. »Von vielen Leuten in der Deutschen Demokratischen Republik wird gemunkelt, daß sie beim Staatssicherheitsdienst seien. Aber nur von wenigen ist es sicher bekannt. Leider sind wir in der Bevölkerung nicht sehr gut angesehen. Übrigens völlig zu Unrecht. Wenn es uns nicht gäbe, würde hier so manches zusammenbrechen. Wir sind es doch, die Recht und Ordnung aufrechterhalten. Wir erwirtschaften jährlich Milliardenbeträge dadurch, daß wir Informationen aus dem kapitalistischen Ausland beschaffen, die unsere Wirtschaft leistungsfähiger machen. Wir schützen den Bestand unserer Republik, indem wir versuchen, Angriffe, die der Klassenfeind vorbereitet, rechtzeitig zu erkennen und Gegenmaßnahmen zu ergreifen.

Aber noch einmal zur Sache. Es ist für uns nicht angenehm, einen Mitarbeiter bei Gericht auftreten zu lassen. Das hätte für uns Nachteile. Ich weiß deshalb nicht, ob der

Zeuge eine Genehmigung erhält, vor Gericht auszusagen. Sie dürfen das nicht falsch verstehen. Aber wir können nicht überragende Staatsinteressen gefährden, nur um Ihnen zu helfen. Es sei denn, die Nachteile würden durch entsprechende Vorteile wieder aufgewogen.«

Roland begann allmählich zu verstehen.

»Wir haben gerade einen wertvollen Mitarbeiter verloren, und zwar durch Ihre Schuld, Herr Jäger. Was liegt da näher, als daß Sie diesen Mitarbeiter ersetzen. Sie werden doch nicht so dumm sein, uns diesen Wunsch abzuschlagen, oder?« fuhr der Major fort.

»Ein Stasi-Spitzel werde ich nie, Herr Major«, schrie Roland wütend. »Dann könnte ich mich ja nirgendwo mehr sehen lassen. Alle würden mich meiden. Kennen Sie eigentlich Ihren Spitznamen? Volkseigener Betrieb Guck und Horch. Und das ist abfällig gemeint, das wissen Sie.«

Der Major lächelte.

»Da würde ich mir eher eine Kugel durch den Kopf jagen, Herr Major. Und jetzt möchte ich dem Haftrichter vorgeführt werden, das ist mein Recht.«

»Sie sollten sich das noch einmal in Ruhe durch den Kopf gehen lassen, Herr Jäger. Sie werden dann sehen, daß ich Ihnen eine Chance geboten habe, aus dem Schlamassel, in dem Sie stecken, mit halbwegs heiler Haut herauszukommen. Sie müssen erst darüber in Ruhe nachdenken. Und an Ruhe wird es Ihnen in den nächsten Tagen nicht fehlen. Wir werden uns noch einmal darüber unterhalten. Bis dahin, alles Gute, Herr Jäger.«

Die Tür wurde geöffnet, und die beiden Uniformierten traten ein. Sie brachten Roland in seine Zelle zurück. Etwa eine halbe Stunde später holten die Wachbeamten Roland wieder ab und brachten ihn zum Haftrichter. Er war ein Mann von zirka sechzig Jahren. Hinter seiner dicken Hornbrille wirkten die Augen unnatürlich klein. Er las Roland noch einmal den Haftbefehl vor und fragte ihn dann, was er zu seiner Verteidigung zu sagen habe.

Roland wies darauf hin, daß es sich um einen Unglücksfall gehandelt habe und erzählte seine Version des Geschehens. Der Richter zeigte sich nicht sehr beeindruckt.

»Die Hauptverhandlung wird klären, was Ihnen letztlich zur Last gelegt wird. Im Augenblick stehen Sie unter dem dringenden Tatverdacht des Mordes. Da dieses Delikt mit mindestens zehn Jahren Freiheitsstrafe bedroht ist, besteht auch Fluchtgefahr, so daß die Anordnung von Untersuchungshaft auf jeden Fall gerechtfertigt ist. Ich ordne also hiermit die Untersuchungshaft an. Ich weise Sie noch darauf hin, daß Sie gegen diesen Beschluß innerhalb von vierzehn Tagen Beschwerde einlegen können. Die Beschwerde ist an den zuständigen Staatsanwalt zu richten.«

Anschließend verlas er einige Paragraphen aus der Strafprozeßordnung, aus denen sich Rolands Rechte und Pflichten während der Untersuchungshaft ergaben. Die gesamte Vorführung beim Haftrichter hatte nach Rolands Schätzung nur etwa eine Viertelstunde gedauert. Alles war erschreckend routinemäßig abgelaufen. Dabei hatte Roland doch gerade auf den Haftrichter seine ganze Hoffnung gesetzt.

Deprimiert wurde Roland in seine Zelle zurückgeführt. Während der nächsten Tage fanden keine weiteren Vernehmungen mehr statt. Roland saß in seiner Zelle. Die Ruhe, die nur selten von den Schritten des Wachpersonals auf dem Gang und – vor allem nachts – auch von Klopfzeichen unterbrochen wurde, zerrte zunehmend an seinen Nerven. Immerhin hatte er durch ständige Nachfrage erreicht, daß nachts das Licht gelöscht wurde, das zu Beginn der Haft ständig gebrannt hatte. Hin und wieder wurde es nachts für wenige Augenblicke eingeschaltet. Dann erschien das Auge am Guckloch. Aber das störte Roland inzwischen nicht mehr. Er hatte sich daran gewöhnt. Lästiger waren laut gerufene Aufforderungen, die Hände auf die Decke zu legen. Die Wachen wollten damit verhindern, daß sich jemand nachts heimlich die Pulsadern aufschnitt und unbemerkt verblutet.

Tagsüber dachte er viel nach. Auch der Haftrichter hatte davon gesprochen, daß er eine empfindliche Strafe zu erwarten habe. Die einzige Möglichkeit, dieser Strafe zu entgehen, schien zu sein, mit der Stasi zusammenzuarbeiten. Er hatte zunächst daran gedacht, sich nur zum Schein auf eine Zusammenarbeit einzulassen. Er wollte dem Major entsprechende Zusagen machen und sich dann, wenn das Strafverfahren beendet wäre, nicht daran halten.

Er erinnerte sich an eine Erzählung seiner Mutter. Eine Arbeitskollegin hatte bei einer Tanzveranstaltung einen Engländer kennengelernt und sich in ihn verliebt. Sie trafen sich immer häufiger und lebten schließlich zusammen in der Wohnung des Engländers. Eines Tages forderte der sie auf, Unterlagen aus dem Betrieb, in dem sie als Sekretärin arbeitete, zu fotokopieren und ihm die Fotokopien mitzubringen. Da sie staatstreu erzogen worden war, hatte sie sich zunächst spontan geweigert. Sie löste die Beziehung. Ihr Freund ließ aber nicht locker. Er drohte ihr sogar, dem Staatssicherheitsdienst die Information zukommen zu lassen, daß sie mit ihm zusammengelebt habe. Kontakte mit Westlern waren schließlich verboten.

Sie sah keine andere Möglichkeit, als die Flucht nach vorn anzutreten und selbst zur Stasi zu gehen, um die Angelegenheit zu melden. Sie hoffte, so schmerzlich es für sie war, auf diese Weise die Beziehung beenden zu können. Lieber ein Ende mit Schrecken als ein Schrecken ohne Ende, hatte sie sich gesagt.

Die Stasi hatte sie aufgefordert, die Beziehung weiterzuführen, um die Hintermänner des Ausländers enttarnen zu können. Sie war also weiterhin mit ihm ins Bett gegangen und hatte versucht, ihn auszuhorchen. Sie hatte ihm auch Unterlagen mitgebracht, die sie von der Stasi erhalten hatte.

Kurze Zeit später wurde der Ausländer verhaftet. Die

Stasi hatte ihn frühmorgens aus dem Bett geholt, in dem sie gemeinsam lagen. Der Blick, den ihr ihr Freund beim Weggehen zugeworfen hatte, hatte sie betroffen gemacht und lange verfolgt. Ihre Wut gegen sich selbst und ihre Scham hatte sie erst nach Wochen überwunden.

Nach einigen Monaten kam ihr Kontaktmann von der Stasi zu ihr und forderte sie auf, eine Liebesbeziehung zu einem anderen Ausländer, der unter Spionageverdacht stand, einzugehen. Sie hatte sich zunächst wieder geweigert, bis die Stasi sie damit unter Druck setzte, in ihrem Bekanntenkreis von ihrer bisherigen Tätigkeit zu erzählen, so daß sie schließlich nachgeben mußte. Sie hatte auch diesem Ausländer Liebe vorgeheuchelt, war mit ihm ins Bett gegangen, hatte ihn ausgehorcht und der Stasi Bericht erstattet. Sie war sich wie eine Hure vorgekommen. Eine staatlich bezahlte Hure, die ihren Freier ans Messer lieferte. Schließlich war sie an ihren Selbstvorwürfen zerbrochen und in eine psychiatrische Klinik eingeliefert worden. Danach hatte Rolands Mutter den Kontakt zu ihr verloren.

Es war also kaum möglich, sich dem Druck der Staatssicherheit zu entziehen, wenn man sich einmal mit ihr eingelassen hatte. Darüber war Roland sich klar geworden. Die Stasi würde mit Sicherheit auch Wege finden, ihn bei der Stange zu halten.

Am vierten Tag nach seiner Vorführung beim Haftrichter wurde er schließlich von einem Rechtsanwalt besucht, den er – ohne ihn zu kennen – aus einer Liste herausgesucht hatte, die ihm von der Anstaltsleitung vorgelegt worden war.

Es war ein sehr junger Anwalt, der offen zugab, keine große Erfahrung mit Strafverteidigungen zu haben. Er wolle sich jedenfalls alle Mühe geben, Roland so gut wie möglich zu verteidigen. Da der Anwalt, der Roland wegen seiner Offenheit sympathisch war, keinerlei Kenntnis von den Vorwürfen hatte, die Roland zur Last gelegt wurden, erzählte Roland ihm zunächst ausführlich, was geschehen war.

»Mein größtes Problem ist«, fuhr Roland dann fort, »daß die Stasi mich erpreßt. Es gibt da einen Zeugen, einen Stasi-Mitarbeiter, von dem die Staatsanwaltschaft und die Polizei noch nichts wissen. Man hat mir angedeutet, daß dieser Zeuge nur dann eine für mich positive Aussage macht, indem er meine Angaben bestätigt, wenn ich mich verpflichte, für die Stasi zu arbeiten. Aber das will ich auf keinen Fall.«

Der Anwalt hörte ihm geduldig zu.

»Ich habe mir jetzt überlegt, ob es nicht möglich ist, daß ich das Angebot der Stasi ablehne, dem Gericht sage, daß es einen Zeugen gibt, einen Stasi-Mitarbeiter, der alles gesehen hat. Der ist doch verpflichtet, vor Gericht die Wahrheit zu sagen und muß meine Aussage bestätigen. Was halten Sie davon?«

Der Anwalt überlegte lange. »Es gibt da mehrere Schwierigkeiten«, antwortete er schließlich. »Erstens: Wir wissen nicht, wie der Stasi-Mitarbeiter heißt, können also den Zeugen nicht namentlich benennen. Wir sind also darauf angewiesen, daß die Stasi dem Gericht Auskunft über den Namen und die Anschrift des Zeugen gibt. Ob sie das tut, ohne daß Sie mit ihr zusammenarbeiten, ist mehr als zweifelhaft.

Zweitens: Wenn die Stasi tatsächlich den Namen bekanntgibt, was ich, wie gesagt, für zweifelhaft halte, wissen wir nicht, was der Zeuge aussagt. Der kann Ihre Version bestätigen. Er kann auch eine andere für Sie nachteilige erzählen.«

»Aber er ist doch vor Gericht zur Wahrheit verpflichtet. Wir können ihn doch vereidigen lassen, oder nicht?« warf Roland ein.

»Das ist grundsätzlich richtig«, antwortet der Anwalt. »Aber gehen wir einmal davon aus, der Zeuge sagt die Unwahrheit und beeidet seine Aussage. Er leistet also einen

Meineid. Das kann er doch risikolos tun, denn außer Ihnen hat offensichtlich niemand den Vorfall gesehen.«

»Doch, der LKW-Fahrer«, sagte Roland. »Daß ich darauf jetzt erst komme. Der muß doch alles gesehen haben.«

»Da würde ich mir keine große Hoffnung machen. Für den wird alles so schnell gegangen sein, daß er sich wahrscheinlich nur noch daran erinnern kann, daß jemand vor sein Fahrzeug gefallen ist. Mehr wird er wohl nicht wissen, denn er mußte sich schließlich auf den Verkehr konzentrieren. Er wird kaum bewußt wahrgenommen haben, was sich auf dem Bürgersteig abgespielt hat. Selbst wenn er den Streit zwischen Ihnen und dem Feldwebel gesehen haben sollte und er etwas anderes aussagt als der Stasi-Mitarbeiter, wird das Gericht wahrscheinlich bezüglich der Vorgeschichte dem Stasi-Mitarbeiter mehr Glauben schenken, weil der gezielt den Vorfall beobachtet hat. Er wollte sich schließlich mit Rohde treffen und hat deshalb, so wird das Gericht sagen, dem ganzen Vorfall mehr Beachtung geschenkt als der LKW-Fahrer, für den die Sache erst interessant wurde, als Rohde auf die Straße fiel. Sie sind also der Aussage des Stasi-Mitarbeiters relativ hilflos ausgeliefert.«

Offensichtlich hatte der Anwalt bemerkt, daß Roland ihn immer skeptischer anblickte, denn er fuhr fort: »Verstehen Sie mich nicht falsch. Ich kann und will Ihnen nicht raten, auf das Angebot der Stasi einzugehen. Das ist nicht meine Aufgabe und ist mir außerdem viel zu risikoreich, ehrlich gesagt. Ich habe Sie juristisch zu beraten und muß versuchen, das Beste für Sie zu erreichen. Ich möchte Sie auch bitten, mir in Zukunft nicht zu sagen, wie Sie sich insoweit entschieden haben. Ich möchte mit der Staatssicherheit nichts zu tun haben.«

Diese Offenheit spricht für ihn, dachte Roland. »Muß ich denn wirklich mit der Todesstrafe rechnen?« fragte er dann.

»Meines Erachtens nicht«, antwortete der Anwalt. »Dieses Risiko halte ich für äußerst gering. Von besonders brutaler Vorgehensweise bei der Tötung des Feldwebels kann man sicher nicht sprechen. Das Schlimmste, was passieren kann, ist, daß Sie zu lebenslänglicher Haft verurteilt werden.«

Es entstand eine lange Pause. Roland sah den Anwalt mit zerfurchter Stirn an. Der machte sich Notizen.

»Was ist denn die geringste Strafe, die ich zu erwarten habe, wenn alles positiv läuft?« fragte Roland dann.

»Gehen wir einmal davon aus, daß der Fahrer und der Stasi-Mitarbeiter ...«, der Anwalt schaute Roland durchdringend an, »... Ihre Aussage bestätigen, wonach der Feldwebel über die Kante des Bürgersteigs gestolpert ist, so wäre das eine fahrlässige Tötung. Sie würden zu einer Freiheitsstrafe von etwa achtzehn Monaten verurteilt werden, wobei diese Strafe wahrscheinlich zur Bewährung ausgesetzt würde. Sicher ist das natürlich nicht!«

Sie besprachen noch Einzelheiten, die mit der Untersuchungshaft zusammenhingen, und der Anwalt ließ sich von Roland eine Vollmacht unterschreiben.

Roland wurde wieder in die Zelle zurückgeführt. Die haben mich in der Hand, dachte er. Entweder ich werde Stasi-Mitarbeiter, oder ich gehe für längere Zeit in den Knast, vielleicht sogar lebenslänglich. Das war ihm nach dem Gespräch mit dem Anwalt klargeworden. Immerhin konnte der Anwalt ihm sagen, wo er sich befand, nämlich im Bezirksgefängnis in Halle.

Wieder und wieder dachte er über die verschiedenen Alternativen nach. Wenn er Stasi-Mitarbeiter würde, wäre er wahrscheinlich nach spätestens sechs Monaten wieder frei. Länger konnte es bis zur Hauptverhandlung nicht dauern, hatte der Anwalt ihm gesagt. Dann konnten Anna und er heiraten, Kinder haben. Sonntags würden sie mit den Kindern Ausflüge unternehmen, im Wald, den Anna so sehr liebte, spazierengehen.

Einmal hatte sie auf einen alten, stämmigen Baum gezeigt und gesagt, so stark möchte ich sein. Dem kann fast keiner etwas anhaben. Sie zeigte ihm eine Stelle, in die der Blitz eingeschlagen hatte. Eine tiefe Furche zog sich durch die Rinde von einem dickeren Ast in der Spitze bis zu den Wurzeln. Das wird den Baum kaum gerührt haben, hatte Anna dann gesagt. Die Narbe bleibt wie ein Orden, den man nach einer überstandenen Schlacht bekommt. Wenn uns einmal der Blitz trifft, hatte Anna gesagt, müssen wir versuchen, das genauso wegzustecken wie dieser Baum. Ach, Anna konnte so lebensfroh und mutig sein, dachte Roland. Deswegen liebte er sie.

Aber er war kein alter stämmiger Baum, dem der Blitz allenfalls eine Narbe beibringen konnte. Er konnte sich nicht vorstellen, ständig irgendwelche Nachbarn oder Arbeitskollegen zu bespitzeln, zum Verräter zu werden. Immer Angst zu haben, daß irgend jemand von seiner Stasi-Tätigkeit erfährt. Er würde den Nachbarn nicht mehr offen in die Augen sehen können. Sie würden die Unsicherheit in seinem Blick eines Tages bemerken und ihn zukünftig meiden. Vielleicht würden auch ihre Kinder darunter zu leiden haben. Das bißchen Freiheit, das die DDR ihren Bürgern im Privatleben ließ, wäre ihm dann auch noch genommen. Das wäre doch kein Leben. Aber im Gefängnis würde alles ja noch viel schlimmer sein. Ohne Familie, ohne Frau und ohne Kinder. Glasbausteine als Fenster, durch die man nur ahnen konnte, ob der Himmel gerade bewölkt war oder nicht. Sie ließen immer nur das gleiche graue Licht durch, mal heller, mal dunkler. Ohne Perspektive.

Als Lebenslänglicher konnte er nur auf den Tod warten oder auf die verschwindend geringe Chance, begnadigt zu werden. Wahrscheinlich würde man dies auch von Gegenleistungen abhängig machen. Zunächst einmal jahrelang die Mitgefangenen bespitzeln, um zu zeigen, daß man aus ihrer Sicht nicht mehr gegen die Gesellschaft, sondern für sie arbeitet. Als ob die Stasi für die Gesellschaft arbeitet.

Ob es überhaupt Staaten gab, in denen die Bürger nicht bespitzelt wurden? Im Osten jedenfalls nicht, davon war er überzeugt. Und ob man dem Westfernsehen trauen konnte, wußte er auch nicht. Danach mußte die Freiheit in den westlichen Ländern eigentlich größer sein als in den kommunistischen. Aber vielleicht dienten die Sendungen des Westfernsehens auch nur der Volksverdummung wie die in der DDR. Vielleicht mußte man in der Bundesrepublik Deutschland leben, um die Nachrichten im Fernsehen zu verstehen. Wahrscheinlich sah aus östlicher Sicht nur alles so freiheitlich aus und war es in Wirklichkeit nicht. Aber es gab im Westen keine Mauer, keinen antifaschistischen Schutzwall, wie sie offiziell in der DDR hieß.

In der Schule hatte er die Lehrerin einmal gefragt, warum der obere Teil der Mauer oder des Zaunes zur DDR hin geneigt sei. So könne doch der Klassenfeind viel leichter über die Mauer klettern, als wenn die Neigung des Stacheldrahts zur BRD hin zeigte. Die Lehrerin hatte geantwortet, daß das schon sinnvoll sei. Denn wenn der Klassenfeind über die Mauer geklettert sei, könne er nicht mehr zurück und könne dann ganz leicht eingefangen werden. Ihn hatte das genausowenig überzeugt wie die anderen Schüler, aber er hatte sich nicht getraut, weiter nachzufragen. Die Mauer war tabu.

Im Prinzip hatte er keine andere Wahl, als für die Stasi zu arbeiten. Das wurde ihm immer klarer. Die Stasi-Mitarbeit war die Narbe, die er tragen würde wie der Baum die des Blitzschlages. Aber der Baum konnte seine Narbe zeigen, stolz, den Naturgewalten getrotzt zu haben. Er mußte seine Narbe verbergen wie Leprakranke ihr verfaultes Gesicht oder ihre Hände, an denen Finger fehlten.

Einige Tage später wurde Roland wieder zum Verhör abgeholt. Als er das Vernehmungszimmer betrat, wurde er sehr freundlich von dem Stasi-Major begrüßt. Selbstverständlich standen wieder zwei Kännchen Kaffee mit dazugehörigen Tassen auf dem Schreibtisch.

»Nun, Herr Jäger, Sie hatten ja genügend Gelegenheit nachzudenken. Sind Sie schon zu irgendwelchen Ergebnissen gekommen?« fragte der Major.

»Ich fürchte, Herr Major, ich habe keine andere Wahl, als Ihrem Vorschlag zuzustimmen«, antwortete Roland. »Ich tue das nicht gern, das will ich Ihnen sagen; aber mir bleibt nichts anderes übrig.«

»Sie sollten das nicht so kurzsichtig betrachten. Sie handeln im Augenblick, weil Sie glauben, Sie hätten keine Alternative. Sie glauben, das kleinere Übel zu wählen. Wenn Sie erst einmal eine Weile für uns gearbeitet haben, werden Sie sehen, wie wichtig unsere Aufgabe ist. Wir befinden uns ständig im Kampf gegen den Imperialismus. Dieser Kampf fordert unsere ganze Kraft. Wir brauchen dabei auch Ihre Hilfe, und ich bin froh, daß Sie sich entschlossen haben, uns diesen Wunsch nicht abzuschlagen.«

Roland mochte darauf nicht mehr antworten. Er wollte sich auf keine weiteren Diskussionen einlassen. Er hatte sich entschieden und glaubte, daß die Entscheidung unter den gegebenen Umständen die einzig richtige war.

Der Major schob ihm ein leeres Blatt Papier und einen Kugelschreiber über den Tisch. »Wir müssen unsere Vereinbarung noch kurz schriftlich festhalten«, sagte er. »Schreiben Sie doch bitte, was ich Ihnen diktiere.«

Roland nahm den Kugelschreiber und legte sich das Papier unter die rechte Hand. »Ich verpflichte mich, mit den Organen der Staatssicherheit der DDR auf das Engste zusammenzuarbeiten. Ich bin bereit, alle Aufträge gewissenhaft zu erledigen. Über meine Tätigkeit für die Organe der Staatssicherheit werde ich strengstes Stillschweigen bewahren. Ich verpflichte mich auch, niemandem mitzuteilen, daß ich dieses Verhältnis der Zusammenarbeit eingegangen bin. Halle, den 10. 05. 1981.«

»Und jetzt unterschreiben Sie bitte«, forderte ihn der Major auf.

Roland zögerte kurz, atmete einmal tief und unterschrieb. Der Major nahm das Blatt an sich.

»Sie haben damit den ersten Schritt getan, den angerichteten Schaden wieder wettzumachen. Auf gute Zusammenarbeit, Herr Jäger«, sagte der Major, stand auf und reichte Roland die Hand. Der Major hatte einen kraftvollen Händedruck.

»Und jetzt will ich einmal sehen, wie ich meinem neuen Mitarbeiter helfen kann«, fuhr der Major fort. »Ich habe übrigens in der Zwischenzeit mit unserem Zeugen gesprochen, der den bedauerlichen Zwischenfall mit angesehen hat. Er wird vor Gericht bestätigen, daß es ein Unglücksfall war. Er hat gesehen, daß Feldwebel Rohde auf die Bordsteinkante getreten und dabei ins Stolpern geraten ist. Von einer Bierflasche, die Sie angeblich geworfen haben sollen, hat er übrigens nichts bemerkt. Ihre Erinnerung muß Ihnen da einen Streich gespielt haben, Herr Jäger. Sie waren sicher viel zu betrunken, als daß Sie sich an alles erinnern könnten. Sie halten doch sicher auch für besser, Herr Jäger, wenn Sie sich dem Gericht gegenüber nicht äußern und sich darauf berufen, daß Sie viel zu betrunken waren.«

Der Major sah Roland mit hochgezogenen Augenbrauen an. Er nickte vielsagend.

»Das wird wohl das beste sein, Herr Major«, antwortete Roland. »Aber ich habe meinem Anwalt schon die ganze Geschichte erzählt.«

»Das ist kein Problem, Herr Jäger. Sie entziehen dem Anwalt das Mandat. Am besten teilen Sie ihm dies heute noch schriftlich mit. Sie brauchen Ihren Schritt nicht näher zu begründen. In der Hauptverhandlung wird Sie dann ein Anwalt unseres Vertrauens verteidigen. Sie können sicher sein, daß alles in unserem Sinne verläuft. Sie sehen also, wie positiv eine Zusammenarbeit mit uns sein kann.«

Der Major lächelte breit. »Ihnen wird wahrscheinlich aufgefallen sein, daß bisher noch kein Vernehmungsprotokoll erstellt wurde. Wir wollten damit noch abwarten, bis Sie uns Ihre Entscheidung bekanntgeben. Ich habe hier eins vorbereitet. Lesen Sie das bitte durch und unterschreiben Sie dann«, forderte ihn der Major auf.

Nach dem Protokoll hatte Roland infolge seiner Trunkenheit keinerlei Erinnerung mehr an den Vorfall. Es war auf den 03. 05. 1981 rückdatiert. Roland unterschrieb. Er hatte nicht einmal ein schlechtes Gewissen dabei. Schließlich konnte er nur durch diese Täuschung die Wahrheit beweisen. Der Major legte das Protokoll sorgfältig in einen Aktendeckel.

»Nach Ihrer Haftentlassung werden wir uns wiedersehen, Herr Jäger. Ich wünsche Ihnen alles Gute. Machen Sie sich keine Sorgen. Es wird alles so ablaufen, wie wir es besprochen haben.«

Roland wurde in seine Zelle zurückgeführt.

—

In der Folgezeit genoß Roland offensichtlich bevorzugte Behandlung. Statt der üblichen Suppe bekam er mittags ein Menü. Beim Frühstück und beim Abendessen gab es zu den üblichen Margarinebroten Wurst und Marmelade.

Nach einigen Wochen erhielt er sogar Besuch von Anna und seiner Mutter. Als sie ihn fragten, was denn eigentlich passiert sei, antwortete er auch ihnen, das wisse er nicht, er sei zu betrunken gewesen. Schließlich erhielt er die Anklageschrift von einem der Uniformierten ausgehändigt.

»Lesen Sie die bitte durch. Ich werde Sie in einer Stunde wieder abholen.«

Gespannt las Roland, was ihm vorgeworfen wurde. Wegen fahrlässiger Tötung ... angeklagt, hieß es da. Sie halten also Wort, dachte er.

Am 12.11.1981 fand die Hauptverhandlung statt. Alles lief wie geplant. Roland erinnerte sich wegen seiner starken Trunkenheit nicht an den Vorfall, der Stasi-Mitarbeiter bestätigte, daß der Feldwebel unglücklich gestolpert sei. Der Staatsanwalt plädierte und beantragte dann eine Freiheitsstrafe von insgesamt vierzehn Monaten. Der Verteidiger stellte den persönlichen, bisher untadeligen Lebenswandel des Angeklagten in den Mittelpunkt seines Plädoyers und beantragte, Milde walten zu lassen.

Das Gericht verkündete »Im Namen des Volkes« das Urteil, das wie erwartet dem Strafantrag der Staatsanwaltschaft entsprach. Auf die Strafe wurde die erlittene Untersuchungshaft angerechnet, der Rest wurde zu Bewährung ausgesetzt.

Roland konnte den Gerichtssaal als freier Mann verlassen. Noch auf dem Flur fiel ihm Anna um den Hals. Seiner Mutter standen Freudentränen in den Augen. Der Stiefvater drückte ihm stumm die Hand. Roland hatte seine Freiheit wieder. Es war eine andere als vorher. Es war die Freiheit eines Stasi-Mitarbeiters.

Als er das Gerichtsgebäude verließ, zog Anna ihn zu einer Bank. Stumm setzten sie sich. Anna hielt seinen rechten Arm umklammert. Ihr Kopf lag an seiner Schulter.

Roland beobachtete einen älteren Mann, der auf der gegenüberliegenden Straßenseite seinen Hund ausführte. Am Halsband des Hundes war eine Leine befestigt, die mit einem Aufrollmechanismus in der Hand des Mannes verbunden war. Per Knopfdruck konnte der Mann die Länge der Leine verändern. Manchmal zog der Hund mit aller Kraft an der Leine, so daß der Mann offensichtlich Mühe hatte, den Hund zu halten. Er war gezwungen, ein weiteres Stück der Leine aus der Aufrollbox schnellen zu lassen. Der Hund freute sich seines größeren Bewegungsspielraums und warf stolz den Kopf in die Höhe. Er wurde sich seiner ganzen Kraft bewußt und tollte wild umher, bis die gerade gewonnene Freiheit abrupt endete als sich die Leine straffte. Der Hund schüttelte sich, bäumte sich kurz auf und senkte dann resigniert den Kopf. Ein kurzer, kräftiger Zug des Mannes bezeigte dem Tier in eindringlicher Form das Verhältnis zwischen Herr und Hund. Die Leine wurde wieder eingeholt. ›Die Stasi und ihr Hund‹, schoß es Roland durch den Kopf.

Zehntes Kapitel

November 1982

Als Roland entlassen wurde, stand Axel kurz vor dem Ende seiner dritten Einzelhaftperiode. Am frühen Nachmittag, also zu einer völlig unüblichen Zeit, wurde plötzlich die Zellentür geöffnet.

»Sachen packen! Sie gehen morgen auf Transport. Leute wie Sie können wir hier nicht brauchen‹, sagte der Wärter.

»Wohin soll ich denn gebracht werden?« fragte Axel.

»Das werden Sie schon sehen«, antwortete der Wärter kurz.

Axel packte seine Sachen. Außer den Bekleidungsstükken, die er am Leib trug, gab er alles auf der Kleiderkammer ab. Dann wurde er in die Transportzelle verlegt.

Am nächsten Morgen mußte er sich, das Brotpaket unter dem Arm, in eine Zelle des Transportbusses zwängen. Der Bus war ungeheizt, und die Jacke, die er trug, bot wenig Schutz vor der Kälte.

Von Bitterfeld aus ging die Fahrt über teilweise schlecht ausgebaute Landstraßen nach Cottbus, das im Osten der DDR nah der Grenze zu Polen liegt. In völliger Ungewißheit verbrachte Axel vier Tage auf einer Transportzelle, bevor er wiederum in einen Bus verfrachtet wurde, der ihn in den Süden brachte.

Dort wurde ihm zu seiner Verwunderung eine überraschend nett eingerichtete Zelle zugewiesen, in der sich sechs Betten, jeweils doppelstöckig, befanden. An den Fenstern waren hellblaue Vorhänge angebracht, die dem Raum eine fast wohnliche Atmosphäre verliehen. Die Spiegel über den Waschbecken sahen aus, als bestünden sie aus Kristallglas. Sie trugen jedenfalls nicht die blinden Stellen, die Axel bisher von den Gefängnisspiegeln her kannte.

»Wo bin ich hier gelandet?« fragte er zwei Mitgefangene, die auf einem der Betten saßen und Schach spielten.

»Abschiebeknast Karl-Marx-Stadt«, antwortete einer der Männer, der sich mit Franz vorstellte.

»Abschiebeknast?« fragte Axel. »Was heißt Abschiebeknast?«

Die beiden Schachspieler sahen sich überrascht an.

»Willst du uns zum Narren halten, oder weißt du wirklich nicht, was hier läuft?« fragte Franz zurück.

»Ich weiß wirklich nicht, was ein Abschiebeknast ist.« antwortete Axel wahrheitsgemäß.

»Na, in Karl-Marx-Stadt werden alle paar Monate Leute gesammelt, die von der Bundesrepublik Deutschland freigekauft worden sind. Nur noch ein paar Stunden oder maximal Tage, dann sind wir in der Bundesrepublik. Da staunst du, was?«

Axel starrte ihn ungläubig an. »Wir sind freigekauft worden? Woher wißt ihr das?«

»Wissen kann das keiner von uns. Das erfährst du offiziell erst, wenn du im Bus zur BRD sitzt. Wenn die das vorher verbreiten würden, würde zuviel Unruhe entstehen.«

»Und ihr seid sicher, daß wir alle freigekauft wurden?« Axel wollte es immer noch nicht glauben.

»Ich sage dir noch mal, keiner von uns weiß, ob du oder ich freigekauft wurden. Aber warum sollte man uns sonst nach Karl-Marx-Stadt bringen und in eine solche Luxuszelle verfrachten? Und noch was. Hast du tagsüber schon einmal jemanden im Knast Schach spielen sehen?«

Axel schüttelte den Kopf.

»Na also.«

Axel setzte sich auf ein freies Bett. Er war wie vor den Kopf geschlagen. Einerseits wollte er die positive Nachricht noch nicht glauben, andererseits spürte er, daß unbändige Freude in ihm aufkeimte. Der Brief an Rechtsanwalt Hartmann hatte sich also doch gelohnt. Er hatte zwar bisher darauf keine Antwort erhalten. Aber war nicht die Verlegung Beweis genug, daß Dr. Vogel sich der Sache angenommen hatte? Was hatte der Wächter gesagt, als er ihn aus der Einzelhaft herausholte? Leute wie Sie können wir hier nicht brauchen. Hatte er mit ›hier‹ vielleicht die DDR gemeint? Axel zwang sich, ruhig zu bleiben. Noch wußte er offiziell gar nichts. Er mußte sich beherrschen. Axel blieb skeptisch.

»Wieso werden DDR-Bürger von der BRD freigekauft?« wandte er sich fragend an die Schachspieler.

»Das kann dir der Werner am besten erklären«, antwortete Franz. »Der war schließlich schon mal drüben.«

»Also paß mal auf«, mischte sich der andere Gefangene in das Gespräch ein. »Ich habe im Westen ein Buch eines französischen Journalisten über dieses Thema gelesen. Das Ganze begann 1963 ...«

—

»... Im Frühjahr wurde der damalige Minister für gesamtdeutsche Fragen, Rainer Barzel, vom Verleger Axel Springer darüber informiert, daß ein West-Berliner Anwalt ihm mitgeteilt habe, er sei in der Lage, mehrere tausend DDR-Häftlinge freizukaufen, wenn die Bundesrepublik das Geld dafür zur Verfügung stelle. Barzel informierte Bundeskanzler Adenauer, der ihn sofort beauftragte, sich um diese Sache vorrangig zu kümmern. Einige Tage später traf sich Barzel im Münchener Hotel Kaiserhof mit dem Westberliner Rechtsanwalt Stange, der ihm anbot, rund zehntausend DDR-Häftlinge freikaufen zu können. In den folgenden Wochen, in denen Barzels Ministerium prüfte, welche Personen freigekauft werden könnten, reduzierte sich die ursprünglich von Stange genannte Zahl von zehntausend auf ganze acht Häftlinge. Es handelte sich um Anhänger der

Ost-CDU und um westdeutsche Fluchthelfer, die in der DDR zu hohen Freiheitsstrafen verurteilt worden waren. Die beiden Regierungen handelten einen Kaufpreis von 360 000 DM aus.

Die Übergabe der Hälfte des Geldes erfolgte in einer Form, wie sie in einem Spionageroman nicht besser hätte dargestellt werden können. Ministerialrat Rehlinger vom Ministerium für gesamtdeutsche Fragen, der zusammen mit Barzel die Verhandlungen geführt hatte, erschien zur telefonisch verabredeten Zeit im Bahnhof Friedrichstraße, der ersten östlichen Station nach der Grenze zwischen West- und Ost-Berlin. Der Bahnhof war menschenleer, was Rehlinger darauf zurückführte, daß die West- wie die Ostberliner Straßenbahner-Gewerkschaften an diesem Tag einen Streik ausgerufen hatten. Schließlich erschien auch Rechtsanwalt Stange. Ein Zug fuhr in den Bahnhof, Stange stieg ein. Kurz bevor sich die Türen schlossen, warf Rehlinger Stange einen Briefumschlag zu, der 180 000 DM enthielt.

Einige Tage später verließen die ersten vier Häftlinge die DDR über den Grenzübergang Heinrich-Heine-Straße in Berlin. Nachdem ein weiterer Briefumschlag mit 180 000 DM den Besitzer gewechselt hatte, folgten einige Wochen später die nächsten vier.

Auf der DDR-Seite wurden die Verhandlungen und Transportaktionen durch Rechtsanwalt Dr. Vogel geführt, der zur Staatsführung der DDR engste Kontakte unterhält.

Der Menschenhandel wurde immer stärker ausgeweitet. Beide Regierungen bemühten sich, Stillschweigen über diese Transaktionen zu bewahren, die DDR, weil sie Unruhe in der Bevölkerung vermeiden wollte, die Bundesrepublik, weil nicht bekannt werden sollte, daß sie derartige Geschäfte mit der DDR tätigte. Die Festsetzung des Preises richtet sich nach dem ›Schaden‹, den der Häftling der DDR zugefügt hat, das heißt nach den Beschuldigungen, die gegen ihn seitens der DDR erhoben wurden. Auch die Ausbildung und die berufliche Qualifikation des Häftlings wurden berücksichtigt. In den siebziger Jahren kostete ein Arbeiter rund 30 000 DM, ein Arzt rund 150 000 DM. Dieser Menschenhandel war für die DDR nicht nur eine willkommene Devisenquelle, sondern auch ein notwendiges Überdruckventil, durch das Oppositionelle auf Dauer ausgeschaltet werden konnten. Seit Beginn des Handels sind zigtausende Menschen freigekauft worden ...

Und nun hofft jeder, der nach Karl-Marx-Stadt kommt und sich in einer derartigen Luxuszelle wiederfindet, daß auch er zu den Auserwählten gehört, die freigekauft wurden. Ob du dazu zählst, wirst du in einigen Tagen wissen«, schloß Werner seinen Vortrag.

—

Etwa zur gleichen Zeit saßen die beiden Unterhändler Stange und Vogel in Stanges Anwaltskanzlei in West-Berlin zusammen. Das Arbeitszimmer im zweiten Stock des Gebäudes war modern eingerichtet. An den Wänden hingen mehrere Originalstiche mit justizbezogenen Themen des französischen Karikaturisten Daumier. Jeder der Anwälte hatte eine Liste vor sich, Stange eine mit den Einkaufswünschen der Bundesrepublik, Vogel eine mit den Verkaufswünschen der DDR. Wenige Namen waren auf beiden Listen identisch.

Auf Vogels Liste stand auch der Name Axel Jäger. Vogel brachte ihn ins Gespräch, nachdem sie sich bereits auf 78 Personen geeinigt hatten und zur Ausschöpfung des monatlichen Kontingents von 80 Personen nur noch zwei Plätze frei waren.

Stange zeigte zunächst keinerlei Interesse, denn Axels Fall schien in seinen Augen nicht zu den Härtefällen zu gehören. Er war mehr daran interessiert, zwei Fluchthelfer, ehemalige DDR-Bürger, die versucht hatten, Verwandte zu befreien, freizubekommen.

Dann legte Vogel ihm ein Exemplar einer westdeutschen Illustrierten vor. »Auf diesem Foto können Sie diesen Axel

Jäger sehen«, sagte Vogel und zeigte Stange eine Seite der Illustrierten.

Das Foto war nicht sehr deutlich. Es schien in großer Hektik aufgenommen worden zu sein. Es zeigte im Hintergrund das Brandenburger Tor. Davor war ein Militärjeep zu erkennen. Auf dem Beifahrersitz saß ein Grenzsoldat, der die Kalaschnikow mit beiden Händen über den Kopf hielt. Unterhalb des Gewehres waren der Oberkörper und der Kopf eines Menschen zu sehen. Der Rest des Körpers wurde durch den Jeep verdeckt. Offensichtlich wollte der Grenzsoldat gerade mit dem Gewehrkolben auf die Person einschlagen.

»Der wollte seinerzeit durch das Brandenburger Tor von Ost- nach West-Berlin marschieren. Im Prozeß hat er angegeben, er habe dadurch für die Freiheit demonstrieren wollen. Ich schlage vor, ich gebe Ihnen seine Akte mit. Sie können sich das ja noch überlegen«, sagte Vogel.

»Ich werde den Fall mit den zuständigen Gremien besprechen. Vielleicht können Sie das gleiche anhand meiner Akte über die beiden Fluchthelfer tun. Wir können uns dann ja noch telefonisch kurzschließen«, erwiderte Stange und stand auf.

Sie verabschiedeten sich. Stange öffnete die Stahltür seines Arbeitszimmers und geleitete seinen Kollegen hinaus. Mit seinem Daimler-Benz der oberen Klasse, um den ihn seine Nachbarn in der DDR beneideten, fuhr Vogel nach Ost-Berlin zurück. Er hatte seit Jahrzehnten ein Dauervisum, mit dem er ohne Schwierigkeiten in ganz Europa umherreisen konnte.

—

Axels Zellengenossen vertrieben sich mit Karten- und Schachspielen die unendlich scheinende Wartezeit. »Matt«, hörte er Werner gerade stolz sagen.

»He, Werner«, rief er, »warst du wirklich schon in der BRD?«

»Hast du doch eben gehört.«

»Und wieso sitzt du dann wieder hier?«

»Daran ist der Teufel Alkohol schuld«, beantwortete Kuno die Frage und lachte.

»Halt du dich da raus«, wies Werner ihn zurecht. »Ich habe fast vier Jahre in Nürnberg gelebt. Vor etwa sechs Jahren bin ich durch die Elbe in die BRD geschwommen. War im Nachhinein betrachtet ein Kinderspiel. Vorher war ich Lehrer in Potsdam. Deutsch und Geschichte. Der Bundesgrenzschutz hat mich aufgelesen und in ein Notaufnahmelager gebracht. Als ich nach einigen Tagen meinen bundesdeutschen Personalausweis bekam, habe ich mich gefühlt wie ein König. Ich wollte wieder als Lehrer arbeiten. Die Behörden haben nur gelacht, als sie das hörten. Ob ich denn nicht wüßte, wieviel arbeitslose bundesdeutsche Lehrer es gäbe, haben sie mich gefragt.

Ich habe zunächst von staatlicher Unterstützung gelebt, etwa 600 DM im Monat plus 160 Wohngeld. Nebenher habe ich noch schwarz gearbeitet und Reklamezettel verteilt für sechs Mark die Stunde. Ihr müßt wissen, daß jede Putzfrau mindestens zehn DM pro Stunde schwarz verdient. Ich war jeden Morgen um sechs Uhr am vereinbarten Treffpunkt, von dem die Firma die Verteiler abholte. Regelmäßig warteten dort mehr Leute, als der Chef brauchte. Wenn ich Glück hatte, durfte ich mitfahren, wenn nicht, habe ich die Zeit mit spazierengehen totgeschlagen.

Alles in allem hatte ich im Monat so etwa tausend Mark. Große Sprünge konnte ich damit natürlich nicht machen. Ich hatte aber insofern Glück, als mir ein Taxiunternehmen den Taxiführerschein finanzierte. Ich bin dann eine ganze Weile lang Taxi gefahren und habe so zwischen 2200 und 2400 DM verdient.«

»Das ist doch verdammt viel Geld«, strahlte Hans.

»Wenn du 600 Mark Miete für eine Zweizimmerwohnung bezahlen mußt, 2,50 DM für eine Busfahrkarte und 1,20 DM für ein Glas Bier, ist das verdiente Geld schnell verbraucht. Ich habe manchmal nicht gewußt, wofür ich es eigentlich ausgegeben hatte. Wenn ich nicht gerade Taxi fuhr, habe ich viel getrunken.

Bei der Weihnachtsfeier der Firma haben wir um tausend Mark gewettet, daß ich von Nürnberg aus mit dem Auto durch die DDR nach West-Berlin und wieder zurück fahre, ohne von den Behörden behelligt zu werden. Ich war mir ganz sicher, daß über mich bei der Polizei nichts mehr vorlag. Ich war auch viel zu betrunken, um lange nachzudenken. Ich sah nur das mit der Wette leicht zu verdienende Geld. Schon an der Grenze wurde ich dann verhaftet.«

»Seitdem trinkt er keinen Alkohol mehr«, ergänzte Kuno.

»Bist du denn auch in Urlaub gefahren, nach Italien oder Spanien?«

»Wovon denn, du Witzbold. Dafür brauchst du Geld. Wo sollte ich das hernehmen? Ich besaß doch nichts, als ich rüberging. Ich mußte mein Geld für wichtigere Dinge ausgeben, Kleidung, Wohnungseinrichtung. Ich habe auch etwas zurückgelegt, um mir irgendwann einmal ein eigenes Auto kaufen zu können. Du glaubst wohl, drüben bekommst du alles geschenkt.«

Es war still geworden in der Zelle. »Laß uns endlich weiterspielen«, beendete Hans das Gespräch.

In den folgenden Tagen vermied es jeder, Werner auf sein Leben in der Bundesrepublik anzusprechen.

Axel saß nun schon drei Tage im Gefängnis in Karl-Marx-Stadt, ohne zu wissen, ob er nun freigekauft worden war oder nicht. Die Ungewißheit zehrte an seinen Kräften. Das Gerede der anderen in seiner Zelle ging ihm auf die Nerven. Es kam immer häufiger zu Streitereien. Plötzlich wurde die Zellentüre geöffnet und ein Wärter trat ein.

»Sachen packen! Mitkommen!« sagte er zu Axel.

—

»Hier Stange«, meldete sich der Westberliner Rechtsanwalt am Telefon.

»Ach, Herr Kollege Vogel«, begrüßte er sein Ostberliner Pendant.

»Haben Sie es sich überlegt, was die beiden Fluchthelfer angeht?«

»Wir haben darüber gesprochen. Wir sind mit Ihrem Vorschlag einverstanden. Wir werden die Fluchthelfer freigeben«, antwortete Vogel.

Sie einigten sich noch über den Preis der gesamten Transaktion und die Abwicklungsmodalitäten.

»Bis zum nächsten Mal, Herr Kollege«, verabschiedete sich Stange.

—

Axel wurde in eine Transportzelle geführt. Wieso werde ich einzeln weggebracht? Wieso können die anderen in der Zelle bleiben? fragte er sich. Er wußte, daß es keinen Sinn hatte, sich bei dem Wärter zu erkundigen.

In der Nacht konnte Axel kaum schlafen. Er wälzte sich von einer Seite auf die andere. Plötzlich fiel ihm Karin ein. Was sie wohl machte? Er war nun schon anderthalb Jahre in Haft, ohne daß sie seinen Brief beantwortet hatte. Nur seine Mutter und sein Stiefvater hatten ihn hin und wieder besucht.

Am nächsten Morgen wurde er in einen Transportbus verfrachtet. Er unterschied sich in nichts von denen, die er bisher kennengelernt hatte. Das übliche Brotpaket war ihm auch ausgehändigt worden. Ihm wurde klar, daß er nicht freigekauft worden war. Karl-Marx-Stadt war für ihn also nicht die letzte Station gewesen. Er war enttäuscht und fühlte sich entmutigt, wie er es nie zuvor erlebt hatte. Die ganze Anspannung der letzten Tage löste sich, als er grenzenlos zu weinen anfing. Er hatte noch knapp zwei Jahre Gefängnis zu verbüßen.

Der Transport endete in Naumburg, etwa 50 Kilometer

südwestlich von Leipzig. Axel war im Kreis umhertransportiert worden.

Der Gefängnisdirektor klärte ihn auf.

»Sie sind bereits in mehreren Gefängnissen gewesen. Nirgendwo hat man Sie behalten wollen. In Cottbus und Karl-Marx-Stadt hat man sich sogar geweigert, Sie auf Dauer aufzunehmen«, sagte der Direktor. »Schauen Sie sich dieses große rote ›G‹ auf Ihrer Akte an. ›G‹ steht für gewalttätig. Wir haben hier unverhältnismäßig viele mit einem derartigen ›G‹ auf der Akte. Wenn man Sie bisher nirgendwo bändigen konnte, so können Sie ganz sicher sein, daß wir es hier schaffen werden. Das ist die letzte Station Ihrer Gefängnisrundreise, das garantiere ich Ihnen. Es liegt allein an Ihnen. Wenn Sie Gewalt wollen, können Sie die haben, wir werden entsprechend zu antworten wissen.«

Axel hörte sich die Ansprache des Direktors schweigend an. Er hatte derartige Reden schon oft gehört. Er fühlte sich nach den verschiedenen Transporten und der Enttäuschung, die er hinsichtlich des Freikaufs erlebt hatte, auch nicht in der Lage, lange mit dem Direktor zu diskutieren. Ihr könnt mich alle mal, dachte er im stillen. Ich werde meine zwei Jahre noch abreißen und dann neue Versuche unternehmen, in den Westen zu gelangen, sei es nun legal oder illegal. Ich werde es besser machen als Werner. Ihr könnt mir auf Dauer meine Freiheit nicht nehmen, alles nur eine Frage der Zeit. Ich werde warten.

In den nächsten Tagen wurde Axel der Metallverarbeitung zugeteilt, in der in drei wechselnden Schichten gearbeitet wurde. Er mußte Blechstücke in eine Maschine schieben, die aus den Blechstreifen Halbschalen formte. Diese Halbschalen wurden paarweise zu Rollen für Bürostühle zusammengesetzt.

Über ein halbes Jahr lang hatte Axel diese stumpfsinnige Arbeit verrichtet, bis er hörte, daß auch diese Rollen zusammen mit den entsprechenden Untergestellen in den Westen verkauft wurden. Ein großes westdeutsches Versandhaus bezog regelmäßig Bürostühle aus der DDR, die mit den in Naumburg gefertigten Untergestellen versehen waren. Wir bekommen hier 60,– Mark im Monat, und die machen mit dem Westen den großen Reibach, dachte er.

Wieder fühlte er sich ausgebeutet. Er hatte immer die gleiche stumpfsinnige Tätigkeit zu verrichten. Blechstreifen reinlegen, Halbschalen rausnehmen, Blechstreifen reinlegen, drei-, vier- oder fünfmal pro Minute die gleichen Handgriffe, je nachdem, wie schnell er arbeitete. Er begann sich als Teil der Maschine zu fühlen und zwar als der minderwertigere, als der Handlanger des Kolosses, der mit erheblichem Lärm die eigentliche Arbeit verrichtet.

Eines Abends schob er einen Schraubenschlüssel zwischen die Zahnräder der Stanze. Die Maschine knirschte zunächst und blieb dann plötzlich stehen. Der Schraubenschlüssel war zwischen den Zahnrädern durchgepreßt worden und wieder auf den Boden gefallen. Er meldete den Defekt der Maschine ordnungsgemäß und wurde in eine andere Abteilung des Betriebes versetzt.

Dort wurden auf Drehbänken Maschinenteile gefertigt. Axel sah, daß diese Maschinenteile in Metallkisten, die etwa 150 Zentimeter lang, 80 Zentimeter breit und 100 Zentimeter hoch waren, verpackt wurden. Immer wieder kreisten seine Gedanken um diese Kisten, die das Gefängnis ohne weitere Kontrolle verließen.

Einige Tage später stand sein Plan fest. Er schweißte einen doppelten Boden für die Kiste, unter dem gerade soviel Platz blieb, daß er sich darunter verstecken konnte. Damit das veränderte Gewicht nicht auffiel, legte er Bleistücke auf den untersten der beiden Böden. Als ihm die Gelegenheit günstig erschien, sagte er dem Vorarbeiter Bescheid, daß die Kiste abgeholt werden könne. In einem unbeobachteten Augenblick hob er vorsichtig den oberen Boden an, so daß die darauf gelagerten Maschinenteile nicht zu stark verrutschten. Er kroch zwischen die beiden Böden. Die Beine mußte er anziehen.

Nach etwa einer Stunde merkte er, wie der Deckel der Kiste geschlossen wurde. Die Kiste wurde angehoben und auf einem Handwagen in den Hof des Gefängnisses gefahren. Axel hörte in seiner Kiste nur die üblichen Geräusche, die aus der Schlosserei zu ihm drangen. Maschinen kreischten, die Stanzen hämmerten gleichmäßig. Fast zwei Stunden vergingen, bis der Wagen bewegt wurde.

»Nimm die hier auch noch mit, die ist voll«, hörte er einen Mann sagen.

»Für heute habe ich genug geladen«, sagte eine andere Stimme, offensichtlich der Lastwagenfahrer, der die Kisten zum nächsten Betrieb transportierte. »Die muß ich ja alle noch abladen. Und in einer Stunde habe ich Feierabend. Die kann ich nächste Woche auch noch mitnehmen.«

›Verfluchter Idiot‹, dachte Axel. Er hörte wie der Lastwagen abfuhr, ohne daß sich die Kiste, in der er lag, bewegte.

Er wartete noch einige Stunden, bis er sicher sein konnte, daß es dunkel war. Mit aller Kraft drückte er gegen den oberen der beiden Böden. Die darauf gelagerten Maschinenteile schlugen gegeneinander. Mit der rechten Hand fuhr er vorsichtig an dem doppelten Boden vorbei. Der Deckel der Kiste war nicht verschlossen worden.

Axel horchte. Im Hof herrschte Stille. Mühsam zwängte er sich aus der Kiste ins Freie. Er sah sich um. Drei Seiten des Hofes wurden von Gebäuden eingenommen. An der vierten Seite stand eine etwa vier Meter hohe Mauer. Er sah ein, daß er keine Chance hatte, den Hof zu verlassen. Er konnte nur versuchen, unauffällig in den Betrieb zurückzukehren.

Im Schatten einer Mauer schlich er zur Tür, die in die Werkhalle führte. Vorsichtig bewegte er den Türgriff nach unten. Die Tür war noch nicht verschlossen. Schnell öffnete er sie und schlüpfte hinein.

»Wo kommst du denn her?« hörte er plötzlich eine Stimme rufen.

Er drehte sich um. Einer seiner Zellengenossen stand hinter ihm. »Ich habe mir mal die Beine vertreten, Max. Du wirst doch wohl den Mund halten, oder?«

»Kommt drauf an«, antworte Max.

»Ich geb dir zwei Schachteln Zigaretten. In zwei Wochen schickt meine Mutter mir ein Paket. Da werden Zigaretten drin sein. Ich verlaß mich auf dich, Max.«

Axel nahm sich einen herumliegenden Schraubenschlüssel und schlenderte, als sei nichts geschehen, zu seiner Werkbank zurück. Außer Max hatte offensichtlich niemand etwas bemerkt.

Zwei Tage vergingen.

»Stehen Sie auf, Jäger!«

Schlaftrunken öffnete Axel die Augen. Zwei Wärter standen an seinem Bett.

»Sie sollen aufstehen!« wiederholte der Wärter den Befehl. Der andere riß ihm die Bettdecke weg.

»Was soll das?« schrie Axel überrascht und schwang die Beine nach rechts aus dem Bett in Richtung des Wärters, der unmittelbar neben ihm stand. Dieser sprang blitzschnell zur Seite. Gleichzeitig holte er mit dem Gummiknüppel aus und schlug mit aller Kraft auf Axels Schienbein. Axel verspürte einen stechenden Schmerz und schrie auf.

»Sie ziehen sich sofort an und kommen mit zum Sicherheitsoffizier!« schrie der zweite Wärter völlig unbeeindruckt.

Axel stolperte zu seinem Spind. Die beiden Wärter standen in der Nähe der Tür. Sie schlugen ihre Gummiknüppel auf die Handfläche, so als wollten sie ihn auffordern, noch einmal Gegenwehr zu leisten.

Sie führten ihn in den Verwaltungstrakt des Gefängnisses. Die Tür zum Büro des Sicherheitsoffiziers war geöffnet.

»Wir bringen den Gefangenen Jäger, Herr Major«, meldeten die Wärter.

»Ach ja, Herr Jäger. Gefällt es Ihnen bei uns nicht, Herr Jäger?« fragte der Major.

»Wem wird es hier wohl gefallen?«, fragte Axel zurück. »Wahrscheinlich nur Ihnen.«

»Werden Sie nicht frech, Jäger. Sie haben einen Fluchtversuch unternommen. Sie haben eine der Kisten, mit denen Maschinenteile transportiert werden, mit einem doppelten Boden versehen, sich in der Kiste versteckt und gehofft, so aus dem Gefängnis heraustransportiert zu werden. Das hat wohl nicht so ganz geklappt, denn Sie sind ja noch hier.« Der Major grinste hämisch. »Möchten Sie dazu irgend etwas sagen?«

»Nein«, antwortete Axel kurz und blickte den Major mit haßerfüllten Augen an.

»Das war gegen die Spielregel, die besagt, daß Sie so lange hierzubleiben haben, bis Sie entlassen werden. Ich werde Ihnen wohl die rote Karte zeigen müssen. Aber anders als beim Fußballspiel heißt das bei uns Einzelhaft, um genau zu sein, drei mal achtzehn Tage.«

Der Major grinste immer noch. Axel versuchte ruhig zu bleiben. Er wußte, daß die beiden Wärter noch hinter ihm standen und nur auf ein Wort des Majors warteten, um ihn zusammenschlagen zu können.

Axel überlegte, woher der Major wohl davon erfahren hatte. Er konnte sich nicht vorstellen, daß Max ihn verraten haben sollte. Wahrscheinlich war die präparierte Kiste entdeckt worden. Es war nicht allzu schwierig, den Weg zu ihm zurückzuverfolgen. Schließlich hatte er dem Meister gemeldet, daß die Kiste mit der Nummer 604 voll sei.

»Ich weiß, daß Ihnen mit Einzelhaft allein nicht beizukommen ist«, fuhr der Major fort. »Diese zwei Pakete sind für Sie angekommen, eins von Ihrer Mutter und eins von einer gewissen Karin Schackow. Ach ja, und die Frau Schackow hat auch noch diesen Brief geschrieben. Stehen ja dolle Sachen drin, Jäger. Große Liebe und so, was?«

Der Major lächelte höhnisch. Er genoß die Macht, die er in diesem Augenblick demonstrieren konnte. Axel hatte Mühe, sich zu beherrschen. Der Major nahm den Brief aus dem Umschlag.

»Kennen Sie die Handschrift, Jäger?« fragte er scheinbar ahnungslos.

Axel antwortete nicht. Er hatte Karins Handschrift erkannt. Warum schrieb sie ihm nach so langer Zeit, in der sie nichts von sich hatte hören lassen? Vielleicht war irgend etwas Besonderes geschehen.

»Lieber Axel«, las der Major aus dem Brief vor, »du wirst dich wahrscheinlich wundern, daß ich mich jetzt erst melde. Aber das hatte seine Gründe.«

Der Major sah ihn vielsagend an. Axel hörte gespannt zu. Der Major, der seine Anspannung bemerkte, machte keine Anstalten, weiterzulesen. Er sah Axel unverwandt mit kalten Augen an. Wieder erschien dieses sadistische Lächeln in seinem Gesicht.

»Würden Sie mir bitte den Brief geben, Herr Major. Er hat die Postkontrollstelle passiert. Sie sind nicht befugt, ihn zu lesen.«

»Sie haben ja völlig recht, Herr Jäger. Aber ich dachte, Sie seien damit einverstanden, daß ich Ihnen den Brief vorlese, bevor er zurückgeht. Ich wollte Ihnen einen Gefallen tun.«

»Zurückgeht? Wieso zurückgeht?« fragte Axel verwundert.

»Als zusätzliche Strafe, Herr Jäger. Beide Pakete und auch der Brief gehen mit dem Vermerk ›Annahme verweigert‹ an die Absender zurück.« Der Major triumphierte. »Und das gilt für alle Post, die für Sie in den nächsten zwei Monaten ankommt.«

Der Major faltete den Brief zusammen. Er war gerade dabei, ihn in den Umschlag zurückzustecken, als Axel nach vorn sprang, um dem Major den Brief zu entreißen. Der hatte wohl diese Reaktion vorausgesehen und wich aus.

Axel fiel der Länge nach über den Schreibtisch. Er wollte gerade wieder aufstehen, als der Major ihm eine schallende Ohrfeige versetzte. Gleichzeitig ergriffen ihn die beiden Wärter an den Armen und zerrten ihn vom Schreibtisch zurück. Axels Versuche, sich loszureißen, blieben erfolglos. Die Wärter beherrschten ihr Metier.

Axel war außer sich vor Wut. Nichts ist demütigender als eine Ohrfeige. Sie war nicht sehr schmerzhaft, aber traf ihn mehr, als ein kräftiger Faustschlag es vermocht hätte. Axel wollte dem Major seine ganze Wut ins Gesicht schreien. Sein Mund öffnete sich, ohne daß es ihm gelungen wäre, sinnvolle Worte zu bilden. Nur unartikulierte Laute des Hasses und ohnmächtiger Wut drangen hervor.

»Und dieser Angriff kostet Sie nochmals achtzehn Tage Einzelhaft und einen Monat Postsperre«, sagte der Major kühl und offensichtlich völlig unbeeindruckt.

»Abführen!« befahl er den Wärtern. »Ach, Jäger«, rief er, während Axel hinausgeführt wurde, »unterschrieben ist der Brief ›In Liebe, Deine Karin‹.«

Axel mobilisierte noch einmal alle Kraft, um sich aus dem Griff der Wärter zu befreien. Es entstand eine kurze Rangelei, die Axel einen weiteren Schlag mit einem Gummiknüppel einbrachte.

Die Wärter stießen Axel in eine Einzelzelle. Die Tür wurde hinter ihm verriegelt. Axel zitterte am ganzen Leib. Er ließ sich auf die Matratze fallen. Ein Kloß saß in seinem Hals fest. Er merkte, daß er weinen mußte. Er versuchte, dagegen anzukämpfen. Dann aber weinte er, wie er lange nicht mehr geweint hatte. Das ist die niederträchtigste Gemeinheit, die ich je erlebt habe, dachte er. Das monatliche Paket seiner Mutter war eines der wenigen Dinge, die ihn aufrecht hielten. Der Inhalt war genau vorgeschrieben, ein Paket Butter, eine Dauerwurst, einige Süßigkeiten, Zigaretten. Gerade Zigaretten waren besonders wichtig. So wie in der DDR gegen Westwährung fast alles zu haben war, konnte man im Gefängnis gegen Zigaretten fast alles bekommen. Und diesmal waren es sogar zwei Pakete.

Es ärgerte ihn, daß er sich vom Major hatte provozieren lassen, obwohl er sich so oft vorgenommen hatte, ruhig zu bleiben. Karin hatte ihm geschrieben. Er hatte sie im Gefängnis fast vergessen. Erst als er ihre Handschrift auf dem Brief erkannte, war ihm wieder bewußt geworden, daß er immer noch sehr an ihr hing. ›In Liebe, Deine Karin‹ war der Brief unterschrieben, wenn es stimmte, was der Major, dieser niederträchtige Kerl, gesagt hatte.

Ich werde in Hungerstreik treten, bis ich den Brief bekommen habe. Ich werde auch nichts mehr trinken, entschloß sich Axel. Ich werde durchhalten, ich werde ihnen beweisen, daß sie mit diesen Methoden nicht zum Erfolg kommen, redete er sich ein.

Kurze Zeit später wurde er auf die erste Probe gestellt. Zwei Wärter brachten auf einem Tablett das Frühstück. Aus einer Tasse stieg Dampf. Auf einem Teller lag ein Stück Brot, daneben ein Stück Schmalz. »Ihr könnt alles wieder mitnehmen. Ich trete in Hungerstreik«, schrie Axel die Wärter an.

»Nicht unser Problem«, antwortete einer, »wir stellen das Tablett auf den Tisch und holen es in einer halben Stunde wieder. Ob du etwas ißt oder nicht, ist uns egal.«

»Ihr werdet das Zeug mitnehmen«, schrie Axel mit verzerrter Stimme. Er sprang zum Tisch, nahm das Tablett und schleuderte es gegen die Wärter, die gerade dabei waren, die Zelle zu verlassen. Das Tablett schlug neben der Tür gegen die Wand, der Kaffeebecher zerbarst. Ein dunkelbrauner Fleck blieb an der Wand zurück, der Kaffeesatz lief die Wand hinab dem Fußboden zu. Axel hatte wieder die Fassung verloren, was ihm im gleichen Augenblick bewußt wurde. Er wollte sich doch nicht provozieren lassen.

Die Wärter waren in die Zelle zurückgetreten. »Heben

Sie das auf, Gefangener Jäger!« befahl der ältere der beiden.

Axel nahm das Tablett, sammelte die Scherben der Kaffeetasse auf, ebenso das Stück Brot und den Teller, auf dem es gelegen hatte. Dann kratzte er mit dem Messer das Schmalz von der Wand und reichte das Tablett den verdutzten Wärtern.

»Ich werde solange nichts essen oder trinken, bis ich den Brief und die beiden Pakete bekommen habe. Das können Sie dem Sicherheitsmajor ausrichten«, sagte er ruhig. Er hatte sich wieder in der Gewalt.

»Den kannst du nicht erpressen«, sagte einer der Wärter. »Da gehst du eher hopps, das verspreche ich dir.«

»Wir werden sehen«, antwortete Axel.

Die Wärter zuckten mit den Schultern und verließen die Zelle. Axel ging zu seiner Matratze zurück. Sie war mit einem hellblauen Bettuch überzogen. Darauf lagen ein kleines Kopfkissen und eine Wolldecke, die in einem Bettbezug steckte, der die gleiche hellblaue, verwaschene Farbe zeigte wie das Bettuch.

Axel legte sich hin und zog die Bettdecke bis zum Gesicht hoch. Es war kalt in der Zelle. Sie lag direkt unter dem Flachdach des dreistöckigen Gebäudes. Unter dem kleinen vergitterten Fenster war zwar ein Heizkörper angebracht, der aber nicht ausreichte, den Raum angemessen zu erwärmen.

Axels Blick schweifte durch die Zelle. In den Putz der Wände waren verschiedene Worte und Zeichnungen geritzt, vielfach obszöner Natur. ›Ich liebe Marion‹, stand direkt unter dem Fenster. Daneben hatte der Autor sich auch als Zeichner versucht und wohl seine nackte Marion darzustellen unternommen.

An den verschiedensten Stellen war Buch geführt worden über die Tage, die der jeweilige Insasse in der Zelle verbracht hatte. Jeweils vier Striche waren durch einen Schrägstrich miteinander verbunden. Die verschiedenen

Fünferkolonnen endeten stets nach achtzehn Tagen. Nur so lange durfte die Einzelhaft zusammenhängend dauern. Neben der Tür unterhalb des von Axel verursachten Kaffeeflecks standen sieben Kolonnen zu je achtzehn Strichen, die mit einem in den Putz gekratzten Bilderrahmen versehen waren. Der Rahmen war kunstvoll mit allerlei Schnörkeln verziert. Auf dem unteren Teil des Rahmens fand sich der Name des ›Künstlers‹, Uwe.

In der Ecke stand ein Eimer, auf dem der Gefangene seine Notdurft verrichten konnte. Er war mit einem Blechdeckel verschlossen. Als das Mittagessen gebracht wurde, öffnete Axel ohne Zögern den Eimer und schüttete das Essen hinein. Die Wärter hinderten ihn nicht daran, sondern zuckten nur mit den Schultern, nahmen das Tablett und verließen die Zelle. Mit dem Abendessen verfuhr Axel ebenso. In der Zelle befand sich kein Waschbecken. Am nächsten Morgen wurde Axel eine Schüssel mit Seifenwasser gebracht, mit der er sich waschen konnte. In einem kleinen Zahnputzbecher befand sich klares Wasser zum Zähneputzen. Obwohl Axel bereits erheblichen Durst verspürte, spuckte er das gesamte Wasser in die Schüssel zurück. Während der ganzen Zeit wurde Axel von den Wärtern beobachtet, was es ihm leichter machte, Stärke zu zeigen. Sie schienen besonders darauf zu achten, ob er von dem Zahnputzwasser trank. Diese Blöße wollte sich Axel nicht geben und spuckte das Wasser demonstrativ in hohem Bogen aus.

Am dritten Tag war der Durst bereits übermächtig. Axel nahm einen großen Schluck aus dem Zahnputzbecher, verschluckte die eine Hälfte und spuckte den Rest in die Schüssel. Die Wärter hatten nichts bemerkt. Fünf Tage hielt Axel durch. Die Wärter, die immer nur zu zweit in die Zelle kamen, schauten ihm nach wie vor gleichgültig zu. Am Abend des fünften Tages erschienen zwei andere Wärter, die Axel sofort Angst einflößten. Er hatte bereits von ihnen gehört, aber noch nicht persönlich mit ihnen zu tun gehabt. Die Fischerbrüder, schoß es Axel durch den Kopf, als sie die Zelle betraten.

»Abendessen«, sagte der eine und stellte das Tablett auf den Tisch. Axel stand unter dem Fenster mit dem Rücken zur Wand.

»Ich bin im Hungerstreik, ich esse nichts«, antwortete Axel kühl. Er rang sich ein Lächeln ab, mit dem er seine Angst jedoch nur schlecht überspielen konnte.

»Wenn du nicht freiwillig ißt, werden wir dich zum Essen zwingen, du asoziales Schwein. Hast du schon einmal gesehen, wie eine Gans gestopft wird?«

Axel antwortete nicht.

»Ich sage es jetzt zum letzten Mal. Setz dich sofort hin und iß!« Der Wärter schlug demonstrativ mit seinem Gummiknüppel in die linke Handfläche und sah Axel drohend an. Auch der andere hatte seinen Gummiknüppel gezogen. Als Axel keine Anstalten machte, sich zu bewegen, trat der Wärter langsam zurück. Mit dem Gummiknüppel drückte er demonstrativ langsam gegen den Notdurftkübel, bis er umfiel und sich der Inhalt, Urin, Kot und Speisereste, auf den Fußboden ergoß.

»Sie nehmen jetzt Ihren Kopfkissenbezug und wischen das weg!« befahl der zweite Wächter.

Axel spürte, wie Wut in ihm aufstieg. Sie wollten ihn mit aller Macht provozieren, um ihn dann zusammenschlagen zu können.

»Dazu nehme ich eher Ihre Uniform, aber nicht meinen Kopfkissenbezug«, schrie er wütend.

Er hatte den Satz kaum beendet, als ihm der erste Wärter den Gummiknüppel gegen die Brust schlug. Er hatte den Angriff erwartet und trat mit voller Kraft in den Genitalbereich des Wärters, der augenblicklich wie ein Klappmesser in sich zusammenfiel. Fast gleichzeitig traf ihn ein Schlag des anderen Wärters im Rücken.

Es entwickelte sich eine Schlägerei, bei der Axel eindeutig mehr Schläge einstecken mußte, als er austeilen konnte.

Der erste Wärter hatte sich relativ rasch wieder erholt und pfiff auf seiner Trillerpfeife Hilfe herbei. Axel hörte vom Flur her schnelle Schritte und aufgeregte Alarmrufe. In kürzester Zeit waren vier Wärter in der Zelle, die Axel überwältigten und an den Heizkörper fesselten. Er war nicht mehr in der Lage, sich zu wehren. Hände und Füße steckten in Handschellen.

Nachdem die anderen Wärter die Zelle wieder verlassen hatten, schloß der eine der Fischerbrüder die Tür. Ohne daß sie auch nur ein Wort miteinander gesprochen hätten, zogen beide die Gürtel aus den Schlaufen ihrer Hosen. Einer trat auf Axel zu, stellte sich einen halben Meter vor ihm auf und sah ihn triumphierend an. Seine blaugrauen Augen schienen sich dunkler zu färben, die Pupillen verengten sich.

Axel schmeckte das Blut, das aus der aufgeplatzten Lippe in seinen Mund lief. Der Wärter stand immer noch schweigend vor ihm. Er nahm den in der Mitte zusammengelegten Gürtel in die linke Hand. In der rechten hielt er jetzt nur noch den Gummiknüppel. Während er ihm fest in die Augen blickte, schlug er urplötzlich den Knüppel zwischen Axels Beine. Gleichzeitig traf der Gürtel sein Gesicht. Der zweite der Brüder schlug ihm mit aller Kraft die Faust in den Magen. Die nächsten Schläge verursachten fast keine zusätzlichen Schmerzen mehr. Endlich wurde Axel bewußtlos.

—

Einige Zeit später erwachte Axel. Er lag auf seiner Pritsche, Hände und Füße waren gefesselt. Wenn er sich bewegte, spürte er fürchterliche Schmerzen im Rücken.

»Das kommt von den Nieren«, sagte der Arzt, der neben seinem Bett stand. »Wir schaffen Sie jetzt auf die Krankenstation.« Während des gesamten Transports wimmerte Axel. Jede Bewegung der Tragbahre löste neue Schmerzen aus. »Diese Spritze wird die Beschwerden etwas lindern, kann Sie Ihnen aber nicht endgültig nehmen. Da Sie nichts trinken wollen, werden Ihre Nieren mehr und mehr eintrocknen«, erklärte der Arzt. »Die Nierenkoliken werden immer häufiger auftreten. Das halten Sie nicht durch. Sie können hungern, fünf, zehn, zwanzig oder auch dreißig Tage lang. Irgendwann werden Sie völlig erschöpft sterben. Schmerzen haben Sie dabei fast nicht. Aber Verdursten ist eine äußerst schmerzhafte Angelegenheit. Sie haben ja einen Vorgeschmack bekommen. Ihre Beschwerden rühren weniger von den Schlägen her, es sind Nierenkoliken. Seien Sie vernünftig und trinken Sie etwas. Sie werden vor lauter Schmerzen verrückt werden.«

Der Arzt sah ihn eindringlich an. Offenbar hatte er bemerkt, daß Axels Widerstand geschwunden war. Er reichte ihm einen kleinen Medizinbecher voll Wasser, das Axel gierig trank.

Nach einem Tag waren die Schmerzen verschwunden. Axel hatte regelmäßig kleinere Mengen Wasser getrunken und Tabletten geschluckt. Die Aufnahme fester Nahrung verweigerte er noch immer. Sein Körper war mit Prellungen und Blutergüssen übersät.

—

Über drei Wochen hielt Axel seinen Hungerstreik durch, ohne daß irgendeine Reaktion der Gefängnisleitung erfolgte. Dann erschien plötzlich der Sicherheitsoffizier in seiner Zelle.

»Na, Jäger, Sie sehen schlecht aus«, sagte der Major und musterte Axel ungeniert. »Man hat mir gesagt, Sie glauben immer noch, mich erpressen zu können. Das hat noch niemand geschafft und wird niemand schaffen.«

»Warum sind Sie dann hier?« fragte Axel unvermittelt, »damit zeigen Sie doch schon Wirkung. Nicht ich werde zu Ihnen geschafft, sondern Sie kommen zu mir. Ich betrachte das als ersten Erfolg, Herr Major.«

»Bilden Sie sich nur ja nichts ein, Jäger. Sie tun mir leid, und ich bin gekommen, um Sie davon zu überzeugen, daß Ihr Hungerstreik keinem imponiert. Sie werden sich eher selbst zugrunde richten, als irgend jemand von der Gefängnisleitung zum Nachgeben zu zwingen. Denken Sie doch einmal nach. Wenn wir uns von Ihrem Hungerstreik beeindrucken ließen, würden wir doch damit anderen die Chance eröffnen, uns auf ähnliche Art zu erpressen. Dann würde doch hier nur noch gehungert. Lassen Sie sich das einmal durch den Kopf gehen! Seien Sie vernüftig! Sie sollen in vier Monaten entlassen werden. Wenn Sie so weiter hungern, werden Sie diesen Tag wohl nicht erleben.« Der Major drehte sich um und verließ die Zelle.

Axel fühlte sich hundeelend. Zweifellos hatte der Major recht, daß sie nicht nachgeben konnten, um nicht für andere erpreßbar zu werden. Er hatte also keine Chance. Immerhin hatte er durch den Hungerstreik erreicht, daß die anderen Gefangenen wie auch die Wärter ihn akzeptierten. Axel spürte das. Wer über einen Monat hungert, um seinen Willen durchzusetzen, stellt im Gefängnis etwas dar. Die Wärter hatten aufgehört, ihn zu provozieren. Gleichzeitig aber hatte er sich durch seine Aktion von den anderen isoliert, weil keiner der übrigen Gefangenen sich mit ihm abgeben wollte, um nicht als sein Komplize zu erscheinen.

Die Postsperre verschlimmerte alles. Kein Lebenszeichen seiner Eltern, seines Bruders oder von Karin erreichte ihn. Axel steigerte sich in immer tiefere Depressionen hinein. Er machte sich auch Sorgen um seine Zukunft. Was sollte er anfangen, wenn er in vier Monaten aus dem Gefängnis entlassen würde, wenn er von dem kleinen in das große Gefängnis DDR heimkehren durfte. Es gab dann zwar eine Mauer weniger zu überwinden, aber würde er jemals den Westen erreichen? Wenn richtig war, was Werner erzählt hatte, ist im Westen auch nicht alles Gold. Lohnten sich seine Anstrengungen überhaupt? Würde sein Plan, ein möglichst unbequemer Bürger zu sein, um die Erlaubnis zur Ausreise zu erzwingen, aufgehen? Er würde nie die Chance erhalten, legal in den Westen auszureisen. Es war sinnlos, sich auch nur noch einen Tag zu quälen. Axel stand auf und ging zum Waschbecken. Er nahm die Rasierklinge aus dem Rasierapparat, führte sie langsam an sein linkes Handgelenk und schnitt an der Innenseite kräftig in den Arm. Er spürte einen stechenden Schmerz und sah, daß aus der Wunde Blut pulsierte. Er zerbrach die Klinge in kleine Teile, steckte sie in den Mund und spülte sie mit Wasser hinunter.

Bald werde ich wirklich frei sein, dachte er. Er setzte sich auf die Pritsche und sah zu, wie das Blut aus seinem linken Handgelenk herausquoll, an den Fingern entlanglief und auf den Zementboden tropfte. Dann wurde er ohnmächtig.

Elftes Kapitel

Dezember 1982

Einen Tag später erwachte Axel wieder einmal in einem Krankenbett. Sein linkes Handgelenk war verbunden, eine Infusionsleitung führte zum rechten Arm.

»Na, werden Sie langsam wach?« begrüßte ihn ein Krankenpfleger. »Sie werden hier noch Stammgast.«

Axel war nicht zum Scherzen aufgelegt.

»Ich hole den Arzt«, sagte der Pfleger und verließ das Zimmer.

Axel versuchte, sich aufzurichten, was ihm nur zum Teil gelang. Beide Hände waren mit Lederriemen an den Querstreben des Bettes festgebunden. Auch die Fußgelenke steckten in Lederschlaufen, die seinen Beinen jede Bewegungsfreiheit nahmen. Schließlich erschien der Arzt in Axels Zimmer.

»Jäger, Jäger«, seufzte er, »Sie stürzen sich von einer Schwierigkeit in die nächste. Wie lange müssen Sie eigentlich noch sitzen?«

»Etwas mehr als vier Monate«, antwortete Axel.

»Und wie lange haben Sie schon verbüßt?«

»Ziemlich genau zwei Jahre und acht Monate.«

Der Arzt schüttelte den Kopf. »Und Sie glauben, daß Sie diese restlichen vier Monate nicht mehr vernünftig rumkriegen können? Ihre Zeit im Gefängnis ist fast abgelaufen, da kann es doch keinen Grund mehr geben, sich die Pulsader aufzuschneiden. Nun erzählen Sie schon, was los war.«

Axel blickte den Arzt lange an. »Sie können mir nicht helfen, Herr Doktor. Ich habe einfach keine Lust mehr, hier zu leben. Ich wollte immer in den Westen, legal oder illegal. Die Hoffnung, irgendwann dem Staat so zur Last zu fallen, daß er mich freiwillig ziehen läßt, hat mich bisher alle Schwierigkeiten überstehen lassen. Aber der Sicherheitsoffizier hat recht. Ich kann weder die Gefängnisleitung mit meinem Hungerstreik noch die Staatsführung mit irgendwelchen spektakulären Aktionen erpressen. Dazu bin ich ein viel zu kleines Licht.«

»Aber warum wollen Sie denn unbedingt in den Westen?« fragte der Arzt.

»Ich will meine Freiheit, was wohl sonst«, antwortete Axel.

»Und Sie glauben, die Freiheit gibt es nur im Westen? Was verstehen Sie denn unter Freiheit?«

»Zunächst einmal Reisefreiheit. Das Recht zu reisen, wohin ich will. Eine Grenze ohne Stacheldraht, ohne Selbstschußanlagen, ohne Tretminen, ohne Schießbefehl. Eine Grenze, an der man seinen Paß vorzeigt, eventuell noch seinen Koffer öffnet und dann in einem anderen Land steht, mit anderen Menschen, einer anderen Mentalität, anderem Wetter. Man schaut sich um, und wenn es einem gefällt, bleibt man. Wenn es einem nicht gefällt, reist man weiter.«

»Und Sie glauben, das ist im Westen so einfach möglich?« fragte der Arzt.

»Ich glaube es nicht, ich weiß es.«

»Sie werden dazu Geld brauchen, viel Geld.«

»Das werde ich mir verdienen. Ich werde hart arbeiten, um die Freiheit, die ich mir vorstelle, verwirklichen zu können.«

»Das heißt doch, daß Sie zunächst einmal Freiheit aufgeben müssen, um die Freiheit, die Sie sich in Form von Reisen vorstellen, zu bekommen. Das können Sie hier doch auch haben. Arbeiten Sie hart an Ihrem Arbeitsplatz und in der Partei, dann wird man Ihnen Westreisen genehmigen.«

»Vielleicht in zwanzig Jahren. Wenn ich während der

ganzen Zeit zu allem, was die Partei sagt, Hurra geschrien habe. Wenn ich meine moralische Einstellung verkauft habe, wenn ich mich angepaßt habe, wenn ich genügend Nachbarn denunziert habe, wenn ... wenn ... wenn. Dann darf ich als Belohnung, aber erst nach Genehmigung, drei Tage in den Westen. Und diese Genehmigung, die stört mich. Ich will selbst entscheiden, wann ich wohin reise, ohne um Erlaubnis fragen zu müssen.«

»Und deswegen quälen Sie sich so?« fragte der Arzt weiter.

»Deswegen allein nicht. Natürlich nicht«, ereiferte sich Axel. »Die Reisefreiheit ist doch nur ein ganz kleiner Teil dessen, was ich unter Freiheit verstehe. Ich hatte schließlich genügend Zeit, darüber nachzudenken. Als nächstes kommt die Redefreiheit, die freie Meinungsäußerung. Sagen zu können, daß mir die Regierung nicht paßt, daß ich ein anderes Staatssystem will, ganz einfach, daß ich anderer Ansicht bin als die Partei. Wenn ich mich in Berlin-Ost auf den Alexanderplatz stelle und lauthals verkünde, daß Sozialismus und Kommunismus so, wie sie in der DDR praktiziert werden, die Menschen schlimmer ausbeuten, als Sklaverei und Kapitalismus das je getan haben, werde ich innerhalb von zehn Minuten verhaftet und anschließend wegen staatsfeindlicher Hetze für zwei Jahre eingesperrt. Wenn ich in Berlin-West auf dem Kurfürstendamm für die Loslösung West-Berlins von der Bundesrepublik und den Westmächten und für einen Anschluß an die DDR plädiere, werden die Leute mich zwar für geisteskrank halten, aber keiner wird mich einsperren. Sie werden höchstens mitleidig lächeln. Das ist der Unterschied. Was glauben Sie denn, warum die Mauer gebaut wurde? Damit nicht alle Menschen in der DDR vor den Segnungen des Sozialismus fliehen und sich an die Fleischtöpfe des Kapitalismus setzen. Haben Sie schon einmal versucht, außerhalb der Weihnachtswoche eine Apfelsine oder eine Banane zu kaufen? Und haben Sie dann nicht abends im Westfernsehen Kaufhäuser gesehen mit Obstabteilungen, in denen die Apfelsinen zentnerweise auf den Tischen lagen?«

Axel hielt erschöpft inne. Er hatte Magenkrämpfe bekommen. Die Rasierklinge, schoß es ihm durch den Kopf. »Ich habe eine zerbrochene Rasierklinge verschluckt.«

Der Arzt sah ihn überrascht an. »Eine zerbrochene Rasierklinge? Das kann sehr unangenehm werden. Es gibt zwei Möglichkeiten, Sauerkraut oder Operation. Wenn Sie wirklich an Rasierklingen verrecken wollen, sollten Sie beides ablehnen. Aber das wird ein qualvoller Tod, das kann ich Ihnen garantieren. Möglicherweise werden die Magenwände aufgeschnitten, und wenn das nicht passiert, eventuell die Wände von Dick- oder Dünndarm. Eine ekelhafte Angelegenheit.«

»Wieso denn Sauerkraut?« unterbrach Axel den Arzt.

»Weil Sauerkraut die Metallstücke umschließt und so auf natürlichem Wege abführt. Ich meine, wir sollten es damit probieren. Sie können sich ja vorstellen, daß hier im Gefängnis oder im nächsten Sanitätspunkt nicht gerade Schönheitsoperationen durchgeführt werden. Das werden ganz häßliche Narben, wenn Sie es auf eine Operation ankommen lassen.«

Axel nickte. Die väterliche Art des Arztes gab ihm wieder Zuversicht. Er mußte durchhalten. Lächerliche vier Monate hatte er noch abzusitzen.

In den folgenden Tagen mußte Axel zwangsläufig seinen Hungerstreik beenden, da er morgens, mittags und abends Sauerkraut essen sollte. Das Kraut verfehlte seine Wirkung nicht. Die Stücke der Rasierklinge richteten keinen Schaden an. Axel erholte sich zusehends. Der Kalfaktor reichte ihm hin und wieder eine Extrabeilage, so daß Axel bei seiner Entlassung wieder das ursprüngliche Gewicht von 80 Kilogramm erreicht hatte. Das waren fast zehn Kilogramm mehr als bei Beendigung des Hungerstreiks.

—

Schließlich war der langersehnte Tag der Entlassung da. Axel befand sich schon seit drei Wochen auf der sogenannten Abgangsstation, auf die die Gefangenen vor der Entlassung verlegt wurden. Hier wurden alle hochgepäppelt, die durch Hungerstreiks geschwächt waren. Diejenigen, die durch lange Einzelhaft psychisch beeinträchtigt waren, wurden an ein normales Leben, soweit dies in einem Gefängnis möglich war, gewöhnt. Keiner der Gefangenen auf der Abgangsstation mußte arbeiten. Bücher und Zeitschriften konnten zweimal wöchentlich bezogen und getauscht werden. Axel hatte Zeit, die letzte unfertige Tätowierung zu beenden.

Gegen elf Uhr bekam er als einziger auf der Vier-Mann-Zelle das Mittagessen. Anschließend wurde er zur Kleiderkammer geführt.

»So, Jäger, letzter Tag heute. Hier sind Ihre Sachen, mit denen Sie vor über drei Jahren im Knast erschienen sind. Ich lese vor, und Sie vergleichen, ob alles da ist«, wies ihn der Kalfaktor an.

Es fehlte nichts. Sogar eine inzwischen verdorbene Tafel Schokolade wurde ihm ausgehändigt und eine Schachtel Streichhölzer.

»Mit den Halbschuhen, die zudem noch kaputt sind, können wir Sie aber jetzt nicht rauslassen«, sagte der Kalfaktor, »es ist schließlich März.«

»Ich werde hier aber sicher nicht bis zum Sommer warten, bis Sie meinen, ich hätte für die Jahreszeit richtige Schuhe an«, erwiderte Axel bissig.

»Brauchen Sie auch nicht. Sie müssen sich halt ein paar andere Schuhe kaufen. Wir sind da gut sortiert.«

Der Kalfaktor führte ihn in ein angrenzendes Zimmer, in dem in einem großen Regal, Absatz an Absatz, gebrauchte Schuhe standen. Axel suchte sich deftige Militärstiefel aus, für die ihm von der Rücklage acht Mark abgezogen werden sollten. In einem Karton wurden ihm seine Sachen ausgehändigt. Anschließend führte man ihn zum stellvertretenden Gefängnisdirektor.

»Sie werden heute entlassen, Gefangener Jäger«, begann dieser seine Rede. »Ich kann leider nicht sagen, daß Sie sich hier gut geführt hätten, und ich vermute, daß wir uns in der Zukunft wiedersehen werden. Ich hoffe es natürlich nicht, denn es ist ja immerhin möglich, daß Sie allein aus Angst vor dem Gefängnis künftig keine Straftaten mehr begehen. Aber es hat bei Ihnen wohl wenig Sinn, eine große Abschiedsrede zu halten. Ich habe hier einen Gerichtsbeschluß. Lesen Sie den bitte genau durch und quittieren Sie den Empfang auf der Durchschrift.«

Das Gericht gab Axel die Auflage, sich drei Tage nach der Entlassung in Glauchau in der Nähe von Karl-Marx-Stadt beim dortigen Volkspolizeikreisamt zu melden. Innerhalb der ersten drei Tage nach der Haftentlassung sollte er in Berlin seine persönlichen Angelegenheiten regeln. Es war ihm strengstens untersagt, sich länger im Gebiet der Stadt Berlin aufzuhalten.

Der Direktor reichte Axel wortlos ein zweites Schriftstück, in dem er bestätigen sollte, im Gefängnis weder geschlagen noch gefoltert noch psychisch gequält worden zu sein. Er sollte auch unterschreiben, keine körperlichen oder geistigen Schäden durch Verschulden der Beamten oder des Strafvollzugs erlitten zu haben. Axel zögerte. Er blickte vom Schreiben auf und sah den Direktor skeptisch an. Der blickte kühl zurück. Schließlich unterschrieb Axel. Er wollte nicht wieder opponieren, sich nicht mit dem Gefängnisdirektor anlegen, obwohl er allen Grund dazu gehabt hätte. Er wollte nur raus aus dem Gefängnis.

In einem anderen Raum wurde ihm die Rücklage ausgezahlt, 218 Mark, verdient mit fast vierzig Monaten Arbeit. Der Entlassungsschein wurde ihm ausgehändigt, und endlich öffnete sich die schwere Stahltür, die ihn von der Freiheit trennte. Freiheit, dachte Axel, als er auf die Tür zuging, eine Mauer weniger.

Der Beamte, der die Tür aufhielt, grinste Axel beim Hinausgehen an. Er freute sich auf das Spiel, das nun folgen sollte, das Endspiel, wie es auch genannt wurde. Gelang es den Beamten, dem Ex-Gefangenen ein ›Auf Wiedersehen‹ zu entlocken oder ihn dazu zu bewegen, sich noch einmal umzudrehen? Beides hätte nach altem Aberglauben bedeutet, daß der Gefangene wiederkommen würde.

Vor dem Gefängnis lag ein kleiner Platz, an dem eine der Hauptverkehrsstraßen entlangführte. Axel hatte bereits einige Schritte zurückgelegt, als er hinter sich einen der Beamten rufen hörte: »Ja dann Tschüß, Herr Jäger.«

Axel war zunächst überrascht, mit ›Herr Jäger‹ statt mit ›Gefangener Jäger‹ angesprochen zu werden. Er wollte gerade antworten, als ihm die Bedeutung der Verabschiedung einfiel.

»Hau rein«, antwortete er und ging hocherhobenen Hauptes weiter.

»Ach, Herr Jäger, Ihre Mütze«, rief eine weitere Stimme.

Axel drehte sich um. »Meine Mütze?« fragte er und wußte im gleichen Augenblick, daß er doch auf einen der Scherze der Beamten hereingefallen war. Sein Gesicht lief rot an. Wütend stapfte er zur Straße davon.

Den ersten Zug nach Berlin verpaßte er absichtlich. Er hatte schließlich vierundzwanzig Stunden Zeit, Naumburg zu verlassen. Er wollte zunächst die wiedergewonnene Bewegungsfreiheit genießen. In einem Restaurant aß er ein Wiener Schnitzel mit Kartoffeln und Soße und trank zwei Glas Bier. Der Alkohol stieg im gleich zu Kopf. Anschließend kaufte er in einem Feinkostgeschäft eine große Schachtel Pralinen, West-Pralinen, für die er 80 Mark, also ein Drittel seiner Rücklage, ausgeben mußte und eine Flasche Mokka-Likör für 15 Mark. Mit dem nächsten Zug fuhr er nach Berlin.

—

»Axel« rief die Mutter nur, als sie auf sein Klingeln hin die Wohnungstür öffnete, und stürzte auf ihn zu. Axel glaubte, erdrückt zu werden, als sie ihn umarmte.

»Roland! Fritz!« rief sie in die Wohnung hinein, »kommt endlich! Axel ist da!« Sie weinte vor Freude. Auch Axels Stiefvater wischte sich verstohlen einige Tränen aus den Augenwinkeln.

Nach der überschwenglichen Begrüßung aßen sie ausgiebig zu Abend. Seit Wochen war Axels Mutter unterwegs gewesen, um alle Zutaten, die sie für ein Festessen brauchte, zusammenzubekommen. Sauerbraten mit Rosinen, Rotkohl, den Axel so gerne mochte, und Weincreme hatte sie zubereitet.

Als der Tisch abgeräumt war, sagte Axels Mutter: »Wir lassen dich jetzt mit Roland allein. Ihr habt euch noch einiges zu erzählen.«

Roland sah bedrückt aus. Axel hatte sich schon während des Essens gewundert, daß Roland die Wiedersehensfreude nicht so recht genoß. Sie hatten sich immer gut verstanden, wenn es auch hin und wieder die üblichen Reibereien zwischen Geschwistern gegeben hatte.

»Es gibt einige Neuigkeiten, die ich dir unbedingt erzählen muß«, sagte Roland. Er blickte Axel sehr ernst an. »Ich bin seit einiger Zeit Mitarbeiter der Staatssicherheit.«

Roland schluckte. Es fiel ihm offensichtlich schwer weiterzusprechen. »Ich habe Mutter noch nichts davon gesagt. Ich habe sie nur gebeten, uns doch eine Weile allein zu lassen, weil wir deine Zukunft zu besprechen hätten. Ich möchte dich bitten, niemand etwas darüber zu erzählen, auch den Eltern nicht.«

Axel war wie vor den Kopf geschlagen. Je mehr Roland ihm über die Art und Weise, wie er zur Mitarbeit bei der Stasi gezwungen worden war, erzählte, desto unruhiger rutschte Axel auf seinem Stuhl hin und her. Das von seiner Mutter so liebevoll bereitete Essen lag plötzlich wie Gestein in seinem Magen.

»Viel habe ich bisher nicht getan«, fuhr Roland fort. »Ich mußte drei- oder viermal auf der Leipziger Messe arbeiten. Ich sollte versuchen, mit Westdeutschen in Kontakt zu kommen, was mir aber nur einmal gelungen ist. Da wurde ich von einem Geschäftsmann aus Hannover zum Essen eingeladen. Wir haben uns über Belanglosigkeiten unterhalten und uns dann verabschiedet. Ich habe meinem Vorgesetzten berichtet, und damit war die Sache für mich erledigt. Dann habe ich einmal einem Afrikaner am Flughafen ein Päckchen übergeben.

Was mir allerdings Spaß gemacht hat, war meine Ausbildung zum Computerfachmann. Ich bin im Betrieb von allen Arbeiten freigestellt worden, obwohl ich offiziell natürlich noch dort arbeite und auch vom Betrieb weiterhin mein Gehalt beziehe. Bei der Stasi habe ich Einzelunterricht bekommen. Die haben die neuesten Computer aus dem Westen mit der dazugehörigen Software. Erst vor zwei Wochen habe ich verstanden, warum dieser Aufwand betrieben wird. Ich soll als Agent im Westen eingesetzt werden.«

Roland legte beim Sprechen eine Pause ein, um die Bedeutung des letzten Satzes zu unterstreichen. Axels Überraschung wuchs immer mehr. War das noch sein Bruder Roland? Wie hatte er sich verändert. Roland war früher eher naiv gewesen. Jetzt dagegen wirkte er so vollkommen erwachsen, sicher in seinem Auftreten, aber auch kälter und berechnender.

»Du wirst dir vorstellen können, daß unter diesen Umständen dein Ausreiseantrag keinesfalls positiv beschieden werden wird.«

Axel starrte den Bruder nur an. Er hatte geglaubt, nach der Entlassung aus dem Gefängnis ein schlimmes Kapitel seines Lebens abhaken zu können. Nach dem, was Roland ihm gerade erzählte, war eher das Gegenteil der Fall.

»Und was ist mit Anna«, fragte Axel dann. »Ihr wolltet doch heiraten?«

»Das ist eine traurige Geschichte. Wir haben uns nicht mehr verstanden. Anna konnte nicht begreifen, warum ich mich in der Computerausbildung so engagiert habe. Ich habe Tag und Nacht nur noch gepaukt. Die Arbeit am Computer war wie eine Sucht. Na ja, wir haben noch eine Weile zusammengelebt und uns dann getrennt.«

Roland nahm sein Weinglas in die Hand, trank einen Schluck und fuhr dann fort: »Ich habe mich zunächst innerlich dagegen gesträubt, für die Stasi im Westen zu arbeiten. Nach langem Überlegen ist mir klargeworden, daß wir dadurch die Chance haben, gemeinsam in den Westen zu flüchten.«

Plötzlich war Axel hellwach. Die Wirkung des Alkohols schien schlagartig aufgehoben zu sein. »Erzähl schon!« sagte er ungeduldig.

»Ich habe auf Weisung der Stasi einen Ausreiseantrag gestellt, der in einigen Wochen oder Monaten mit Sicherheit positiv beschieden werden wird. Ich erhalte dann meine Ausreisepapiere und kann völlig legal in die BRD reisen ...«

Axel konnte fast nicht mehr klar denken. Er war von Rolands Vorschlag überrascht. Je ausführlicher Roland seinen Plan erläuterte, desto besser gefiel er ihm.

»Wir müssen in Zukunft ständig in Kontakt bleiben. Laß uns das Gespräch jetzt beenden, sonst werden die Eltern noch mißtrauisch. Sie müssen ja glauben, wir planen eine Verschwörung.«

»Was ja so falsch nicht ist«, sagte Axel nachdenklich.

Während des weiteren Abends mußte Axel den Eltern ausgiebig seine Erlebnisse in den verschiedenen Gefängnissen erzählen. Obwohl er die schlimmsten Begebenheiten, insbesondere den Hungerstreik, verschwieg, schluchzte seine Mutter hin und wieder. Axels Stiefvater saß schweigend am Tisch, nippte mitunter an seinem Glas und schüttelte ab und zu den Kopf. Roland hörte nicht sehr konzentriert zu. Er war mit seinen Gedanken bei der weiteren

Planung der Flucht, die ihn und auch Axel in den Westen bringen sollte.

Nachdem Axel am nächsten Tag erst gegen Mittag ausgiebig gefrühstückt hatte, ging er in seine frühere Wohnung, die nach Auskunft der Gefängnisleitung nicht weitervermietet worden war. Die Tür war aufgebrochen worden. Reste eines amtlichen Siegels klebten am Türrahmen. Axel drückte die Tür ganz auf. Ein muffiger Gestank drang ihm entgegen.

Im Wohnzimmer war der Schrank demoliert. Auf der Couch lag Kinderspielzeug, so daß Axel vermutete, daß die Nachbarskinder die leere Wohnung zum Spielen genutzt hatten. Das tröstete ihn. In der Küche waren zwei Wände feucht und mit Schimmel überzogen. Ein Wasserrohr war geplatzt und nur notdürftig repariert worden. Er entschloß sich, keine Sachen mitzunehmen.

Die Wohnung entsprach dem Zustand, in dem er sich selbst befand, desillusioniert, demoliert, verletzt, dunkel. Die Fenster waren offensichtlich in seiner Abwesenheit nie geputzt worden. Er rauchte auf der Couch eine Zigarette und verließ die Wohnung. Die Tür ließ er offen.

Danach machte er sich zu Karin auf den Weg. Sie wird jetzt zu Hause sein, dachte er. Als er in die Straße einbog, in der ihre Wohnung lag, hätte er fast die Schachtel Pralinen fallen lassen, die er in Naumburg für sie gekauft hatte. Er war zum Zerreißen gespannt auf Karins Reaktion, ihn wiederzusehen. Ich werde sie in die Arme nehmen, küssen und ins Schlafzimmer tragen, dachte er. Es gibt einiges nachzuholen. Wir werden uns lieben, wie wir uns nie geliebt haben, den ganzen restlichen Tag und die ganze Nacht lang. Wir haben uns viel zu erzählen. Hoffentlich wohnt sie überhaupt noch hier, dachte er dann. Seine Spannung wuchs, als er in den Hauseingang trat.

Die obere Klingel links. Schackow, Karin/Körner, Helmut, las er, als er gerade im Begriff war, den Klingelknopf zu drücken. Ein Schock durchfuhr ihn. Lebte sie mit einem anderen Mann zusammen? Hatte sie nicht geschrieben: In Liebe, Deine Karin? Zumindest hatte der Major das so vorgelesen. War auch das eine Täuschung, ein Bestandteil der Folter, der Strafe? Axel lehnte sich gegen die Hauswand. Vierzig Monate sind halt doch zu lange, dachte er dann resigniert. Er trat unschlüssig von einem Bein auf das andere. Schließlich drückte er auf den Klingelknopf. Er horchte in der Hoffnung, eine Reaktion auf sein Klingeln festzustellen. Es war nichts zu vernehmen. Er klingelte wieder, lauschte erneut, trat dann einen Schritt zurück und sah an der Fassade des Hauses empor.

Endlich wurde ein Fenster geöffnet. Der Kopf einer jungen Frau mit kurzen schwarzen Haaren erschien. Die Augen in ihrem Gesicht rissen sich plötzlich weit auf. Einige Sekunden lang, die Axel wie Minuten empfand, blickten sie sich schweigend an. »Ich komme«, sagte sie schließlich. Ihre Worte waren kaum zu verstehen.

Axel trat wieder einen Schritt auf die Haustür zu, schaute auf die abblätternde Farbe, ohne sie recht wahrzunehmen. Dann öffnete sich die Tür. Wieder standen sie sich für einen Augenblick schweigend gegenüber und sahen sich an.

»Axel!« Karin streckte die Hand aus. Sie lächelte flüchtig, als habe man sie überraschend dazu aufgefordert. Auch Axel reichte ihr die Hand, zögernd, fast schüchtern. Sie zog ihn ins Treppenhaus, umarmte ihn flüchtig, gab ihm einen leichten Kuß auf die Wange. Viel zu schnell löste sie sich wieder von ihm und ging dann voraus zur Treppe. Axel folgte ihr in die zweite Etage. Sie führte ihn in die Küche.

»Ich habe gerade Kaffee gemacht«, sagte Karin und kramte in ihrem Küchenschrank nach einer zweiten Tasse.

In kurzen, abgehackten Sätzen erzählte Axel, was er seit ihrer letzten Begegnung ›Unter den Linden‹ vor dreieinhalb Jahren erlebt hatte. Er berichtete fast teilnahmslos, mit wenig Emotionen. Karin hörte immer betroffener zu.

»Warum hast du meine Briefe zurückgehen lassen?« fragte sie dann ernst.

»Wieso Briefe? Ich weiß nur von einem Brief.«

»Es waren zwei. Ich habe sie aufbewahrt.«

Sie ging ins Wohnzimmer. Axel hörte, wie eine Schublade aufgezogen wurde. In der Wohnung hat sich nicht viel verändert, dachte er. Karin legte die beiden Briefe auf den Küchentisch. Sie waren seitlich geöffnet und wieder mit Klebeband verschlossen worden. Die Aufschrift war durchgestrichen. Daneben standen die aufgestempelten Worte ›Zurück! Annahme verweigert.‹ Axel erzählte ihr von der zusätzlichen Bestrafung durch den Sicherheitsoffizier.

»Und ich dachte, du seiest verärgert, weil ich auf deinen Brief so lange nicht geantwortet habe.« Karin sprach leise. Sie wirkte ernst und nachdenklich.

»Du lebst nicht mehr allein?« fragte Axel schließlich.

»Seit einem halben Jahr lebe ich mit Helmut zusammen. Er ist Assistenzarzt in unserem Krankenhaus. Wir wollen heiraten, sobald wir eine größere Wohnung gefunden haben.«

Axel nickte. Er kaute auf seiner Unterlippe.

»Denkst du immer noch an Flucht?« unterbrach Karin das Schweigen.

»Mehr als je zuvor. Davon wird mich auch niemand abbringen.«

»Das weiß ich.«

»Ich muß jetzt gehen«, beendete Axel die Unterhaltung abrupt. Es gab nichts mehr zu sagen.

An der Wohnungstür drückte er sie kurz an sich und stieg dann wortlos die Treppe hinunter.

»Viel Glück!« rief Karin ihm nach. Er winkte, ohne sich umzudrehen und nickte. Karin sollte nicht sehen, daß er weinte.

Axel fuhr zu seinen Eltern zurück. In Berlin hatte er nur Enttäuschungen erlebt. Roland war Stasi-Mitarbeiter geworden, wider Willen zwar, aber das änderte nicht viel. Seine Wohnung hatte er in völlig desolatem Zustand vorgefunden, die Möbel demoliert und verdreckt. Karin hatte einen neuen Freund gefunden. Warum hätte sie auch auf ihn warten sollen? So gut hatten sie sich vor seiner Inhaftierung doch nicht mehr verstanden. Aber daran hatte er im Gefängnis nicht mehr gedacht. In seiner Erinnerung waren nur die schönsten Erlebnisse mit Karin geblieben. Der Satz ›In Liebe, Deine Karin‹ hatte seine Phantasie beflügelt. Bei diesem Flug hatte er die Realität weit hinter sich gelassen.

In der Wohnung seiner Eltern packte er die Kleinigkeiten, die ihm gehörten, in ein großes Paket, verschnürte es und schickte es postlagernd nach Glauchau, der nächsten Station seiner Odyssee.

Am Nachmittag des dritten Tages nahm er den letzten Zug nach Glauchau, wo er am frühen Abend eintraf. Seine persönlichen Sachen waren immer noch in jenem Karton verpackt, den er im Gefängnis in Naumburg bekommen hatte. Direkt neben dem Bahnhof lag das Volkspolizeikreisamt. Axel meldete sich beim Pförtner, der ihm mitteilte, daß keiner der Beamten mehr anwesend sei. Axel solle am nächsten Morgen wiederkommen, dann könne er sich ordnungsgemäß melden. Auf Axels Frage, wo er denn in der Nacht schlafen solle, zuckte der Pförtner nur mit den Schultern. Das sei nicht seine Sorge, dann hätte Axel halt früher kommen sollen. Jetzt sei jedenfalls niemand mehr da, und er könne Axel nicht helfen.

Einen Augenblick lang war Axel versucht, eine wilde Schimpfkanonade auf den Staat loszulassen. Aber er beherrschte sich doch noch. Einerseits, um nicht erneut straffällig zu werden wegen Verunglimpfung der staatlichen Organe. Andererseits wollte er seine Wut nicht an dem Pförtner auslassen, der offensichtlich im Krieg schwere

Verletzungen davongetragen hatte, denn er humpelte. Seine rechte Hand war verkrüppelt. Trotz allen Mißgeschicks war Axel nicht so verhärtet, daß ihm dieser Pförtner nicht leid getan hätte.

Er nahm also seine Reisetasche und ging in eine Gaststätte. Nach etwa einer Stunde setzte sich der Kellner zu ihm. Wie er Axel erzählte, hatte er häufig Leute wie ihn kennengelernt, die nach einem längeren Gefängnisaufenthalt nach Glauchau geschickt wurden. Er verschaffte Axel kurzerhand Kontakt zu einem Stammtisch, der aus fünfzehn Personen bestand. Ein Ehepaar nahm Axel mit zu sich nach Hause.

Am nächsten Morgen erschien er pünktlich um acht Uhr auf dem Polizeiamt. Der Pförtner führte ihn zum zuständigen Beamten, der ihn zunächst fragte, wo er denn die Nacht verbracht habe. Da Axel fürchtete, das Ehepaar, bei dem er übernachtet hatte, könnte Schwierigkeiten bekommen, gab er an, er habe gestern abend eine Frau kennengelernt und bei ihr übernachtet. Er wisse nicht mehr genau, wie der Name dieser Frau laute und wo sie wohne. Der Beamte, ein Mann von etwa 45 Jahren, dessen Haare streng seitlich gescheitelt waren, gab sich mit dieser Antwort zumindest vordergründig zufrieden. Er wies Axel eine Wohnung zu und führte ihn zum zuständigen Abschnittsbevollmächtigten, bei dem er sich wöchentlich einmal zu melden hatte. Der war über seine Ankunft bereits informiert. Er legte Axel ein neues Schreiben des Gerichts vor, in dem ihm zusätzliche Auflagen erteilt wurden. Er durfte seinen Arbeitsplatz nicht wechseln, nach 22 Uhr keinen Besuch in seiner Wohnung haben, verschiedene Gastronomieräume nicht betreten und sich mit drei Personen, die namentlich benannt waren, nicht treffen. Die Polizei verfügte über einen Schlüssel zu seiner Wohnung und war jederzeit befugt, die Räume zu betreten. Axels Wohnung bestand aus einem größeren Wohn-Schlafzimmer, einer kleinen Toilette und einer Küche, deren Fenster in einen dunklen

Hinterhof, wie er sie von Berlin her kannte, führte. Die Möbel waren bunt zusammengewürfelt. Zu zwei alten Sesseln mit zerschlissenem Polster gesellte sich eine Couch, deren Brokatbezug bessere Tage gesehen hatte. Dazwischen stand ein Nierentisch aus den fünfziger Jahren. Das Bett war die Hälfte eines Doppelbettes aus der Zeit der Jahrhundertwende. Ein großer schwerer Bufettschrank aus Eiche komplettierte die Möblierung.

Nachdem der Abschnittsbevollmächtigte Axel die Bettwäsche, zwei Handtücher und zwei Ersatzglühbirnen ausgehändigt hatte, präsentierte er ihm die Rechnung. 18 Mark Miete monatlich, dazu pauschal 20 Mark für Strom, 63 Mark für die Ausstattung mit Möbeln, Wäsche und so weiter. Axel hörte schon nicht mehr richtig hin. Das Zimmer und seine Einrichtung bedrückten ihn. Graue ungestrichene Rauhfasertapete hing an den Wänden. Zwischen den einzelnen Bahnen klafften Spalten.

Der Abschnittsbevollmächtigte verließ die Wohnung. Axel legte sich aufs Bett, rauchte eine Zigarette und dachte nach. In der nächsten Zeit mußte er sich beherrschen. Er durfte keinesfalls in irgendeiner Form auffallen. Er nahm sich vor, seine Arbeit zu erledigen, nicht zu meckern, sich vollständig anzupassen. Mit Roland hatte er vereinbart, ihn täglich anzurufen, um zu erfahren, wann er genau in die Bundesrepublik geschleust werden sollte.

Am nächsten Tag wies ihm der Abschnittsbevollmächtigte eine Arbeit in einem Kartoffellager zu. Das Lager bestand aus drei großen Hallen, in denen in langen schmalen Boxen, die durch Steinmauern voneinander abgegrenzt waren, die Kartoffeln lagerten. Gegen die Wände der Boxen waren schräg Holzpaletten gestellt worden, damit die Kartoffeln genügend Luft erhielten und nicht faulten. Von dort wurden sie auf Förderbändern zu den Sortiermaschinen transportiert, der Größe nach sortiert und in Säcke abgefüllt. Der den Kartoffeln anhaftende Schmutz fiel unter die Maschinen.

Die Arbeit war unangenehm, weil sich beim Zusammenkehren des Schmutzes Staubwolken entwickelten, die die Atmung behinderten. Trotz dieser Unannehmlichkeiten erledigte Axel seine Arbeit ordnungsgemäß. Das kostete ihn zeitweilig beträchtliche Beherrschung. Wenn er sah, daß ein großer Laster, der mit Kartoffelsäcken beladen wurde, nicht abfahren konnte, weil zur vollständigen Auslastung noch fünf Säcke fehlten, diese aber zunächst nicht aufgeladen wurden, da eine aufheulende Sirene anzeigte, daß gerade die Frühstückspause begann und pünktlich in diesem Augenblick jeder Arbeiter alles da stehen und liegen ließ, wo es sich gerade befand, fiel es ihm immer wieder schwer, sich den anderen schweigend anzuschließen.

Axel arbeitete regelmäßig, bis die Feierabendsirene ertönte, obwohl es üblich war, eine halbe Stunde vorher zum Duschen zu gehen. Der Lagerleiter hatte ihm zu Beginn seiner Tätigkeit unmißverständlich klargemacht, daß solche Vergünstigung für ihn natürlich nicht gelte.

Seine Befürchtung, die Arbeitskollegen könnten ihn spüren lassen, daß er außerhalb der Gesellschaft stand, hatte sich nicht bewahrheitet. Offenbar waren sie gewohnt, gelegentlich mit ehemaligen Strafgefangenen zusammenzuarbeiten. Axel hatte den Eindruck, behandelt zu werden wie jeder andere Arbeiter auch. Das ließ ihm manches leichter werden.

Die Abende vertrieb er sich mit Kartenspielen in verschiedensten Gaststätten. Dabei vermied er es sorgsam, die Orte aufzusuchen, deren Besuch ihm verboten worden war. Er versuchte auch Ruhe zu bewahren, wenn zu unregelmäßigen Zeiten zwei Polizeibeamte, ohne zu klingeln oder auch nur anzuklopfen, in seiner Wohnung erschienen, um die wöchentlich fälligen Kontrollen durchzuführen.

Zwölftes Kapitel

Mai 1983

Eines Abends rief Axel seinen Bruder Roland an.

»Hallo Roland, wie geht's dir?«

»Gut soweit. Wie sieht es bei dir aus?« fragte Roland zurück.

»Auch ganz gut.«

»Übrigens, Mutter macht demnächst Urlaub an der Schwarzmeerküste. Sie hat die Zusage vom Betrieb bekommen.«

Roland betonte jedes Wort. Axel zuckte zusammen. Roland hatte beim Sprechen eine Pause eingelegt, um die Wichtigkeit dieses Satzes zu unterstreichen. Seine Ausreise in die Bundesrepublik stand also bevor.

»Sie will dich vor ihrem Urlaub noch einmal besuchen kommen«, fuhr Roland fort, »wie wäre es am nächsten Sonntag? Vor dem Bahnhof Glauchau?«

»Das paßt mir gut.«

»Okay. Wir werden sehen, daß wir gegen zehn Uhr bei dir sind. Bis dahin.«

Es klickte in der Leitung. Axel legte gleichfalls den Hörer auf.

Sonntags befand sich Axel schon um 9.30 Uhr in der Vorhalle des Bahnhofs. Durch eines der Fenster beobachtete er den Bahnhofsvorplatz. Es verging noch eine Dreiviertelstunde, bevor er den grauen Trabant seiner Eltern vor dem Bahnhof halten sah. Axel konnte erkennen, daß sich nur Roland in dem Fahrzeug befand. Er wartete noch einige Minuten und beobachtete die Umgebung. Ihm fiel nichts

Verdächtiges auf. Wahrscheinlich wurde Roland nicht beschattet. Er ging die Stufen des Bahnhofsgebäudes hinab, öffnete die Beifahrertür und ließ sich neben Roland auf den Sitz fallen.

Axel stöhnte. »Das Warten macht mich ganz schön nervös. Fahr los!« Er dirigierte Roland in Richtung Ortsausgang. Kurz vor dem Ortsausgangsschild fuhren sie nach rechts in einen kleinen Waldweg.

»Halte hier, ich will sehen, ob uns jemand folgt«, sagte Axel.

»Wer sollte uns denn folgen? Ich glaube, du leidest unter Verfolgungswahn«, fuhr Roland ihn unwirsch an.

»Man kann nie vorsichtig genug sein. Ist doch nicht unwahrscheinlich, daß man dich beschattet. Du bist doch jetzt ein wichtiger Mann für die Stasi.«

Roland schwieg. Wahrscheinlich hat Axel recht, dachte er. Sie warteten einige Minuten und fuhren dann tiefer in den Wald hinein. Auf einer Lichtung hielten sie an.

»Laß uns ein Stück spazierengehen«, schlug Axel vor. Sie verließen das Fahrzeug.

»Am Ende des Monats soll ich auf dem üblichen Weg, also mit der Bahn, in die Bundesrepublik ausreisen. Das läuft alles ganz offiziell. Meinem Ausreiseantrag wird stattgegeben. Danach gibt man mir die üblichen drei Tage Zeit, meine persönlichen Angelegenheiten zu regeln und das Land zu verlassen. Die Stasi wird sich völlig zurückhalten, um keinerlei Verdacht zu erregen. Ich soll mit dem Zug über den Grenzübergang Gerstungen/Herleshausen fahren. Hier, schau dir das auf der Karte an!«

Roland zog eine Karte der DDR aus der Brusttasche seines Jackets. »Hier ist der Grenzübergang.« Roland zeigte mit dem Finger auf den entsprechenden Punkt.

»Das ist ja in der Nähe von Eisenach«, unterbrach Axel ihn.

»Richtig, fast auf einer Linie östlich davon liegen Gotha,

Erfurt und Weimar. Und jetzt paß gut auf. Ich werde den Zug von Berlin über Halle nach Eisenach und weiter in die BRD nehmen. Der Zug hält in Weimar für fünf oder sechs Minuten. Ich sitze im ersten Wagen zweiter Klasse hinter der Lokomotive. Ich werde Mutters braune Koffer mitnehmen, die kennst du ja. Du mußt dann halt sehen, wo die liegen. Und nun wiederhole, was ich bis jetzt gesagt habe.«

»Ich bin doch kein Pennäler«, erwiderte Axel aggressiv.

»Du wiederholst, was ich gesagt habe. Sonst kannst du die Sache vergessen. Bedenke, was alles davon abhängt. Der kleinste Fehler kann uns beide Kopf und Kragen kosten.«

Axel sah ein, daß sein Bruder recht hatte. Das war kein Räuber-und-Gendarm-Spiel.

Es dauerte fast zwei Stunden, bis sie alle Einzelheiten besprochen hatten. Zuletzt wiederholte jeder mehrfach den genauen Ablaufplan, um sich später an die geringste Kleinigkeit erinnern zu können.

»Das wichtigste ist, die Nervosität zu bekämpfen und Ruhe zu bewahren. Laß dich nicht zu unüberlegten Aktionen verleiten, was auch passiert«, sagte Roland schließlich. »Und wenn irgendwas schiefgehen sollte, muß jeder, so schwer es auch fallen mag, zuerst an sich denken. Wenn nur einer von uns als freier Mann in der BRD ankommt, lohnt es sich, daß der andere notfalls auch ins Gefängnis geht.«

Wieder fiel Axel auf, wie sehr sein Bruder sich verändert hatte. Früher war er eher ein Tagträumer gewesen, der immer nur ein beschauliches Leben mit seiner Anna führen wollte. Jetzt erschien er ihm wie ein Profi, der den ganzen Tag mit nichts anderem beschäftigt war, als Fluchthilfe zu betreiben.

Schweigend fuhren sie in die Glauchauer Unterstadt zurück. In einer Gaststätte tranken sie Kaffee und aßen Kuchen, wie zwei Brüder, die sich am Sonntagnachmittag gegenseitig besuchen. Axel vermied es, seinem Bruder die

Wohnung zu zeigen, in der er hauste. Er schämte sich wegen der heruntergekommenen Möbel, der schmuddeligen Tapete und der verdreckten Küche, die alle Putzaktionen nicht in einen auch nur halbwegs sauberen Zustand hatten versetzen können.

Gegen siebzehn Uhr verabschiedete sich Roland. Sie verabredeten, daß Axel weiterhin jeden Tag anrufen sollte, allerdings nicht unter Rolands Telefonnummer, sondern unter der seiner Mutter. Axel befürchtete, daß Rolands Anschluß abgehört werden könnte.

—

Anderthalb Wochen später war es so weit. Roland hatte telefonisch nur kurz durchgegeben: »16.42 Uhr, Weimar, übermorgen, 24. Mai.«

An diesem Tag hatte Axel zunächst pünktlich um sieben Uhr seine Arbeit begonnen. Etwa eine Stunde später ging er zum Lagerverwalter. »Ich muß nach Hause ins Bett«, sagte er. »Ich habe Kopfschmerzen. Kaum auszuhalten.«

»Das ist leider nicht möglich«, entgegnete der Lagerverwalter. »Drei Leute haben sich schon krank gemeldet. Wenn Sie noch ausfallen, kann ich mein Lager für heute schließen. Ist es denn wirklich so schlimm?«

»Hören Sie«, schrie Axel, beherrschte sich dann aber und fuhr in ruhigerem Ton fort: »Ich habe früher einmal einen Schlag auf den Kopf bekommen und seitdem sporadisch höllische Kopfschmerzen. Da helfen keine Tabletten und auch keine ärztliche Behandlung. Ich war schon bei einigen Ärzten. Die können mir nicht helfen. Ich muß schleunigst ins Bett. Wenn ich liege, lassen die Schmerzen nach.«

»Helfen Sie wenigstens noch, das Fahrzeug zu beladen, das an der Rampe steht. Dann können Sie nach Hause gehen.«

Axel willigte ein. Er stürmte aus dem Büro des Lagerverwalters zur Rampe. Einige Säcke waren bereits auf dem Laster verstaut. Nach seiner Erfahrung konnte noch mindestens eine Stunde vergehen, bis die Ladefläche voll war. Er mußte seine Kollegen zur Arbeit antreiben.

»Alles mal herhören!« rief er. Die anderen Arbeiter drehten sich verwundert zu ihm. »Ich habe heute fürchterliche Kopfschmerzen und müßte eigentlich schon im Bett liegen. Ich habe dem Lagerverwalter versprochen, euch noch zu helfen, diesen LKW vollzuladen. Tut mir einen Gefallen und arbeitet etwas schneller, damit ich nach Hause kann.«

Einige nickten, ohne daß Axel diesem Nicken allzu große Bedeutung beigemessen hätte. Gemeinsam gingen sie wieder an die Arbeit. Axel arbeitete wie ein Besessener, griff sich aber hin und wieder an die Stirn, um seiner Behauptung, er habe Kopfschmerzen, Nachdruck zu verleihen.

»Der Jäger sollte öfter Kopfschmerzen haben«, frozzelte einer der Kollegen. »Der arbeitet ja wie ein Wilder.«

Axel tat, als habe er das nicht gehört. Die Ladefläche des Fahrzeugs füllte sich immer mehr. Da ertönte die Sirene zur ersten Pause. »Frühstückspause«, rief einer der Kollegen, stellte den Kartoffelsack ab, wo er sich gerade befand und wollte zum Pausenraum gehen. »Otto«, rief Axel ihn an, »du kannst mich doch jetzt nicht hängenlassen. Da fehlen höchstens noch zwölf Säcke.«

Otto war stehengeblieben. »Tut mir leid, Axel«, sagte er. »Pause ist Pause. Und wenn ich jetzt weiterarbeite, kommt nächste Woche der Lagerverwalter und verlangt auch, daß ich die Pause verlege, weil nur noch ein paar Säcke fehlen. Und irgendwann fällt die Pause ganz weg. Dann kann ich ja gleich in den Westen gehen und im Kapitalismus arbeiten.«

»Du spinnst doch«, schrie Axel voller Wut, nahm seinen Sack, den er abgestellt hatte, wieder auf die Schulter und hievte ihn auf die Ladefläche. Einer der anderen Arbeiter half schließlich, den LKW noch vollständig zu beladen. Inzwischen war es fast zehn Uhr, und Axel hatte Sorge, den Zug in Weimar nicht mehr rechtzeitig zu erreichen. Er war völlig verschwitzt und von der Arbeit außer Atem.

Den Bus, mit dem er regelmäßig vom Lager nach Glauchau fuhr, war gerade abgefahren. Der nächste kam erst wieder zur vollen Stunde um elf Uhr. Axel überlegte fieberhaft, wie er am schnellsten nach Glauchau gelangen könnte. Selbst wenn er rennen würde, brauchte er mindestens eine Dreiviertelstunde.

»Komm, Axel, ich fahre dich nach Hause«, hörte er hinter sich eine Stimme.

Als er sich umdrehte, sah er Otto, den Kollegen, der auf die Pause so großen Wert legte. Er winkte mit seinem Autoschlüssel.

Otto setzte ihn vor der Haustür ab. Axel wusch sich rasch, zog seine neue Jeans, ein frisches Hemd und schließlich seinen Mantel an und ergriff die Tasche, die er bereits am Vorabend gepackt hatte. An der Tür warf er noch einen kurzen Blick in seine Wohnung und dachte: auf Nimmerwiedersehen. Dann stürmte er die Treppe hinunter.

An der Bushaltestelle erreichte er noch den Bus nach Zwickau. Am dortigen Bahnhof stieg er aus. Mit dem Zug fuhr er über Gera und Jena nach Weimar. Die Bahnhofsuhr zeigte 16.07 Uhr, als er aus dem Zug stieg.

In einer halben Stunde wird Roland hier sein, dachte er. Er spürte, wie seine Nervosität zunahm. Er hatte Magenschmerzen. In der Bahnhofsgaststätte kaufte er zwei belegte Brote und eine große Flasche Limonade. Dann ging er auf den Bahnsteig, an dem der Zug aus Berlin halten sollte.

16.38 Uhr. Die Ankunft des Zuges aus Berlin wurde über Lautsprecher angekündigt. Axels Stiche in der Magengrube verstärkten sich. Nervös begann er, auf und ab zu gehen. Der erste Wagen zweiter Klasse hinter der Lokomotive, sagte er sich immer wieder.

Dann fuhr der Zug ein. Axel lief ihm entgegen. Hinter der Lokomotive waren zunächst zwei Wagen erster Klasse angehängt, dann folgte der Speisewagen und schließlich ein Wagen zweiter Klasse. Axel glaubte, Roland an der Tür gesehen zu haben. Als die Wagentür an ihm vorbeihuschte, drehte er sich blitzschnell um, um in umgekehrter Richtung dem Zug zu folgen. Dabei stieß er einem älteren Mann, der hinter ihm hergangen war, den Ellenbogen gegen den Brustkorb. Der Mann fiel der Länge nach hin. Ein Koffer polterte zu Boden, die Schlösser öffneten sich und Kleidungsstücke quollen hervor.

»Entschuldigung!« sagte Axel sofort. Er ergiff den älteren Herrn am Arm, um ihm auf die Beine zu helfen.

»Lassen Sie mich sofort los!« rief jener in altem preußischem Befehlston. »Ich bin Offizier, ich kann allein aufstehen.«

Axel bemühte sich nun, die Kleidungsstücke, die auf dem Bahnsteig lagen, zusammenzuraffen und in den Koffer zurückzudrücken.

»Lassen Sie meine Sachen los!« schrie der Mann, der sich immer mehr aufregte. Nur kein Aufsehen. Einige Passanten waren schon stehengeblieben und betrachteten mehr oder weniger amüsiert das Schauspiel, das sich ihnen bot.

»Entschuldigen Sie nochmals, ich wollte Ihnen doch nur helfen«, sagte Axel kleinlaut.

Der Mann war inzwischen aufgestanden. Er sammelte selbst seine Kleidungsstücke ein und legte sie sorgfältig in den Koffer zurück. Etwa zwanzig Meter weiter sah Axel Roland neben der geöffneten Wagentür stehen. Er verdrehte die Augen und wies Axel durch eine Kopfbewegung an, endlich zu ihm zu kommen. Der entschuldigte sich nochmals und ging dann, so schnell er konnte, zu Roland. Axel fiel auf, daß sein Bruder ihm durch den kurzen Haarschnitt, den beide sich verabredungsgemäß hatten machen lassen, noch ähnlicher geworden war. Das beruhigte ihn ein wenig. Roland zog ihn hinter eine Anschlagtafel, die die beiden Teile des Bahnsteigs voneinander trennte.

»Hier, nimm das«, sagte er und drückte Axel einen Briefumschlag in die Hand. »Das sind 3800 Mark Westgeld. Steck sie in deine Tasche!« Dann überreichte er ihm eine braune Brieftasche mit den Papieren. Axel gab ihm dafür seine Reisetasche.

»Alles einsteigen! Die Türen schließen!« erscholl es aus den Lautsprechern. Die Brüder umarmten sich.

Axel drehte sich um und bestieg den Wagen zweiter Klasse. Als er die Wagentür schloß, war Roland nicht mehr zu sehen. Der Zug fuhr an. Im vierten Abteil fand er die beiden braunen Koffer, die seiner Mutter gehörten. Das Abteil war leer. Er setzte sich ans Fenster. Tränen standen ihm in den Augen.

Du mußt dich konzentrieren, sagte er sich dann. Er suchte zunächst die Toilette auf, wo er in Ruhe Rolands Brieftasche durchforstete. Er fand die Fahrkarte, die in Berlin abgestempelt war. In einem andern Fach steckte eine zusammengefaltete Urkunde ›Aberkennung der Staatsbürgerschaft‹ und schließlich auch das Ausreisevisum mit Paßbild. Darauf bin ich ohne Zweifel zu erkennen, dachte er. Auch der Sozialversicherungsausweis fehlte nicht. Axel steckte alles sorgfältig in die Brieftasche zurück und ging wieder in sein Abteil.

In Gotha stieg ein Ehepaar zu und setzte sich zu Axel. Beide Eheleute waren im Rentenalter und wollten, wie er ihrem Gespräch entnahm, ebenfalls in die Bundesrepublik reisen. Es konnte ihm nur recht sein, daß er nicht allein im Abteil saß. Die werden nicht so scharf kontrollieren, wenn ich mit diesen alten Leuten zusammen bin, dachte Axel. Die beiden sehen so seriös aus, daß sich dieser Eindruck bei der Grenkontrolle auf mich übertragen wird. Der Zug näherte sich Eisenach.

»In Eisenach werden Sie aussteigen müssen, junger Mann«, sagte die Frau plötzlich. »Der Zug fährt nämlich in den Westen. Wir haben Visa.« Der Stolz in ihrer Stimme war nicht zu überhören.

Axel lächelte im stillen und dachte, darauf habt ihr wohl lange warten müssen. »Ich hab auch eins«, erwiderte er dann ruhig.

»In Ihrem Alter?« fragte der Ehemann ungläubig und sah seine Frau mit hochgezogenen Augenbrauen an. Axel zog sein Ausreisevisum aus der Brieftasche, faltete die Urkunde umständlich auseinander und reichte sie dem Mann, der sich sofort zu seiner Frau hinüberbeugte, um auch ihr einen Blick in das Papier zu ermöglichen. Die Eheleute schauten sich kurz an und nickten sich dann zu. Der Ehemann faltete das Papier wieder zusammen und wollte es ihm zurückgeben. Er zog dann aber seine Hand wieder zurück und faltete die Urkunde nochmals auseinander. Er warf einen Blick auf das Paßbild und schaute Axel an.

»Wie kommen Sie denn in Ihrem Alter an das Visum?« fragte die Frau neugierig. Sie konnte es wohl immer noch nicht ganz fassen. Sie hatte ihr Kinn etwas vorgereckt und den Kopf leicht gehoben.

»Ich habe einen Ausreiseantrag gestellt und dem ist stattgegeben worden«, antwortete er.

»Aha«, sagte die Frau nur und wandte den Blick aus dem Fenster. Sie machte auf Axel den Eindruck, als ob ihr Gehirn fieberhaft arbeitete, um diese seltene Tatsache zu erklären. Fragen stellte sie keine mehr.

»Paßkontrolle«, rief ein Grenzbeamter, als er die Tür öffnete. Hinter ihm stand ein zweiter Uniformierter, der interessiert ins Abteil starrte. Der Ehemann hatte schon seit geraumer Zeit die Papiere in der Hand gehalten und reichte sie unverzüglich dem Beamten. Der gab einen der beiden Pässe an seinen Kollegen weiter.

Wie hochnäsig sie sind, dachte Axel. Neben der Nervosität, die sich seiner bemächtigt hatte, als die Tür aufgestoßen wurde, stieg auch wieder Wut in ihm hoch, wie so oft, wenn er Uniformierte gesehen hatte. Lässig, aber mit strengen Mienen, die in den Jahren ihres Dienstes zu Masken geworden waren, prüften die Beamten die Papiere und reichten sie dann dem Ehemann zurück.

Axel hatte in der Zwischenzeit auch seine Papiere zusammengestellt und reichte sie dem Grenzbeamten. Er bemühte sich, ruhig zu atmen. Er spürte, daß sein Hals sich plötzlich völlig trocken anfühlte. Er schluckte. Zunächst konnte er den Grenzbeamten nicht anblicken, zwang sich dann aber dazu, um sich nicht verdächtig zu machen. Im gleichen Augenblick sah der Beamte von den Papieren auf, so daß sich ihre Blicke einen Moment lang trafen. Axel hielt dem Blick stand, war aber froh, als der Beamte sich wieder den Papieren widmete. Er klappte sie zusammen und gab sie ihm zurück.

Axel atmete tief durch. Die erste Hürde ist überwunden, dachte er. Nachdem noch das Gepäck kontrolliert worden war, verabschiedeten sich die Beamten und schlossen die Tür.

Jetzt habe ich es fast geschafft, dachte Axel. Die Nervosität fiel teilweise von ihm ab. Ganz beruhigt war er noch nicht, denn die Beamten konnten jederzeit wiederkommen. Noch waren sie auf dem Gebiet der DDR. Der Zug fuhr gerade in den Bahnhof von Gerstungen ein. Die Ehefrau öffnete das Fenster, um frische Luft hereinzulassen.

»Der Zug über Bebra nach Frankfurt am Main hat in Gerstungen eine Stunde Aufenthalt«, hörte Axel über Lautsprecher.

»Auch das noch«, sagte die Ehefrau und stöhnte laut.

»Dann verpassen wir ja unseren Zug von Frankfurt nach Düsseldorf«, regte sich der Ehemann auf. Er sah Axel vorwurfsvoll an, so als sei er für diesen Aufenthalt verantwortlich.

Axel zuckte die Schultern. Er wollte sich unter keinen Umständen anmerken lassen, daß ihn dieser lange Aufenthalt beunruhigte. Vielleicht war alles nur eine Finte der

Stasi, die Roland beschattet und gemerkt hatte, daß die Brüder in Weimar die Rollen getauscht hatten.

Er stand auf und trat ans Fenster des Abteils. Auf dem Bahnsteig fiel ihm nichts Besonderes auf. Es schien die üblich stumme Leere des innerdeutschen Niemandslands zu herrschen. Beamte der Grenzpolizei, des Zolls und der Bahn schritten am Zug entlang. Karren mit Getränken, Keksen und Zigaretten wurden auf dem Bahnsteig hin- und hergeschoben. Neben dem überdachten Treppenaufgang, der zum Bahnsteig führte, standen zwei Männer im mittleren Alter, die das Treiben zu beobachten schienen. Stasi, dachte Axel. Solange sie am Eingang standen, brauchte er sich über die beiden keine Sorgen zu machen. Es wäre ihm eher verdächtig vorgekommen, wenn keine Stasi-Mitarbeiter auf dem Bahnhof zu sehen gewesen wären. Der Bahnhof Gerstungen war schließlich der letzte, in dem der Zug hielt, bevor er in die Bundesrepublik fuhr. Sicher war die Stasi hier noch stärker vertreten. Die beiden Männer am Eingang konnten nicht die einzigen sein.

Plötzlich hörte er Getrampel von Stiefeln auf dem Bahnsteig. Uniformierte Grenzpolizisten rannten am Zug vorbei. Axel streckte den Kopf aus dem Fenster. Auch die Eheleute in seinem Abteil waren aufgesprungen und zum Fenster gekommen.

»Bitte bleiben Sie in Ihren Abteilen. Es findet eine kurze Routineübung statt«, drang es aus Lautsprechern. »Bitte bleiben Sie in Ihren Abteilen. Betreten oder verlassen Sie nicht den Zug auf Gleis zwo!«

Axel lief ein kalter Schauer über den Rücken. Routineübung kann nicht stimmen, schoß es ihm durch den Kopf. Dafür würden die nicht einen regulären Zug in den Westen aufhalten. Er dachte angestrengt nach. Seine Papiere waren doch in Ordnung. Sein Aussehen stimmte mit dem Foto überein. Vielleicht war ihnen Roland ins Netz gegangen oder an ihm war ihnen etwas Verdächtiges aufgefallen. Er überlegte, was ihn hätte verraten können.

Plötzlich wurde die Tür des Abteils aufgerissen. Axel drehte sich um, ballte die rechte Hand zur Faust. Kampflos würden sie ihn nicht bekommen, dachte er, Angriff ist die beste Verteidigung. Er war im Begriff, sich auf den Beamten zu stürzen, aber irgend etwas hielt ihn zurück. Er stand da mit aufgerissenen Augen und geballter Faust. Jeder Muskel war gespannt. Der Uniformierte schaute kurz das Ehepaar und Axel an, blickte dann rechts und links durch das Abteil und schloß wieder die Tür, die mit einem lauten Krachen zufiel.

»Warum sind Sie denn so aufgeregt?« fragte die Ehefrau und sah Axel mit zusammengekniffenen Augenbrauen an.

Axel atmete schwer. Sein Herz schlug bis zum Hals. »So etwas geht mir an die Nerven«, sagte er kurz, drehte sich dann wieder um und sah zum Fenster hinaus. Ich muß mich stärker zusammenreißen, dachte er. So harmlos die Eheleute auch sein mögen, wenn du so weitermachst, merken sie noch etwas und fühlen sich gehalten, ihre vaterländische Pflicht zu erfüllen und ihre Beobachtung den Grenzpolizisten mitzuteilen.

Am Anfang und am Ende des Zuges standen jeweils zwei Uniformierte, die Maschinenpistolen im Anschlag. Aus einer Wagentür links von Axel sprang ein Polizist heraus. Ihm folgte ein zweiter, an dessen rechte Hand ein Mann in Axels Alter mit Handschellen gefesselt war.

»Ich will zu meiner Frau in den Westen. Helft mir!« schrie der Mann mit sich überschlagender Stimme. Als er an dem Abteilfenster vorbeigeführt wurde, sah Axel, daß Tränen über sein Gesicht liefen, seine Lippe war aufgeplatzt und blutete.

»Diese Schweine«, platzte es aus ihm heraus.

»Lassen Sie das!« fuhr ihn der Ehemann an. »Der hat sicher versucht, illegal auszureisen. Da muß er sich nicht wundern, wenn er verhaftet wird.«

Axel warf dem Ehemann einen verächtlichen Blick zu. Er hätte ihm so vieles zu sagen, beherrschte sich aber, um seine eigene Flucht nicht zu gefährden. Er wollte ihm etwas über Selbstherrlichkeit sagen, über Mitleid dem Schwachen gegenüber, der von der Übermacht des Staates unterdrückt und niedergeknüppelt wird, dessen Menschenrechte beschränkt werden, ohne daß es dafür die geringste Rechtfertigung gab. Die Eheleute durften schließlich offiziell in den Westen reisen. Dieses Privileg wäre keines mehr, wenn jeder frei würde reisen können. Da sie dieses Recht hatten, fiel es ihnen nicht schwer, den zu verurteilen, der sich dieses Recht nahm.

Axel wurde aus seinen Gedanken gerissen, als die Türen des Zuges geräuschvoll geschlossen wurden. Langsam rollte der Zug an. Axel setzte sich wieder auf seinen Platz. Seine Gesichtszüge entspannten sich. Er rieb sich mit den Händen die Augen und das Gesicht. Freude kam in ihm auf, die, wie er wußte, erst dann vollkommen sein würde, wenn er und Roland sicher in der Bundesrepublik sein würden. Er nahm sich vor, Honecker einen Brief zu schreiben, in dem er ihm mitteilen wollte, warum er aus der DDR floh und warum er alle Schwierigkeiten, Verhaftung, Verurteilung, Gefängnis, Hungerstreik, Angst bei der Flucht auf sich genommen hatte. Kopien dieses Briefes werde ich an alle Leute in der DDR schicken, die ich kenne, sagte er sich.

Der Zug hatte wieder normale Fahrt aufgenommen. Axel hörte das gleichmäßige Rattern der Räder. Nach kurzer Zeit verminderte der Zug seine Geschwindigkeit.

»Jetzt kommt die Grenze«, sagte die Ehefrau.

Axel stand auf und stellte sich ans Fenster. Der Zug wurde langsamer und kam dann ganz zum Stillstand. Das Zugsignal stand auf ›Halt‹. Grenzsoldaten gingen am Zug entlang. Hunde kläfften. Nach wenigen Minuten rollte der Zug langsam wieder an. Er passierte eine Art Tor, das aus engmaschigem Draht bestand. Auf den beiden Torflügeln war Stacheldraht ausgerollt. Trotz der Dämmerung waren die Grenzbefestigungen deutlich zu erkennen, der Maschendrahtzaun, der Todesstreifen, auf dem die Tretminen verlegt waren, schließlich ein zweiter Maschendrahtzaun.

Langsam rollte der Zug der anderen Grenze entgegen. Allmählich wurde die Fahrt schneller. Die Räder ratterten in kürzeren Abständen.

In einiger Entfernung sah Axel eine Ortschaft, die hell erleuchtet war. Überall war an den Geschäften Leuchtreklame zu sehen, die in der Dunkelheit ein grelles Licht verbreitete. Axel fühlte sich wie in einer anderen Welt. Die ganze Anspannung, unter der er seit Besteigen des Zuges gestanden hatte, fiel plötzlich von ihm ab. Tränen liefen über seine Wangen. Er bemühte sich, das Schluchzen zu unterdrücken, damit das Ehepaar nicht auf ihn aufmerksam wurde. Er blickte in die Dunkelheit, versuchte, sie mit seinen Augen zu durchdringen, jede Einzelheit dieses Landes, in dem er zukünftig leben wollte, in sich aufzunehmen. Wie oft hatte er sich diesen Augenblick in seinen Träumen ausgemalt! In wieviel verzweifelten Augenblicken vor allem im Gefängnis hatte ihm diese Vorstellung neue Kraft gegeben! Jetzt kam es nur noch darauf an, daß sein Bruder sicher in den Westen gelangte. Er mußte seine ganze Freude zunächst unterdrücken und sich ganz darauf konzentrieren, Rolands Flucht so vorzubereiten, wie sie besprochen hatten.

Es dauerte nicht sehr lange, bis der Zug in Herleshausen einlief. Axel hatte seine Koffer zur Tür gebracht. Er drückte auf die Klinke, sobald sich die automatische Sperre gelöst hatte. Er warf die Koffer auf den Bahnsteig und sprang dann selbst hinterher.

Der westdeutsche Bundesgrenzschutz überprüfte an der Bahnhofssperre flüchtig Axels Papiere. Dann übergab man ihm einige Merkblätter, die dem Ankömmling Tips für den Neubeginn in der Bundesrepublik geben sollten. Erwollte sie später genauer durchlesen.

Zunächst ging er zu den Schließfächern des Bahnhofs und verstaute dort seine Koffer. Dann studierte er den

Fahrplan. Es war 20.15 Uhr. Der nächste Zug in die DDR sollte um 21.06 Uhr von Herleshausen abfahren. Es blieb also genügend Zeit, alle Vorbereitungen zu treffen.

Axel ging zur Toilette und schloß sich in eine Kabine ein. Er nahm alle Papiere aus der Brieftasche, faltete sie sorgfältig zusammen, wickelte sie in eine dunkelgraue Plastiktüte ein und verklebte diese mit schwarzem Isolierband. Die Tüte schob er in seine Manteltasche. Dann faltete er die Kopien, die er in einem kleinen Geschäft angefertigt hatte, und steckte diese in seine Brieftasche. Ihm blieben noch zehn Minuten, bis der nächste Zug einfahren würde.

Er schlenderte durch den Bahnhof und betrachtete die Menschen. Wieder hatte Axel das Gefühl, in einer anderen Welt zu sein. Ihm fiel auf, daß die Menschen besser gekleidet waren als die Leute in der DDR. Vor dem Bahnhof hatte er in die Auslagen eines Lebensmittelgeschäftes gesehen. Dort gab es Anfang Mai Äpfel zu kaufen und Bananen, dazu die üblichen Gemüsesorten, die er aus der DDR kannte. Einige konnte er nicht identifizieren. Unter olivgrünen Früchten stand ›Kiwis, 1,20 DM‹.

»Auf Gleis vier fährt ein der Schnellzug nach Berlin über ...«, dröhnte es aus den Lautsprechern. Axel hörte nicht länger zu. Er stand von der Bank auf. In einiger Entfernung sah er bereits die Schweinwerfer der Lokomotive. Der Zug kam näher. Langsam fuhr er in den Bahnhof ein. Axel ließ die einzelnen Wagen an sich vorbeirollen, bis der erste Wagen zweiter Klasse ihn erreichte. Der Zug war jetzt so langsam, daß er ohne Schwierigkeit neben der Wagentür hergehen konnte. Endlich hielt der Zug.

Axel öffnete die Wagentür und wollte gerade einsteigen, als zwei Personen den Wagen verließen. Ein älterer Herr stieg aus und nahm die Koffer entgegen, die eine Frau ihm reichte. Es kam ihm so vor, als seien nur ältere Leute in die DDR unterwegs. Um das Aussteigen zu beschleunigen, half er den alten Leuten beim Herausschaffen der Koffer.

Sie bedankten sich überschwenglich, wunderten sich aber, daß er unmittelbar, nachdem die Frau ausgestiegen war, an ihr vorbei in den Wagen drängte.

Axel wandte sich sofort nach links. In dem Übergang zwischen den beiden Wagen blieb er stehen und schaute sich um. Kein Mensch war zu sehen. Wie Roland es beschrieben hatte, waren die beiden Wagen mit einer ziehharmonikaförmigen Gummiwand verbunden. Die einzelnen Lamellen waren relativ stark zusammengepreßt. Axel schob seine Hand zwischen zwei Lamellen.

Er konnte sie mühelos auseinanderdrücken. Schnell nahm er die graue Plastiktüte aus der Manteltasche, hielt sie gegen eine der Lamellen, riß ein Stück Isolierband ab und klebte die Tüte fest. Zur Sicherheit klebte er noch einen weiteren Streifen Isolierband horizontal darüber. Dann drückte er die Lamellen wieder zusammen. Die Tüte war nun nicht mehr zu sehen. Allenfalls in einer Kurve, wenn die Gummiwand auseinandergedehnt wurde, konnte die Tüte entdeckt werden. Sie hatte fast die gleiche Farbe wie die Lamellen.

»Achtung auf Gleis vier! Türen schließen, zurücktreten, der Zug fährt in wenigen Sekunden aus.« Mit einem letzten Blick überzeugt sich Axel davon, daß die Tüte ordnungsgemäß befestigt war. Dann ging er zur Tür und sprang auf den Bahnsteig. Langsam setzte sich der Zug in Bewegung. Axel sah ihm nach, bis auch das rote Schlußlicht nicht mehr zu erkennen war.

Mit schweren Schritten ging er in die Halle des Bahnhofs zurück. Der nächste Zug aus der DDR würde am nächsten Morgen um 7.18 Uhr in Herleshausen eintreffen. Roland konnte frühestens mit diesem Zug kommen. Bei der Bahnhofsmission erfuhr Axel, daß in der Nähe eine Jugendherberge sei, in der er übernachten könne.

Dreizehntes Kapitel

Mai 1983

Zur gleichen Zeit befand sich Roland auf dem Weg zum Bahnhof in Weimar. Er hatte, um sich die Zeit zu vertreiben, lange in einer Gaststätte gesessen und war dann ziel- und planlos durch die Stadt spaziert. Nach seiner Berechnung konnte Axel in Herleshausen frühestens einen Zug erreichen, der um 21.59 Uhr in Weimar eintreffen würde. Sie hatten vereinbart, daß, falls sein Bruder diesen Zug nicht erreichte, er die Papiere im nächsten deponieren sollte.

Pünktlich um 21.59 Uhr lief der Zug im Bahnhof von Weimar ein. Roland stand an der Bahnsteigkante. Er war bislang von niemandem kontrolliert worden. Stasi-Mitarbeiter lungerten in der Nähe des Eingangs herum und beobachteten die Reisenden. Das war Routine, wie er wußte. Es beunruhigte ihn nicht weiter.

Roland stieg beim ersten Wagen der zweiten Klasse in den Zug. Er stellte sich in den Übergang zwischen den beiden Wagen und tastete die Zwischenräume der Gummiwand ab. Er konnte nichts finden. Ein zweites Mal fuhr er sorgfältig mit der rechten Hand zwischen den Lamellen entlang. Offensichtlich hatte Axel diesen Zug nicht erreicht. Roland nahm seine Tasche wieder auf und ging in gemäßigtem Tempo durch die Gänge einiger Wagen. Er hoffte, daß es keinem Menschen auffallen würde, daß er den Zug bestiegen und nach kurzer Zeit wieder verlassen hatte. Aus dem vorletzten Wagen des Zuges stieg er aus.

Er sah auf den Fahrplan. Der nächste Zug würde Weimar um 23.18 Uhr erreichen. Er ging in die Bahnhofshalle zurück. An einem Kiosk kaufte er eine Tageszeitung und setzte sich auf eine Bank.

Kurz nach 23.00 Uhr betrat er wieder den Bahnsteig. Nervös schlenderte er auf und ab. Endlich fuhr der Zug ein. Roland fand den Wagen, den er suchte, und ging sofort in den Übergang zum nächsten. Zwei Jugendliche aus dem Westen standen gegen die Lamellen der Verbindung zwischen beiden Wagen gelehnt und küßten sich. Sie hatten Roland nicht kommen hören. Sie waren ganz darauf konzentriert, sich zu liebkosen.

Roland zögerte einen Augenblick. Er wußte, daß der Zug nur wenige Minuten Aufenthalt hatte. Er wollte einerseits keinen Streit provozieren, um Aufsehen zu vermeiden, andererseits konnten sich die Papiere in diesem Durchgang befinden. Er trat vorsichtig einige Schritte zurück und ging dann erneut laut stapfend vorwärts. Das Mädchen, das mit dem Rücken gegen die Lamellen stand, öffnete die Augen. Jetzt hatte sie ihn bemerkt. Roland sah sie böse an.

»Staatssicherheitsdienst«, sagte er barsch. »Gehen Sie bitte in Ihr Abteil!« Er bemühte sich, seiner Stimme einen offiziellen Klang zu verleihen.

Der Junge drehte sich zu ihm um, musterte ihn von oben bis unten und grinste. Dann wandte er sich wieder dem Mädchen zu und wollte es erneut küssen.

Roland merkte, daß er kurz davor war, die Beherrschung zu verlieren. »Gehen Sie sofort in Ihr Abteil, sonst werde ich Sie wegen Erregung öffentlichen Ärgernisses festnehmen!« Seine Stimme bebte vor Zorn.

Das war dem Jungen nicht verborgen geblieben. Er warf Roland noch einen geringschätzigen Blick zu, sagte dann kurz: »Geh ja schon«, und zog das Mädchen hinter sich her in den Gang. Beide verschwanden in einem Abteil. Fieberhaft begann Roland, die Lamellen zu durchsuchen. An der einen Seite fand er nichts.

»An Gleis zwo Türen schließen ...«

Damit war der Zug gemeint, in dem Roland sich befand.

Er wandte sich der anderen Seite der Lamellenverkleidung zu. In der Mitte fand er die Plastiktüte, riß sie ab und lief zur Tür. Mit wenigen Schritten hatte er sie erreicht. Er war gerade auf den Bahnsteig gesprungen, als die Türen geschlossen wurden. Erleichtert atmete er auf.

Er blickte zum Eingang und sah, daß sich die Stasi-Mitarbeiter gerade mit jemand unterhielten. Ihnen war nicht aufgefallen, daß Roland kurz vor der Abfahrt den Zug wieder verließ. Er ging sofort zur Bahnhofstoilette, nahm dort die Papiere aus der Tüte und verstaute sie sorgsam in seiner Jackentasche.

Er fühlte sich nun sicherer. Hätte man ihn ohne Papiere aufgegriffen, wäre er zunächst vorläufig festgenommen worden. Damit wäre die Flucht gescheitert, denn es würde nicht lange dauern, bis man herausgefunden hätte, daß er als Stasi-Spitzel in den Westen gehen sollte. Er hatte sich zwar für diesen Fall eine Geschichte zurechtgelegt, aber darüber brauchte er sich nun keine Gedanken mehr zu machen. Der nächste Zug in den Westen ging um 3.52 Uhr. Noch mehr als vier Stunden.

Die Wartezeit verbrachte Roland auf der Bank, auf der er zuvor schon gesessen hatte. Gegen zwei Uhr wurde er von zwei Bahnpolizisten kontrolliert.

»Was machen Sie um diese Zeit auf dem Bahnhof?« fragte der Kleinere der beiden.

»Ich warte auf den Zug um 3.52 Uhr nach Westdeutschland«, antwortete Roland.

Die beiden Polizisten waren keine großen Denker, wie Roland zu erkennen glaubte. »Aha«, sagte der zweite vieldeutig, »also nach Westdeutschland.«

»Zeigen Sie doch bitte Ihre Fahrkarte!« fuhr der Kleinere fort. Roland kramte sie aus seiner Jackentasche und reichte sie dem Beamten. »Sie sind ja schon seit heute morgen unterwegs.«

»Ich habe in Weimar Zwischenstation gemacht, um mir die Stadt noch einmal anzusehen«, log Roland.

Die beiden Polizisten schauten sich an. Der Größere von beiden nickte kurz, worauf der Kleinere ihm die Fahrkarte zurückreichte. »Gute Reise«, wünschten sie zu Rolands Überraschung und entfernten sich.

Endlich war es soweit. Der Zug lief ein. Roland achtete darauf, sich in die Mitte des Zuges zu setzen. Wie er wußte, erfolgte die Kontrolle an der Grenze in zwei Gruppen, die jeweils am Anfang und am Ende des Zuges mit ihrer Tätigkeit begannen. Die Grenzbeamten stiegen in Eisenach in den Zug und verließen ihn unmittelbar an der Grenze. Er hoffte, daß die Kontrollen kurz vor der Grenze unter Zeitdruck nicht mehr so gründlich ausfallen würden. Der Zug fuhr an und nahm immer schnellere Fahrt auf. Roland befand sich allein im Abteil. In dem Abteil daneben grölten einige Jugendliche, die er für Mitglieder eines Sportvereins hielt. Er war zwar müde, wollte jedoch keinesfalls einschlafen. Er mußte wach bleiben, um von den Grenzbeamten nicht im Schlaf überrascht zu werden und dann nicht in vollem Umfang Herr seiner Sinne zu sein.

Der Zug hielt in Eisenach, ohne daß Roland vorab kontrolliert worden war. Nach kurzem Aufenthalt fuhr er weiter. Roland hatte sich ans Fenster gestellt, um sich die Morgendämmerung anzusehen. Es wurde langsam heller. Über den Wiesen war Nebel aufgestiegen, der dem jungen Morgen ein gespenstisches Aussehen verlieh.

Der Zug wurde langsamer. Das Grölen im Nebenabteil erstarb plötzlich. Roland hörte eine dumpfe Stimme, konnte jedoch nicht verstehen, was sie sagte. Das wird die Grenzkontrolle sein, dachte er. Er setzte sich wieder hin und zog seine Papiere aus der Jackentasche hervor. Wenige Augenblicke später wurde die Tür des Abteils mit einem Ruck geöffnet.

»Paßkontrolle«, sagte der Grenzbeamte.

Roland reichte ihm die Papiere. Seltsam, daß nur einer kontrolliert, dachte er. Sie werden wohl unter Zeitdruck geraten sein, so wie ich es von Anfang an vermutet habe. Der Zug hatte bereits die erste Grenzbefestigungsanlage passiert. Er sah den Grenzbeamten freundlich an. Nur keine Nervosität zeigen, schoß es ihm durch den Kopf. Der Polizist stutzte, als er das Ausreisevisum ansah. Er gab sich zwar Mühe, sein Erstaunen nicht zu zeigen, Roland glaubte dennoch gesehen zu haben, wie sich die Augenbrauen des Kontrolleurs kurz zusammenzogen.

»Augenblick bitte, ich komme gleich zurück«, sagte der Grenzbeamte und ging auf den Gang hinaus.

Roland überlegte, was wohl der Grund für das Weggehen gewesen sein könnte. Er ging zur Tür und spähte vorsichtig in den Gang. Drei Abteile entfernt stand der Grenzer und wartete, bis sein Kollege mit der Kontrolle seines Abteils fertig war. Roland wurde immer unruhiger. Was konnte mit den Papieren nicht in Ordnung sein, fragte er sich. Endlich trat der zweite Polizist auf den Gang hinaus. Der erste Kontrolleur zeigte ihm die Ausweispapiere. Auch der andere stutzte zunächst, sagte dann etwas, das Roland nicht verstand, und griff mit der rechten Hand an seine Pistolentasche.

Roland fühlte sich, als sei er von einem Faustschlag getroffen worden. Über den Gang konnte er nicht fliehen, da würde er den Grenzern direkt in die Arme laufen. Blieb nur das Fenster. Roland riß es auf und schwang sich hinaus. Bevor er auf dem Boden aufschlug, hörte er einen Schuß. Die Kugel pfiff an seinem Kopf vorbei, ohne ihn zu treffen. Er kroch sofort unter den Wagen des vor dem Stacheldrahttor stehenden Zuges und versuchte, auf die andere Seite zu robben. Er befand sich im Bereich der Grenzsperren. Nur wenige hundert Meter trennten ihn von der Bundesrepublik.

Von irgendwo her hörte er Hundegebell. Kommandos wurden gerufen. Der Zug setzte sich in Bewegung, gerade als Roland auf der anderen Seite des Wagens wieder hervorgeklettert war. Das Tor muß offen sein, dachte er. Sonst würde der Zug nicht abfahren.

Er rannte, so schnell er konnte. Als er merkte, daß der Zug Geschwindigkeit gewonnen hatte und noch schneller wurde, wandte er den Kopf nach links, um bei der nächsten Tür aufzuspringen. Er schaffte es. Die Tür ließ sich jedoch nicht öffnen. Verzweifelt riß Roland immer wieder am Griff. Die Tür bewegte sich um keinen Zentimeter. Er sah nach vorn. Das Stacheldrahttor war weit geöffnet. Ich werde es schaffen. Noch zweihundertfünfzig Meter höchstens. Seine Hand krampfte sich um den Haltegriff neben der Tür.

—

Neben dem Stacheldrahttor hockte Leutnant Stiehl, die Maschinenpistole im Anschlag. Er befehligte die Gruppe, die die hinein- und hinausfahrenden Züge von außen zu kontrollieren hatte. Er betätigte auch von Hand die Schalter, mit denen die Tore geöffnet und geschlossen werden konnten. Bisher hatte es während seiner Schicht noch nie einen Zwischenfall gegeben, und er war immerhin schon seit über einem Jahr an dieser Eisenbahnlinie eingesetzt. Und jetzt dies. Gerade, als er das Tor geöffnet hatte, hörte er einen Schuß. Er hatte sofort seine Maschinenpistole in Anschlag gebracht. Dann sah er jemanden unter einem der Wagen hervorkriechen und neben dem Zug herlaufen. Als der Zug schneller wurde, sprang der Flüchtling auf den Zug auf.

»Springen Sie ab, oder ich schieße!« rief er laut. Er konnte den Flüchtenden jetzt deutlich sehen. Er schien noch jung zu sein. Seine Augen waren vor Angst weit aufgerissen. Er klammerte sich an einem der Haltegriffe fest und drückte sich gegen den Wagen, um ein kleineres Ziel zu bieten.

Plötzlich hielt der Zug. Die Eisenräder sprühten Funken auf die Schienen. Jemand hatte die Notbremse gezogen.

Noch bevor der Zug ganz zum Stillstand kam, sprang der Flüchtende von Panik ergriffen ab und lief zum Tor.

»Stehenbleiben oder ich schieße!« hörte Stiehl einen anderen Grenzsoldaten rufen. Der Leutnant feuerte einen Warnschuß in die Luft. Irgendwo wurde fast gleichzeitig eine Leuchtrakete abgefeuert, die augenblicklich das fahle Licht des Morgens rot färbte. Die Szenerie war gespenstisch.

—

Zur selben Zeit betrat Axel den Bahnhof in Herleshausen. Er hatte nicht gut geschlafen. Er stand immer noch unter Spannung. Mit dem nächsten Zug mußte Roland ankommen. Eine Dreiviertelstunde noch. Auf dem Weg zur Jugendherberge hatte er in einem Geschäft eine Magnumflasche Champagner im Schaufenster gesehen und sich entschlossen, diese am nächsten Tag zu kaufen und mit Roland zu trinken. Die Flucht mußte gefeiert werden.

An einem Automaten zog Axel sich eine Dose Cola. Er hatte noch nicht gefrühstückt. Er gähnte. Noch eine halbe Stunde.

Axel ging auf dem Bahnsteig auf und ab. Männer mit Aktentaschen hetzten an ihm vorbei. Andere warteten auf den verschiedenen Bahnsteigen, aßen oder lasen die ersten Zeitungen. Noch eine Viertelstunde.

»Der Zug aus Berlin nach Frankfurt am Main hat voraussichtlich fünfzehn Minuten Verspätung«, klang es aus den Bahnhofslautsprechern. Das übliche, dachte Axel. Vom Bahnhofsvorplatz hörte er das Tatütata eines Martinshorns. Reifen quietschten, Türen wurden laut zugeschlagen. Mit eiligen Schritten gingen drei Polizisten über den Bahnsteig. Zwei Zivilisten folgten ihnen. Nach kurzer Besprechung stellten sie sich in gleichmäßigen Abständen am Bahnsteig entlang auf. Es vergingen einige Minuten, als Axel wiederum das Getute von Martinshörnern hörte. Kurz darauf kamen weitere Polizeibeamte auf den Bahnsteig, die zwischen ihren Kollegen Aufstellung nahmen. Unmittelbar neben ihm stand ein junger Polizist. Axel sprach ihn an.

»Ist irgend etwas Besonderes passiert?«

»Dazu kann ich Ihnen leider keine Auskunft geben«, antwortete der Polizeibeamte.

»Ich warte hier auf meinen Bruder, der aus der DDR kommen soll. Ich mache mir Sorgen. Sagen Sie mir doch bitte, was los ist«, ließ er nicht locker.

»Es tut mir wirklich leid. Ich darf Ihnen nichts sagen, und jetzt gehen Sie bitte weiter.«

Axel trat einige Schritte beiseite. Er spürte wieder die Angst, die seinen Magen wie mit einer Faust zusammenpreßte. Er überlegte, was an ihrem Plan eventuell falsch gewesen sein könnte. War man ihnen auf die Spur gekommen? fragte er sich. Beamte in Zivil gingen zwischen ihren uniformierten Kollegen hin und her. Alle warteten auf die Ankunft des Zuges. Dieses Polizeiaufgebot konnte keine bloße Routine sein, dachte Axel. Als ich angekommen bin, war kein einziger Polizist auf dem Bahnsteig zu sehen.

»Auf Gleis drei fährt ein der Schnellzug aus Berlin mit Weiterfahrt nach Frankfurt«, dröhnte es aus den Lautsprechern.

Na also, dachte er erleichtert.

»Wegen Schwierigkeiten bei der Grenzabfertigung wird der Zug hier längere Zeit Aufenthalt haben. Die Türen können zunächst nicht geöffnet werden. Bitte steigen Sie nicht in den Zug ein. Wir bitten um Ihr Verständnis.«

Irgend etwas mußte passiert sein. Axel spürte, daß sein Hände feucht geworden waren. Endlich rollte der Zug in den Bahnhof. Die Polizeibeamten stellten sich vor den Türen auf. An der Spitze und am Ende des Zuges stiegen Zivilbeamte ein.

Axel ging am Zug entlang. Vielleicht konnte er Roland sehen. In den Gängen des Zuges standen Menschen, die sich erregt unterhielten. Eine Frau weinte gegen die Schulter eines Mannes gelehnt. Als Axel vorbeiging, schlug sie die Hände vor das Gesicht. Ihr Körper wurde von Weinkrämpfen geschüttelt. Im nächsten Wagen schrie ein kleines Kind.

Die Lautsprecherdurchsage wurde wiederholt. An einem geöffneten Fenster stand im Gang des Zuges ein Mann, der aus einer Zigarre dicke Rauchwolken in die Luft blies.

»Was ist denn eigentlich los?« fragte Axel.

»An der Grenze hat es eine Schießerei gegeben. Ein Mann hat versucht, aus der DDR zu flüchten. Mehr weiß ich auch nicht«, antwortete der Mann gelassen, so als ob ihn die ganze Sache nicht anginge. Dann zog er wieder genießerisch an seiner Zigarre.

Ein Schock durchfuhr Axel. Schnell ging er weiter, fiel dann in Laufschritt. Immer wieder blickte er durch die Scheiben des Zuges, um Roland eventuell doch zu sehen. Immer mehr Fenster wurden geöffnet, Gesichter erschienen und blickten auf den Bahnsteig hinaus. Sorgenvolle waren darunter, traurige, auch aufgeregte, dann wieder lachende, fröhliche Gesichter.

Axel hatte das Ende des Zuges erreicht. Roland weiß doch, daß ich hier auf ihn warte, sagte er sich. Wenn er tatsächlich im Zug wäre, würde er sich doch am Fenster zeigen. Seine Hoffnung, Roland zu entdecken, schwand immer mehr. Aber vielleicht wird er gerade von Beamten vernommen. Er machte kehrt und ging langsam am Zug entlang wieder zurück.

»Da ist er«, rief plötzlich eine Frau aufgeregt und zeigte aus einem der Fenster auf Axel, »das ist der Mann!«

Axel sah sie erstaunt an. Das Gesicht eines Mannes erschien neben ihr am Fenster.

»Würden Sie bitte einen Augenblick warten«, sagte der Mann und wandte sich Axel zu. »Ich komme gleich heraus. Wir müssen uns kurz unterhalten. Gehen Sie doch bitte zur Tür dort vorn.« Der Mann zeigte auf die nächste Wagentür.

Axel war ratlos. Was meint die Frau, wenn sie sagt, da ist er, schoß es ihm durch den Kopf. Mit schweren Schritten ging er zu der Wagentür, auf die der Mann gezeigt hatte. Er hatte sie gerade erreicht, als die Tür geöffnet wurde und ein Mann, Anfang vierzig, mit kurzem Stoppelhaarschnitt aus dem Zug stieg.

»Kommissar Möller, Kripo Herleshausen«, stellte sich der Mann vor und zeigte hastig seinen Dienstausweis.

Auch die Frau stieg nun aus. Sie war so aufgeregt, daß sie die letzte Trittstufe fast verfehlte. Sie strauchelte und wäre auf den Bahnsteig gestürzt, wenn der Kommissar sie nicht aufgefangen hätte.

»Das ist der Mann, der versucht hat, aus der DDR zu fliehen. Ich habe ihn genau gesehen. Er hat bis zur Grenze in einem Nachbarabteil gesessen.« Die Frau atmete schwer und unregelmäßig. Immer wieder rang sie nach Luft.

»Ich war das sicher nicht«, sagte Axel. »Das war wohl mein Bruder Roland. Der wollte mit diesem Zug aus der DDR kommen. Was ist mit ihm?«

»Ich hätte schwören können, daß Sie es waren«, sagte die Frau nachdenklich. Sie schaute Axel erstaunt an. »Sehen Sie Ihrem Bruder denn so ähnlich?« fragte sie dann.

»Ja«, antwortete Axel unwirsch. »Aber was ist mit meinem Bruder? Weiter vorn im Zug hat jemand von einer Schießerei berichtet.«

»An der Grenze ist geschossen worden, das stimmt«, sagte der Kommissar. »Mehr wissen wir im Augenblick noch nicht.«

»Kommissar Möller«, rief jemand aus dem Zug. »Kommen Sie doch bitte einmal her.« Der Kommissar nickte.

»Bleiben Sie bitte bei diesem Polizeibeamten«, wies er Axel an und zeigte auf einen Uniformierten, der neben ihm stand. Dann stieg er in den Zug ein. Ungeduldig trat Axel von einem Bein auf das andere. Roland ist also gefaßt worden. Vielleicht wurde er bei der Schießerei verletzt, eventuell sogar ... Erschreckt hielt er in seinen Gedanken inne. Vielleicht sogar ... Wieder wagte er nicht weiterzudenken.

»Hallo!« Axel schaute nach rechts zu einem der Zugfenster, an dem er Kommissar Möller erkannte.

»Kommen Sie doch bitte in den Zug!«

Axel stieg ein und sah im Gang eine Gruppe von fünf Personen. Sie starrten ihn unverwandt an. Als er sich den Weg zum Kommissar bahnte, wichen sie zurück. Keiner sagte ein Wort.

»Hier hinein!« sagte der Kommissar, als Axel ihn erreicht hatte, und wies in ein Abteil. »Setzen Sie sich doch!«

Ein zweiter Mann betrat das Abteil. »Herr Dohrer«, stellte der Kommissar ihn vor. »Erzählen Sie doch bitte noch einmal, was Sie gesehen haben.«

»Also«, begann Dohrer verlegen, »ich habe genau gesehen, was passiert ist.« Er vermied es, Axel anzublicken. In der Hand hielt er eine Postkarte, die er nervös zwischen seinen Fingern hin und her drehte.

»Wir waren gerade in Gerstungen eingefahren, als irgendein Tumult entstand. Unser Abteil war kontrolliert worden. Der Beamte gab uns die Papiere zurück und wandte sich dann einem Kollegen zu, der im Gang stand. Ich hörte, wie der eine Grenzbeamte zu dem, der uns kontrolliert hatte, sagte, er solle sich das Ausreisevisum genau ansehen, das sei schon abgestempelt. Der andere blickte in den Paß und sagte dann sinngemäß, daß das nicht ihr Stempel sei, sondern der der vorigen Schicht. Da will einer türmen, rief der eine und zog seine Pistole aus der Pistolentasche. Dann rannten beide nach vorne in den Zug. Kurz darauf habe ich einen Schuß gehört.«

»Fuhr der Zug oder stand er?« unterbrach ihn der Kommissar.

»Zu dem Zeitpunkt stand er noch, glaube ich. Doch, ich bin ganz sicher, der Zug stand.«

Dohrer überlegte kurz.

»Ich hörte also den Schuß«, fuhr er fort. »Gesehen habe

ich zunächst weiter nichts, bis der Zug wieder anfuhr. Neben dem Zug – ich konnte das vom Abteilfenster aus deutlich sehen – rannte ein junger Mann, der diesem hier zum Verwechseln ähnlich sah. Ich habe ihn kurz aus den Augen verloren, weil er schneller lief, als der Zug fuhr. Ich nehme an, daß er sich am Griff der Tür festgeklammert hat. Irgend jemand hat dann wohl die Notbremse gezogen, denn der Zug bremste plötzlich stark ab. Ob der junge Mann heruntergefallen oder aber abgesprungen ist, weiß ich nicht.«

Dohrer hatte aufgehört zu sprechen. Er nahm die Brille ab und wischte sich mit einem Taschentuch den Schweiß von der Stirn.

»Sprechen Sie doch weiter!« schrie Axel. »Was ist mit meinem Bruder, bitte?«

Der Kommissar sah ihn vorwurfsvoll an. Dohrer war sichtlich bemüht, die Fassung nicht zu verlieren.

»Es war schrecklich, einfach schrecklich«, fuhr Dohrer dann fort. »Ich sah den jungen Mann so zwei oder drei Meter neben dem Zug herlaufen. Das ganze Geschehen war in rötliches Licht getaucht, von einer Leuchtrakete, wissen Sie. Dann hörte ich Schüsse aus einem Maschinengewehr oder einer Maschinenpistole. Der junge Mann wurde getroffen.«

Dohrers Stimme versagte. Er schluckte hörbar. Sein Atem ging kurz und schwer. Er stöhnte.

»Wie viele Schüsse haben ihn getroffen?« fragte der Kommissar.

»Weiß ich nicht genau. Aber es waren einige. Die haben ja sogar noch weiter auf ihn geschossen, als er schon am Boden lag. Der ganze Rücken war zerfetzt. Dann war es ruhig.«

Dohrer wischte sich verstohlen mit dem Taschentuch über die Augen. Axel saß da wie gelähmt, unfähig, sich zu rühren. Seine Hände hatten sich um die Sitzlehne gekrampft.

»Was geschah dann?« fragte der Kommissar wieder.

»Zunächst gar nichts. Mindestens ein oder zwei Minuten lang war völlige Stille. Dann rannten drei Polizisten zu dem jungen Mann. Einer hat ihm den Puls gefühlt und ihm in die Augen gesehen. Dann zuckte er mit den Schultern. Zwei haben den Leichnam ...«

»Wieso Leichnam?« unterbrach ihn der Kommissar. »Ist denn sicher, daß er tot war?«

»Sicher bin ich mir natürlich nicht. Aber wenn Sie diesen von Kugeln zerfetzten Rücken gesehen hätten und das eindeutige Schulterzucken des Vopos, der ihn untersucht hat, würden Sie auch annehmen, daß er tot war.«

Es entstand eine Pause, in der niemand ein Wort sagte. Dann erzählte Dohrer weiter.

»Zwei haben ihn an den Armen und einer an den Füßen gepackt und zu einem Wachhäuschen getragen. Kurze Zeit später fuhr der Zug dann weiter.«

Axel schluchzte laut. »Diese Schweine, diese verdammten Schweine«, rief er immer wieder. Mit der Faust schlug er auf die Lehne des Sitzes. Er war völlig außer sich.

Der Kommissar verließ für kurze Zeit das Abteil. Nach einer Weile erschien er mit einem zweiten Mann, den er als Arzt vorstellte. Der öffnete eine Tasche, nahm eine Spritze und ein kleines Glasfläschchen heraus und zog eine Flüssigkeit in die Spritze.

»Ich werde Ihnen eine Beruhigungsspritze geben. Bitte machen Sie Ihren rechten Arm frei«, sagte er zu Axel.

Axel zog seine Jacke aus und krempelte den rechten Ärmel seines Pullovers nach oben. Den Einstich der Spritze spürte er kaum.

Vierzehntes Kapitel

August 1987
(Über vier Jahre später)

Rechtsanwalt Gelhard griff zum Haustelefon auf seinem Schreibtisch.

»Wer ist der nächste?« fragte er seine Sekretärin.

»Herr Jäger. Er kommt in einer neuen Sache.«

»Worum geht's?«

»Das wollte er nur mit Ihnen besprechen.«

Gelhard stöhnte. Auf seinem Schreibtisch waren haufenweise Akten gestapelt. In der Mittagszeit hatte er sich bemüht, sie der Dringlichkeit nach zu ordnen. Das sieht wieder nach einem langen Wochenende aus, dachte er. Die Zimmertür wurde geöffnet.

»Herr Jäger«, meldete die Anwaltsgehilfin den neuen Mandanten an. Gelhard begrüßte ihn, bat ihn Platz zu nehmen und sagte: »Was kann ich für Sie tun?«

»Ich möchte Sie bitten, für mich eine Strafanzeige zu erstatten«, antwortete Axel Jäger. »Ich muß, um Ihnen den Sachverhalt zu erklären, etwas weiter ausholen. Ich bin vor einigen Jahren aus der DDR geflohen. Die Flucht war von mir und meinem Bruder geplant worden. Wir wollten beide in den Westen.«

Axel erzählte kurz die wesentlichen Einzelheiten seines Lebens in der DDR und der Flucht. Der Anwalt hörte interessiert zu.

»Mein Bruder Roland ist von Grenzsoldaten erschossen worden. Damals bestand noch strikter Schießbefehl an der Grenze zwischen der DDR und der BRD. Und für diesen Schießbefehl und damit für den Tod meines Bruders ist der Staats- und Parteichef der DDR, Erich Honecker, verantwortlich. Ich möchte, daß Sie ihn wegen Mordes anzeigen und zwar nicht nur wegen Mordes an meinem Bruder, sondern an all den Hunderten, die während seiner Amtszeit an der deutsch-deutschen Grenze erschossen wurden oder sonst, etwa durch Tretminen, ums Leben gekommen sind. Wie Sie wissen, kommt Honecker in drei Wochen in die Bundesrepublik, und da würde es mich höllisch freuen, wenn er kurz hinter der Grenze von der Polizei verhaftet werden würde.«

Der Anwalt lächelte. »Diese Vorstellung wird sicher vielen Menschen nicht unangenehm sein. Ich fürchte nur, dazu wird es nicht kommen«, sagte Gelhard.

Er dachte kurz nach. »Ob Honecker nach bundesdeutschen Gesetzen für die Tötungen verantwortlich ist, ist fraglich. Wahrscheinlich werden die bundesdeutschen Strafgesetze auf Honecker nicht angewendet werden können. Das Hauptproblem besteht aber meines Erachtens darin, daß Honecker als hochrangiger Politiker Immunität genießt, so daß er nicht der bundesdeutschen Strafgewalt unterliegt. Diese Fragen muß ich genauer prüfen. Ich schlage Ihnen vor, daß wir einen neuen Termin vereinbaren, damit ich mir die Probleme durch den Kopf gehen lassen kann.«

»Und heute können Sie das nicht klären?« fragte Axel ungeduldig.

»Ich kann Ihnen jetzt nur sagen, daß die Anzeige meiner Ansicht nach wenig Aussicht auf Erfolg hat, weil Honecker Immunität genießt. Aber die damit verbundenen Fragen werden nicht jeden Tag an mich gestellt, so daß ich Ihnen ohne genauere juristische Prüfung im Augenblick keine verläßliche Auskunft geben kann. Es gibt im Verhältnis der beiden deutschen Staaten viele Besonderheiten, auch im Strafrecht. Honecker kommt erst in drei Wochen in die Bundesrepublik, so daß es auf eine Woche doch nicht ankommen kann.«

Als Axel keine Anstalten machte, sich zu verabschieden,

wurde Gelhard etwas ärgerlich. Wie viele Mandanten schien auch Jäger wochenlang überlegt zu haben, ob es ratsam sei, einen Anwalt einzuschalten. Als er sich schließlich dazu durchgerungen hatte, wollte er in kürzester Zeit Ergebnisse sehen.

»Sie müssen wissen«, nahm Axel das Gespräch wieder auf, »daß ich bereits bei der Polizei war, um Anzeige zu erstatten. Die haben mich aber abgewimmelt und mir geraten, einen Anwalt zu beauftragen.«

»Das kann ich gut verstehen. Denn welcher Polizeibeamte in Düsseldorf hat schon mit Verbrechen zu tun, die sich in der DDR abgespielt haben. Bei diesen Dingen halten sich die einzelnen Beamten natürlich zurück. Sie werden keine Lust haben, ein Protokoll zu schreiben über eine Anzeige, von der sie nicht wissen, ob sie überhaupt sinnvoll ist.«

Axel verließ unbefriedigt die Kanzlei. Der ganze Haß, der sich während seiner Gefängniszeit aufgestaut hatte, brach wieder aus ihm hervor. Honecker repräsentierte für ihn den DDR-Staat, die Unterdrückung der dort lebenden Menschen, den Schießbefehl an der Grenze zur Bundesrepublik, die Tretminen und die Tötungen. Er wolle sich rächen für alles, was sie ihm angetan hatten, und für den Mord an Roland.

Als er erstmals hörte, daß Honecker die Bundesrepublik besuchen würde, hatte er nachts einen Traum gehabt, der ihn nicht mehr losließ. Honecker sollte auch das Schloß im Düsseldorfer Stadtteil Benrath besuchen. Axel sah sich im Traum vor Honecker hintreten. Er hörte sich sagen: »Ich werde Sie töten, Honecker, weil Sie meinen Bruder haben töten und mich vierzig Monate lang im Gefängnis haben foltern lassen. Weil Sie siebzehn Millionen Menschen unterdrücken, sie ihrer Freiheit berauben, ohne gerichtlich dafür belangt werden zu können. Weil Sie bei der Konferenz für europäische Sicherheit und Zusammenarbeit in Helsinki die Menschenrechte anerkannt und durch Ihr

Verhalten später gezeigt haben, daß Ihre Unterschrift unter das Schlußdokument nur zum Schein abgegeben wurde, um im Westen weitere Kredite zu erhalten. Weil Sie sich jede menschliche Erleichterung in harter Währung bezahlen lassen.«

In seinem Traum war er mit einer Pistole in der Hand vor Honecker getreten. Keiner der westdeutschen Polizeibeamten und der ostdeutschen Leibwächter hatte eingegriffen, als hätten sie nur darauf gewartet, daß endlich einer den Mut aufbrachte, Honecker zur Verantwortung zu ziehen. Es hatte ihm gefallen zu sehen, wie das blanke Entsetzen in Honeckers Gesicht getreten war, seine Augen sich weiteten, sein Mund zitterte. Honecker hatte den Mund geöffnet, um zu schreien, war dazu jedoch nicht in der Lage gewesen.

Dann hatte er sich umgedreht und war die Treppe zum Benrather Schloß hinaufgegangen. Axel hatte die Hand mit der Pistole gehoben und dreimal auf Honecker geschossen, ihm in den Rücken geschossen, so wie seine Befehlsempfänger Roland in den Rücken geschossen hatten. Alle Schüsse hatten getroffen dank Axels vormilitärischer Ausbildung in der DDR.

Einige der Umstehenden hatten Beifall geklatscht, nur die hohen Politiker, die Honecker begleiteten, behielten ihr Pokerface bei, um ihre Freude, die auch sie empfanden, nicht zeigen zu müssen. In hohem Bogen hatte Axel die Pistole in den Teich vor dem Benrather Schloß geworfen und war dann völlig unbehelligt nach Hause gegangen.

Diesen Traum träumte Axel immer wieder in unterschiedlichen Varianten. Das Kerngeschehen war stets das Attentat auf Honecker und die Freude, die er beim Anblick des entsetzten Gesichtes empfand. Das Randgeschehen wechselte. In einem der Träume war Axel unmittelbar nach der Tötung Honeckers durch einen der Leibwächter selbst erschossen worden. Danach war er schweißgebadet aufgewacht.

Manchmal erschien Roland in einem der Träume. Sein Gesicht war von Schmerzen gezeichnet, das Hemd war blutig und von Kugeln durchlöchert. »Töte Honecker, töte Honecker, töte ihn!« sagte er immer wieder. Wenn Axel sich sträubte, forderte Roland immer eindringlicher: »Du sollst ihn töten!«

Der Gedanke, ein Attentat auf Honecker zu begehen, wurde Axel immer vertrauter. Er wollte Roland rächen, er mußte es tun.

Einige Tage später führte er das zweite Gespräch mit Rechtsanwalt Gelhard.

»Ich habe die Erstattung einer Anzeige geprüft. Sie hat keine Aussicht auf Erfolg. Honecker kann in der Bundesrepublik strafrechtlich nicht verfolgt werden, egal welche Verbrechen er begangen hat. Honecker unterliegt nicht der bundesdeutschen Strafgerichtsbarkeit. Die DDR gilt zwar aus der Sicht der Bundesrepublik staats- und verfassungsrechtlich als Inland. Im Strafrecht ist die DDR jedoch Ausland. Um es juristisch genauer auszudrücken, DDR-Bürger sind im strafrechtlichen Sinne zwar keine Ausländer, werden aber wie solche behandelt. Die juristischen Feinheiten – und die gibt es reichlich – werden Sie aber wohl nicht weiter interessieren. Langer Rede kurzer Sinn, die Strafanzeige hat keine Aussicht auf Erfolg. Die Staatsanwaltschaft würde die Ermittlungen sofort einstellen.«

»Gibt es denn nicht Fälle von Leuten, die aus der DDR geflohen sind, und dabei Menschen erschossen haben? Die sind doch in der Bundesrepublik verurteilt worden«, ließ Axel nicht locker. »Und jetzt erscheint Honecker als derjenige, der als höchste Institution den Befehl zum Schußwaffengebrauch an der Grenze gegeben hat, und soll nicht bestraft werden können?«

»Sie denken da an den Weinhold-Prozeß?« fragte Gelhard.

»Weinhold-Prozeß? Davon habe ich nie gehört.«

»Wenn ich mich recht erinnere, lief dieser Prozeß in erster Instanz Ende 1976 beim Landgericht Essen. Ein Soldat der Nationalen Volksarmee, eben dieser Weinhold, ist von der DDR in die Bundesrepublik geflüchtet und hat sich dabei den Weg freigeschossen und zwei Grenzsoldaten getötet. Das Landgericht Essen hat ihn zunächst freigesprochen mit der Begründung, Weinhold habe möglicherweise in Notwehr gehandelt, weil die Grenzsoldaten zuerst auf ihn geschossen hätten. Die DDR hat damals keine Zeugen in die Bundesrepublik reisen lassen, so daß letztlich nicht genau geklärt werden konnte, ob Weinhold in Notwehr handelte. Nach dem Grundsatz ›Im Zweifel für den Angeklagten‹ ist das Gericht zu Weinholds Gunsten von Notwehr ausgegangen.

Der Bundesgerichtshof hat das Urteil des Essener Landgerichts aber aufgehoben und den Rechtsstreit an das Landgericht Hagen zur erneuten Verhandlung verwiesen. Jetzt erst stellte die DDR dem Gericht die Unterlagen über ein Beweissicherungsverfahren zur Verfügung, das vor dem Bezirksgericht in Dresden durchgeführt worden war. Verschiedene Zeugen hatten dort ausgesagt, daß nur ein Feuerstoß, nämlich der von Weinhold zu hören gewesen sei. Wenn die Grenzsoldaten aber nicht auf Weinhold geschossen haben, lag also keine Notwehr vor. Das Gericht hat ihn dementsprechend wegen Totschlags in zwei Fällen zu fünfeinhalb Jahren Freiheitsstrafe verurteilt. Die Strafe fiel deshalb relativ niedrig – es kamen auch noch drei Fälle von bewaffnetem Kraftfahrzeug-Diebstahl hinzu – aus, weil das Gericht Weinhold verminderte Schuldfähigkeit zubilligte. Ein Gutachter hatte von einer Kurzschluß- und Trotzreaktion gesprochen.

Aber bemerkenswert an diesem Urteil ist, daß das Gericht erkennen ließ, daß Weinhold auch verurteilt worden wäre, wenn die Soldaten zuerst auf ihn geschossen hätten. Das Gericht vertrat die Ansicht, daß die beiden Grenzsoldaten, wenn sie zuerst auf Weinhold gefeuert hätten, im

Recht gewesen seien. Weinhold habe der Wehrpflicht unterstanden und hätte sich nicht von der Truppe entfernen dürfen.«

»Aber«, unterbrach Axel, »das ist doch ungerecht. Dieser Weinhold wird verurteilt, und Honecker, der in -zig Fällen hat töten lassen, kommt ohne Strafe davon?«

»Gerechtigkeit gibt es nicht, lieber Herr Jäger. Ich kann das Wort schon nicht mehr hören. Fast jeder, der einen Prozeß verliert, spricht von Ungerechtigkeit«, ereiferte sich der Anwalt. »Einige beschweren sich sicher zu Recht. Ich kann nur wiederholen, es gibt keine Gerechtigkeit. Das heißt aber nicht, daß die Richter oder die Gerichte sich nicht um Gerechtigkeit bemühen würden. Nur, woher soll ein Richter wissen, wie sich ein Verkehrsunfall oder ein Sittlichkeitsverbrechen tatsächlich ereignet hat, wenn er doch selbst nicht dabei war. Er kann sich nur auf Zeugenaussagen verlassen, und wenn die falsch sind, wird auch das Urteil falsch sein. Ob Zeugen bewußt lügen oder sich einfach irren, ist dabei unerheblich.

Professor Bender, Vorsitzender Richter am Oberlandesgericht Stuttgart, hat zusammen mit anderen Autoren zwei Bücher zum Thema ›Tatsachenfeststellung vor Gericht‹ verfaßt. Dieser Richter, der sich über Jahrzehnte mit Zeugenvernehmungen und Zeugenbeweis beschäftigt hat, vertrat kürzlich im Fernsehen die Auffassung, daß jedes zweite Urteil falsch sei. Richter, Staatsanwälte, Rechtsanwälte werden zwar in allen möglichen juristischen Feinheiten ausgebildet, nicht aber in Vernehmungs- und Glaubwürdigkeitslehre geschult. Man kann immer nur versuchen, sich der Idee von Gerechtigkeit zu nähern.

Und schlimm sind weniger die falschen Urteile, die gutgläubig und unter Ausschöpfung aller vorliegenden Beweismittel gefällt wurden. Wesentlich schlimmer sind Richter, die nur ein Ziel kennen, nämlich ihre Akten möglichst schnell vom Tisch zu bekommen, und die deshalb aus Schlampigkeit oder Nachlässigkeit falsche Urteile fällen. Dasselbe gilt für Anwälte, die vor allem anderen ihre Gebühren im Kopf haben und ihre Mandanten in unnütze und risikoreiche Prozesse treiben.

In jedem Urteil steht übrigens nicht etwa, daß diese Entscheidung des Gerichts gerecht sei, sondern der Satz: ›... hat die soundsovielte Kammer des Landgerichts‹ «, Gelhard betonte jetzt jedes Wort, »›für Recht erkannt‹, also für richtig gehalten, als Recht angesehen, vermutet, daß es richtig sei.

Wie ist sonst auch zu erklären, daß beispielsweise ein Landgericht einem Kläger zu hundert Prozent Schadensersatz zuspricht, das Oberlandesgericht in der Berufungsinstanz jeden Schadensersatzanspruch verneint und der Bundesgerichtshof schließlich in der Revision dem Kläger 50% Schadensersatz zuerkennt.

Richtern wie Anwälten muß man natürlich zugute halten, daß sie häufig überlastet sind und aus diesem Grunde Fehler machen.«

»Alles schön und gut«, unterbrach Axel den Anwalt wieder, »ungerecht ist es trotzdem, wenn Honecker ungestraft davonkommt.«

»Hören Sie mir mit Gerechtigkeit auf. Ist es denn gerecht, wenn ein Ladendieb, der eine Musikkassette oder eine Schachtel Zigaretten gestohlen hat, zu einer Geldstrafe in Höhe eines halben Monatslohns verurteilt wird, während der Filialleiter eines Kaufhauses, der, sagen wir, 100 000 DM veruntreut hat, straflos ausgeht, weil die Kaufhauskette keine Anzeige gegen ihn erstattet, aus Angst davor, daß der Filialleiter der Kripo etwas über ihre Schwarzgeschäfte erzählen könnte? Ist es vielleicht gerecht, wenn die Stadtwerke Düsseldorf einer alten Frau, die sich schämt, Sozialhilfe zu beantragen, und deshalb ihre Stromrechnung nicht bezahlen kann, den Strom abklemmt und andererseits die Stadtverwaltung für die militanten Hausbesetzer in der Kiefernstraße 60 000 DM an die Stadtwerke überweist, damit denen nicht mit Gewalt der Strom gesperrt werden muß? Letzteres können Sie übrigens heute in der Presse nachlesen. Und ist es vielleicht gerecht, wenn ein Teil der Menschheit verhungert und wir Europäer nicht wissen, wohin mit den vielen Lebensmitteln? Wenn zigtausende von Tonnen Obst jährlich zur Stützung der Preise an den Bäumen verfaulen oder auf die Müllkippe gefahren werden und Kinder in Afrika, deren vor Hunger aufgeblasene Bäuche man in jeder Nachrichtensendung, während man zu abend ißt, sehen kann, nichts zu essen haben? Seit neuestem wird im Fernsehen doch sogar Werbung für Feinschmeckergerichte für Hunde und Katzen gemacht. Sollen die Tiere Thunfischschnitzel und Rinderfilet in Lebersauce fressen, während Menschen verhungern?«

Der Anwalt schaute Axel mit grimmig funkelnden Augen an. Dann entspannten sich seine Gesichtszüge wieder.

»Was ich damit sagen will, ist, daß Sie die Angelegenheit Honecker schleunigst vergessen sollten. Seien Sie froh, daß Ihnen die Flucht aus der DDR geglückt ist. Juristisch können Sie Honecker jedenfalls nichts anhaben. Wenn Sie sich nicht im klaren darüber sind, daß die Gerechtigkeit oft nicht verwirklicht werden kann, sind Sie auf dem besten Weg, ein Terrorist zu werden.«

Wenn Sie wüßten, wie recht Sie haben, dachte Axel. Ich glaube Ihnen, daß ich juristisch nicht zum Ziel komme. Aber das ist ja nicht der einzige Weg dorthin. Im Unterbewußtsein hatte er schon den Entschluß gefaßt, Rolands Drängen in seinen Alpträumen nachzugeben. Ich werde Honecker erschießen, sagte er sich.

Nachdem Axel das Büro des Anwalts verlassen hatte, nahm er über die Benrather Schloßallee den direkten Weg zum Benrather Schloß. Nach einem Fußmarsch von etwa fünf Minuten zweigte rechts die Meliesallee ab. Dahinter begann der Schloßpark. Rechts neben dem Bürgersteig floß ein kleiner Bach. Fische stießen hin und wieder mit dem Maul durch die Wasseroberfläche, worauf sich immer größer werdende Kreise durch das Wasser zogen. Gärtner waren beschäftigt, die ersten herbstlich verfärbten Blätter auf den Wegen zusammenzurechen. Axel betrat den Bereich des Schlosses durch ein schmiedeeisernes Tor. Er merkte, daß er die Schloßanlage nun mit anderen Augen ansah als früher. Die fünf Gebäude des Schlosses sind halbkreisförmig um einen kleinen See herum angelegt. In der Mitte liegt das Hauptgebäude, in dem seit einer aufwendigen Renovierung Staatsempfänge des Landes Nordrhein-Westfalen stattfinden. Zwei befahrbare Rampen führen direkt zum Schloßeingang hinauf. Zwischen ihnen befindet sich eine breite Treppe.

Axel besah sich zunächst die Dächer des rechts von ihm liegenden Gebäudeteils. Eine Vielzahl von Kaminen ragte aus dem Dach, dessen Spitze abgeflacht war. Er dachte zunächst, daß er sich hinter einem der Kamine verstecken könne, verwarf diesen Gedanken aber sofort wieder. Keiner der Schornsteine war von allen Seiten vor Blicken geschützt.

Ihm fiel auf, daß in der Mitte des kleinen Sees vor dem Schloß eine winzige Insel angelegt war, auf der kleine Hütten für die zahlreichen Enten, die den See bevölkerten, standen. Von da aus hätte man ein optimales Schußfeld, dachte er. Auf der Insel stand eine Trauerweide, deren herabhängende Zweige einen guten Schutz vor allen Blicken boten. Aber wie sollte er nach Abgabe der Schüsse unentdeckt von dieser Insel entkommen? Von der Benrather Schloßallee, die halbkreisförmig um den See herum verläuft, bis zur Insel waren es mindestens einhundert Meter. Diese Strecke konnte er nicht tauchend zurücklegen. Zudem war das Wasser so trübe, daß die Gefahr bestand, die Orientierung zu verlieren.

Er ging zur Rückseite des Schlosses, wo Honecker Zeitungsberichten zufolge nach dem Mittagessen bei gutem Wetter Kaffee trinken sollte. Man müßte sich in einem der hohen Bäume verstecken, dachte er spontan. Von dort würde er aus einer Entfernung von zirka fünfzig Metern kaum vorbeischießen können. Aber auch dabei stellte sich das Problem, nach Abgabe des Schusses unentdeckt zu entkommen. Außerdem wird es gerade hier auf der Rückseite, wo sich die Bäume als Versteck geradezu anboten, von Polizeibeamten nur so wimmeln, ging es ihm durch den Kopf.

Er warf noch einen Blick auf den Spiegelweiher und schritt dann parallel zur Rückseite des Schlosses weiter. An einer der Statuen bog er nach links ab. Noch einmal fiel sein Blick auf die umstehenden Bäume. Hier wird jeder Baum einzeln abgesucht werden. Sich hier zu verstecken hätte keinen Sinn.

Als Axel wieder an der Vorderseite des Schlosses angelangt war, versuchte er, sich noch einmal genauestens die Einzelheiten der baulichen Anlage einzuprägen und sich den Verlauf des Honecker-Besuches am Benrather Schloß vorzustellen. Von der Benrather Schloßallee wird das Fahrzeug, in dem Honecker sitzt, direkt zum Schloß fahren. Der Weg des Fahrzeuges wird am ersten halbkreisförmigen Gebäude vorbei am Eingang führen. Das Fahrzeug wird vor der Treppe halten und nicht die Rampe benutzen, dachte er. Honecker wird aussteigen, drei Treppenstufen emporgehen und dann das erste Podest betreten, das nach etwa fünf Metern in die zweite, neunstufige Treppe übergeht. Von der obersten Stufe aus hatte Honecker etwa zehn Meter zurückzulegen, um den Schloßeingang zu erreichen.

Mit dem Rücken zur Eingangstür stehend, blickte Axel noch einmal in die Runde. Rechts sah er über den Bäumen den Kirchturm von St. Caecilia. Ich müßte aus einem der Fenster der Häuser an der Benrather Schloßallee schießen, dachte er. Von dort kann ich am ehesten unerkannt entkommen. Entschlossen stieg er die Treppen hinunter. In der Mitte des kleinen Sees plätscherte das Wasser einer Fontäne.

Er ging an den weiß gestrichenen Blumenkübeln aus Holz vorbei, in denen Buchsbäume wuchsen, deren Kronen sorgfältig zu einer Kugelform gestutzt waren. An einer Fußgängerampel überquerte er die Benrather Schloßallee und wandte sich nach links.

Als er an einem Parkplatz vorübergegangen war, sah er eine Ruine inmitten eines verwilderten Grundstückes. Holunderbüsche und Brennesseln hatten es völlig erobert. Als er sich unbeobachtet glaubte, kletterte er schnell über das etwa 1,50 Meter hohe Tor, das den Eingang zu dem Grundstück versperrte. Es ließ sich nicht mehr öffnen. Er ging durch das Unterholz auf die Reste des Gebäudes zu. Während er damit beschäftigt war, mit der Hand Tannenzweige von seinem Gesicht fernzuhalten, achtete er nicht darauf, wohin er trat. Fast wäre er in einen kleinen, viereckigen Schacht gefallen. Vorsichtig bahnte er sich einen Weg durch die wild wachsenden Pflanzen. Im hinteren Teil des Grundstücks bot sich einen gute Möglichkeit, in den ersten Stock des verfallenen Gebäudes zu klettern. Eine Wand war schräg zum Nachbarhaus hin abgebrochen worden, so daß er wie auf einer Treppe hinaufsteigen konnte. Das Betreten der Ruine war nicht ungefährlich. Die Decke zwischen dem ersten und dem zweiten Geschoß war teilweise eingestürzt. Balken hingen schräg herab, Fußbodendielen lagen darüber. Nur im vorderen Bereich zur Benrather Schloßallee hin stützten schwere Balken die Decke ab. Vorsichtig, immer damit rechnend, daß der morsche Boden ihn nicht tragen würde, schlich er an der Wand entlang zu einer Fensteröffnung in der vorderen Mauer des Gebäudes. Er blickte hinaus zum Schloß.

»Scheiße«, fluchte er. Die Bäume rechts und links von der Benrather Schloßallee versperrten ihm die Sicht auf den Haupteingang. Bleibt nur der zweite Stock, dachte er. Über einen herabgestürzten Deckenbalken, der noch nicht morsch geworden war, kletterte er vorsichtig zum zweiten Stockwerk empor. Er stand nun auf der Mauer, die die beiden Räume in der ersten Etage voneinander trennte. Auf Händen und Knien kroch er zur vorderen Hauswand. Als er sie erreicht hatte, wippte er, während er sich mit den Händen an der Wand abstützte, auf und nieder. Der Fußboden federte zwar, schien aber noch ausreichend tragfähig zu sein. Er blickte über den Mauervorsprung und zielte über seine rechte Hand auf den Eingang des Schlosses.

›Optimal‹, sagte er sich, ›das ist ja wie für mich geschaffen.‹ Zwischen den Blättern der Bäume hindurch hatte er ein freies Schußfeld auf die Treppe und den Eingang. Gleichzeitig verdeckten die übrigen Blätter die Sicht auf ihn vom Schloß her. »Sobald du die ersten drei Stufen der Treppe hinaufgegangen bist, werde ich schießen, Honecker«, flüsterte er voller Haß. »Selbst wenn ich beim ersten Mal nicht treffen sollte, müßtest du die zweite Treppe mit neun Stufen hinaufrennen und dann noch zehn Meter bis zum Eingang zurücklegen. Das reicht, um mindestens zwei weitere Schüsse abzugeben. Ein Schuß wird dich tödlich treffen.«

Etwas weiter entfernt von der Wand zum Nachbargebäude riß er eines der Fußbodenbretter heraus. Der Lehm zwischen den Balken ließ sich mühelos entfernen. Axel grub mit den Händen eine etwa 1,50 Meter lange und dreißig Zentimeter breite Mulde. Hier wollte er rechtzeitig vor dem Attentat das Gewehr verstecken und danach liegenlassen, um es einige Tage später zu holen. Sorgfältig legte er die Diele wieder an die alte Stelle zurück. Den Lehm verteilte er gleichmäßig auf dem Fußboden. Mit dem nächsten Regen würde er weggewaschen werden. Vorsichtig kroch er zurück, warf noch einen letzten prüfenden Blick in die Runde, und stieg hinab. So ist es zu schaffen, dachte er zufrieden.

—

Der Tag des Honecker-Besuchs in Düsseldorf näherte sich. Plötzlich überschlugen sich die Medien in Berichten und Kommentaren zu diesem Ereignis. Das Titelbild eines

Nachrichtenmagazins zeigte eine Karikatur Honeckers, wie sie in Axels Augen besser nicht hätte gelingen können. Drei rosa Nelken in der Hand und die ›Praktisix-Kamera‹ vor der Brust, wirkte Honecker wie der kleinbürgerliche Onkel, der zur Erstkommunion seines jüngsten Neffen anreist. Sein Gesicht war in der Karikatur so verkniffen dargestellt, wie es der Wirklichkeit entsprach. Die Augen waren nur halb geöffnet, wirkten aber dennoch listig. Das Gesicht war zu einem Feiertagslächeln verzogen, der Mund geschlossen.

Axel hatte das Titelbild abgerissen und mit Klebeband innen an der Tür seiner Toilette befestigt. Dort mußte er jeden Tag einige Minuten verbringen und, während er so dasaß, in das gezeichnete Gesicht Honeckers blicken. Dieses verkniffen hämische Grinsen stachelte seinen Haß jeden Tag aufs neue an.

In der Zeitschrift waren die Ergebnisse einer Umfrage veröffentlicht, bei der die Befragten sechs Politikern Noten geben konnten auf einer Skala zwischen minus fünf für ›sehr unsympathisch‹ bis plus fünf für ›sehr sympathisch‹. Unter den Politikern Gorbatschow, Mitterand, Thatcher, Reagan und Jaruzelski schnitt Honecker mit einem Wert von minus 1,4 relativ schlecht ab. Unsympathischer erschien den Befragten nur Jaruzelski, der polnische Regierungschef. Aufmerksam verfolgte Axel auch die Berichte in anderen Zeitungen. Das Ereignis wurde zu seinem Unverständnis überwiegend positiv beurteilt. Da die Bundesrepublik die DDR nicht als Staat mit eigener Staatsbürgerschaft anerkannte, wurde der Besuch protokollarisch als offizieller Arbeitsbesuch des SED-Generalsekretärs bezeichnet.

In der Düsseldorfer ›Rheinische Post‹ erschien am Samstag, dem 5. 9. 1987, das erste genaue Datum des Honecker-Besuches in Düsseldorf. Am 9. 9. 1987 sollte Honecker in Düsseldorf mit dem Ministerpräsidenten des Landes Nordrhein-Westfalen, Johannes Rau, zusammentreffen.

Am kommenden Mittwoch ist es also soweit. Axel war in der Zwischenzeit in das Haus seines Arbeitgebers eingezogen. Er sollte dort, während sein Chef, Friedrich Möller, Inhaber der gleichnamigen Spedition in Düsseldorf, einen dreiwöchigen Urlaub im Ausland verbrachte, nach dem Rechten sehen.

Er wußte, daß Möller seine Jagdwaffen in einem Waffenschrank im Keller des Hauses aufbewahrte. Bereits am ersten Tag nach seinem Einzug hatte er den Ersatzschlüssel zum Schrank in einem kleinen Schlüsselkästchen, das versteckt im Schlafzimmerschrank angebracht war, gefunden. Axel nahm den Steyr-Mannlicher-Stutzen in die Hand.

»Mit diesem Gewehr habe ich vor zwei Jahren in der Nähe von Berchtesgaden eine Gams geschossen«, hatte Möller gesagt, als er ihm stolz seine Waffen zeigte. »Die Gams stand in dreihundert Metern Entfernung in der Wand des Berges. Die Waffe ist auf dreihundert Meter eingeschossen, Kaliber 30-06. Damit schieße ich einer Fliege die Flügel aus«, hatte Möller angegeben. »Hier, sehen Sie durch das Zielfernrohr!« hatte er Axel aufgefordert. »Es ist zwar kein Zeiss-Zielfernrohr, aber mindestens genausogut. Marke Swarovski, Modell Nova 3-12x56.«

Durch das Fadenkreuz des Zielfernrohres sah Axel aus dem Kellerfenster auf das gegenüberliegende Haus. Auf dem Balkon hing eine Blumenampel, auf die er das Fadenkreuz richtete. So wie er atmete, bewegte sich auch das Fadenkreuz mal über und mal unter die Blumenampel. Sobald er die Luft anhielt, hörten die Schwankungen auf. Das Gewehr lag sicher in der Hand. Die Schulterstütze paßte sich perfekt Axels körperlichen Maßen an. Wenn die auf der Mauer aufliegt, schieße ich auch einer Fliege die Flügel einzeln aus, dachte er. Dann sah er sich nach der passenden Munition um. Rechts an der Schranktür standen verschiedene Geräte, die zum Reinigen der Gewehre benutzt wurden. In der linken Tür steckten in dafür vorgesehenen Fächern Schachteln mit Munition. »Winchester-Munition im Kaliber 30-06 knallt nicht so laut wie die anderer Hersteller«, hatte Möller seinerzeit gesagt, »die pfeift mehr.«

Fünfzehntes Kapitel

8. und 9. September 1987

Die Fernseh- und Pressenachrichten meldeten einen ›atmosphärisch guten Auftakt‹ des Honecker-Besuches in der Bundesrepublik Deutschland. Beide Seiten hätten an ihren Grundpositionen festgehalten, wollten aber die gegenseitigen Beziehungen als Chance für die Abrüstungs- und Entspannungsbemühungen der Weltmächte nutzen. Honecker forderte unter anderem einen vollständigen Abbau der Mittelstreckenraketen.

In der ›Heute-Sendung‹ des Zweiten Deutschen Fernsehens waren die ersten Bilder des Besuches zu sehen. Die Ministerin für innerdeutsche Fragen, Wilms, Wirtschaftsminister Bangemann, einige Staatssekretäre und andere hohe Beamte der Bundesregierung stehen vor dem Bundeskanzleramt, als Honecker von Bundeskanzler Kohl begrüßt wird. Honecker schüttelt die Hände der angetretenen Minister und Staatssekretäre und nimmt dann die Meldung des Führers der Ehrenformation, Major Schäfer, entgegen: »Exzellenz, ich melde Ihnen die Ehrenformation der Bundeswehr angetreten.« Die Soldaten grüßen militärisch.

Axel schüttelte den Kopf. Diese Bundeswehr, die hier für Honecker eine Ehrenformation antreten läßt und ihm militärische Ehren erweist, ist dieselbe, die drüben in der DDR als Todfeind dargestellt wird. Jedes Kind im Vorschulalter bekommt dort schon eingeimpft, daß die Bundeswehr der Todfeind der DDR sei.

Dann wird die Nationalhymne der DDR intoniert, deren Text Axel wieder in den Sinn kommt:

›Auferstanden aus Ruinen,
Und der Zukunft zugewandt,
Laß uns Dir zum Guten dienen,
Deutschland, einig Vaterland. ...‹

›Deutschland einig Vaterland‹, wiederholte er im Geist.

Es folgt die Nationalhymne der Bundesrepublik, das Deutschlandlied:

›Einigkeit und Recht und Freiheit
Für das deutsche Vaterland.
Danach laßt uns alle streben
Brüderlich mit Herz und Hand.
Einigkeit und Recht und Freiheit
sind des Glückes Unterpfand. ...‹

Erstmal fiel Axel auf, daß beide Nationalhymnen die Einheit Deutschlands betonten. Niemand sang zur Melodie den Text der Hymnen. So ist allen eine Lüge erspart geblieben, dachte Axel.

Kaum vorstellbar, daß Honecker die Worte ›Deutschland, einig Vaterland‹ guten Gewissens über die Lippen bekommt. Er, der 1961 den Mauerbau organisiert hat, der sich nicht scheut, zu jedem Jahrestag des Mauerbaus den ›antiimperialistischen Schutzwall als Garant des Friedens in Mitteleuropa‹ zu preisen.

Axel schaltete den Fernseher ab. Er nahm den Schlüssel des Waffenschrankes vom Tisch und ging in den Keller. Er schloß den Schrank auf und nahm den Steyr-Mannlicher-Stutzen in die Hand. Es wurde allmählich Zeit, ihn zur Ruine zu bringen und unter dem gelösten Fußbodenbrett zu verstecken. Er lud die Waffe durch und stellte sie zunächst wieder in den Schrank zurück.

Dann ging er in die Garage, wo Möller sein Angelzeug aufbewahrte. Vorsichtig nahm er die Angelrute aus der olivfarbenen Drillichtasche und stellte sie gegen die Wand.

Ihm waren schon häufiger die Angler an dem See vor dem Benrather Schloß aufgefallen, die einträchtig Petri Heil auf die Probe stellten. Wenn er sich Gummistiefel anzöge und das Gewehr in der Hülle für die Angelrute transportierte, würde sicher niemand etwas Anstößiges daran finden.

Mit der Angeltasche kehrte er in den Keller zurück. Er nahm das Gewehr aus dem Schrank und versuchte vorsichtig, es in die Tasche gleiten zu lassen. Er fluchte. Durch das aufgesteckte Zielfernrohr war das Gewehr so hoch, daß es nicht in die Hülle paßte. Er schob die Angeltasche wieder vom Lauf des Gewehrs herunter.

Möller hatte ihm damals vorgeführt, daß sich das Zielfernrohr ohne Schwierigkeiten vom Lauf abnehmen und wieder aufsetzen ließ. Oberhalb des Verschlusses befand sich zwischen Zielfernrohr und Lauf ein kleiner Riegel, der nur zur Seite geschoben werden mußte, um das Zielfernrohr vom Lauf zu lösen. Er hob es vorne leicht an und schob es auch aus der hinteren Befestigung heraus. Er wikkelte das Zielfernrohr sorgfältig in einen Wollappen. Das Gewehr ließ sich nun mühelos in der Angeltasche verstauen. Neben den Lauf paßte auch noch das Zielfernrohr.

In der Garage zog er die Gummistiefel an, warf sich einen olivgrünen Parka über und betrachtete sich zufrieden im Spiegel. Jetzt hält mich jeder für einen Angler, dachte er. Dann verließ er das Haus, das am Benrather Schloßufer lag und nur durch die Straße vom Rhein getrennt war.

Er wandte sich nach rechts und bog nach wenigen hundert Metern in den Benrather Schloßpark ein. Nach etwa zehnminütigem Fußmarsch wählte er den Weg rechts am Schloß vorbei. Er hatte erwartet, Polizeibeamte, die die Gegend um das Schloß observierten, anzutreffen und wunderte sich, daß er niemanden sah. Es regnete leicht, und nur wenige Menschen waren unterwegs.

Vor der Ruine blickte er sich noch einmal um. Eine junge Frau mit einem dunkelblauen Regenschirm näherte sich ihm von hinten. Er lief zunächst langsam an der Ruine vorbei und wartete, bis die Frau ihn überholt hatte. Als er sah, daß sie nach rechts in die Börchemstraße einbog, ging er schnell zurück. Die Luft schien jetzt rein zu sein. Rasch stieg er über das Gartentor und kletterte in den ersten Stock der Ruine.

Er stellte sich mit dem Rücken an die Wand zum Nachbarhaus, sah sich um und horchte, bemerkte aber nichts Verdächtiges. Er griff mit der Hand nach dem Balken, an dem er einige Tage zuvor in das zweite Stockwerk hinaufgelangt war. Durch den Regen war das Holz feucht und glitschig geworden. Es ist zu gefährlich, an dem Balken hochzuklettern, dachte er. Er schaute sich um. Auf dem Boden lag ein zweiter, etwas dünnerer Balken, an dem noch Reste der Latten befestigt waren, die den Deckenputz gehalten hatten. Er setzte die Angeltasche auf dem Boden ab und legte den zweiten Balken so neben den ersten, daß seine Füße an den aufgenagelten Latten Halt fanden. So wird es gehen, dachte er.

Er hängte sich die Angeltasche wieder um die Schulter und kroch vorsichtig an den Balken empor in den zweiten Stock. Die Lehmreste, die er einige Tage vorher auf dem Fußboden gleichmäßig verstreut hatte, waren vom Regen zerlaufen. Gelbliche Rinnsale überzogen die Bretter nach allen Seiten hin. Rasch hob er die gelöste Fußbodendiele an und legte die Angeltasche darunter. Mit dem Taschentuch verwischte er die gröbsten Spuren und kroch dann langsam an den beiden Balken in den ersten Stock zurück. Dort wartete er, bis zwei Passanten an der Ruine vorbeigegangen waren. Er kletterte über das Gartentor und machte sich auf den Heimweg.

Der Regen war inzwischen heftiger geworden. Dicke Tropfen fielen von den Blättern der Bäume, als Axel den Schloßpark durchquerte. Er zog die Mütze des Parkas tiefer ins Gesicht. Als er auf die Straße ›Benrather Schloßufer‹ trat, hörte er aus den Rheinterrassen laute Musik. Eine Geburtstagsfeier, dachte er. Der Regen schlug ihm nun ins Gesicht. Er wandte den Kopf etwas zur Seite, um den Regentropfen weniger Angriffsfläche zu bieten.

Ein Polizeiwagen jagte mit Blaulicht und lautem Martinshorn an ihm vorbei. Einige hundert Meter weiter leuchtete das linke Blinklicht auf, das Fahrzeug wurde abgebremst und bog nach links in die Einfahrt des Möllerschen Hauses ein. Axel stutzte. Was konnte in der Zwischenzeit passiert sein? Er war doch höchstens eineinhalb Stunden weg gewesen. Er ging schneller, stoppte dann aber abrupt ab. Vielleicht war Möller vorzeitig aus dem Urlaub zurückgekehrt, hatte die fehlende Waffe entdeckt und sofort die Polizei alarmiert. Der Verdacht konnte nur auf ihn fallen. Damit war die ganze Aktion gefährdet.

Vorsichtig ging er weiter. Nur nicht in Panik geraten, redete er sich ein. Das Martinshorn war inzwischen verstummt. Autotüren wurden zugeschlagen. In gleichmäßigem Abstand wurden die Bäume von dem sich drehenden Blaulicht in ein gespenstisches Licht getaucht.

Axel spähte behutsam um die Mauerecke an der Einfahrt. Das Polizeifahrzeug stand vor dem Haus. Einer der Polizisten klingelte gerade an der Haustür, der andere ging rechts um das Haus herum. Ein anderes Fahrzeug näherte sich. Axel drehte sich um. Wieder Polizei, schoß es ihm durch den Kopf, als er auch schon von den Scheinwerfern des zweiten Streifenwagens in gleißendes Licht gehüllt wurde.

Jetzt hilft nur noch die Flucht nach vorn, dachte er. Entschlossen trat er in die Einfahrt und ging auf das Haus zu. Das zweite Fahrzeug hielt hinter ihm. Axel sah sich um. Er legte die Hand schützend über die Augen, um nicht von den Scheinwerfer geblendet zu werden.

»Was machen Sie hier?« rief ihn einer der aussteigenden Polizeibeamten an.

»Ich hüte das Haus, während der Besitzer, Herr Möller, in Urlaub ist. Was ist eigentlich los?«

»Zeigen Sie mir doch einmal Ihren Ausweis!«

»Den habe ich im Haus.«

»Dann wollen wir ihn gemeinsam holen.«

Axel ging auf den Eingang des Hauses zu, zog einen Schlüsselbund aus der Tasche und öffnete die Tür. Zwei Polizeibeamte folgten ihm. An der Garderobe hing seine Lederjacke. Axel nahm seine Brieftasche hervor, zog den Ausweis aus einem der Fächer und reichte ihn dem Beamten.

»Jäger, Axel, wohnhaft Südstraße 14 in Düsseldorf«, las der Polizist seinem Kollegen vor. »Schau doch mal in deine Liste.«

Der andere Polizeibeamte blätterte in einem kleinen Notizbuch. »Stimmt«, sagte er dann. »Das ist der Name, den Herr Möller auf der Wache angegeben hat.«

»Kann ich jetzt erfahren, was los ist?« fragte Axel nochmals.

»Selbstverständlich. Aus irgendeinem Grund ist auf der Wache stiller Alarm ausgelöst worden. Wir sollten uns im Haus einmal umsehen.« Auf dem Wohnzimmertisch liegt Munition, fiel Axel ein.

Ein dritter Polizeibeamter betrat die Diele. »An der Rückseite des Hauses schlägt ein Fenster auf und zu. Sie haben wahrscheinlich vergessen, es ordnungsgemäß zu schließen«, sagte er zu Axel gewandt.

»Passen Sie nächstens besser auf«, wies ihn der andere Polizeibeamte zurecht, »dann brauchen wir nicht mehr vergebens zu kommen.«

Die Polizisten verabschiedeten sich. Axel schloß die Tür und atmete erleichtert auf.

—

Gegen 4.30 Uhr klingelte der Wecker. Axel drückte die Sperrtaste und setzte sich auf die Bettkante. Müde rieb er sich die Augen. Er hatte das Gefühl, kaum geschlafen zu haben. Nervös hatte er sich von einer Seite auf die andere gewälzt. Als er schließlich eingeschlafen war, war er nach kurzer Zeit wieder erwacht. Er hatte geträumt, er hätte auf Honecker geschossen, ihn aber verfehlt. Roland hatte hinter ihm gestanden und ihn immer wieder aufgefordert, noch einmal zu schießen. Axel schoß immer wieder. Die Kugeln fielen in den See, statt darüber hinwegzufliegen und Honecker zu treffen.

Nachdem er kalt geduscht hatte, fühlte er sich besser. Er frühstückte ausgiebig und ging aus dem Haus. Er wählte bewußt nicht den Weg durch den Schloßpark, da er befürchtete, den Sicherheitskräften, die wohl schon den Park kontrollierten, zu begegnen. Er ging am Rhein entlang über die Pigageallee.

Er sah auf die Armbanduhr. 5.35 Uhr. Wenige Autos fuhren an ihm vorüber. Einige Häuser waren bereits erleuchtet, während andere noch völlig dunkel dalagen. Er ging über die Benrather Schloßallee Richtung Zentrum. »Ich gehe ins Dorf«, sagen die Benrather. Wenn es heißt, »Ich fahre in die Stadt«, meinen sie das Zentrum Düsseldorfs. So langsam werde ich mit den Feinheiten vertraut, dachte er.

Es dämmerte. Der Himmel war wolkenlos. Es wird ein schöner Tag werden. Eine der ersten Straßenbahnen kam an ihm vorbei. Sie beförderte nur wenige Fahrgäste. Im Benrather Schloß waren schon einige Zimmer hell erleuchtet. Die letzten Vorbereitungen für den Staatsempfang wurden getroffen.

An einer Fußgängerampel in der Nähe des Eingangs zum Schloßgelände überquerte Axel die Straße. Ein Streifenwagen der Polizei fuhr langsam an ihm vorüber. Der Beifahrer schaute ihn interessiert an. Beiläufig blickte Axel zurück. Er bemühte sich, nicht schneller zu gehen, obwohl sein Instinkt ihn dazu drängte. Axel wunderte sich, daß die Polizei schon jetzt verstärkt Streife fuhr.

An der Ecke Benrather Schloßallee/Börchemstraße standen zwei uniformierte Polizeibeamte. Nachdem er an ihnen vorbeigegangen war, zündete er sich umständlich eine Zigarette an. Er drehte sich langsam um, so als wollte er vermeiden, daß der Wind sein Feuerzeug zum Erlöschen brachte. Die Polizeibeamten behielten ihn im Auge. Unter diesen Umständen konnte er keinesfalls über das Gartentor des Ruinengrundstücks klettern. Gemächlichen Schrittes ging er an der Ruine entlang, passierte das Gebäude der Deutschen Bank und überquerte auf einem Fußgängerüberweg die Heubesstraße.

Er entschloß sich, vorerst nach Hause zurückzukehren, denn es waren noch zu wenige Menschen unterwegs, und die Polizeibeamten konnten sich voll auf ihn konzentrieren. Wenn sie ihn über das Gartentor klettern sähen, würden sie Verdacht schöpfen.

Die Standuhr in der Diele zeigte 6.30 Uhr. Axel ging ins Wohnzimmer und ließ sich in einen der schweren weißen Ledersessel fallen. Er blieb nur wenige Augenblicke sitzen, dann sprang er nervös wieder auf und begann im Wohnzimmer auf und ab zu gehen. Er dachte angestrengt nach, ob es nicht eine andere Möglichkeit gäbe, unbemerkt in die Ruine zu gelangen.

Gegen 10.00 Uhr verließ er wieder das Haus. Diesmal wählte er den Weg über die Meliesallee. Vornehme Häuser der unterschiedlichsten Baujahre säumten seinen Weg. Gegenüber der Einmündung der Sophienstraße stand ein großes Haus aus der Zeit der Jahrhundertwende, das wie ein verwunschenes Schlößchen aussah. Axel hatte das Haus häufig beobachtet. Nur eine ältere Dame wohnte darin. Im Garten gackerten einige Hühner. Das Haus verkam immer mehr. Zuletzt war ihm aufgefallen, daß sich einige der Schieferplatten auf dem Dach gelöst hatten. Dennoch liebte er dieses Haus mit den bleiverglasten Jugendstilfenstern im Treppenhaus, deren Schönheit von der Straße her nur erahnt werden konnte. Axel war noch nie an diesem Haus vorbeigegangen, ohne kurz stehenzubleiben und zu sehen, wie weit der Verfall fortgeschritten war. Nun aber schenkte er seiner Umgebung keine Beachtung.

Er betrat eine Arztpraxis in der Börchemstraße. »Wie lange muß ich heute warten?« fragte er die Arzthelferin am Empfang. Er hatte sich schon häufig von Dr. Seifahrt wegen der verschiedensten Beschwerden behandeln lassen.

»Sie sehen ja, das Wartezimmer ist voll«, antwortete die Arzthelferin. »Zwei Stunden kann es schon noch dauern.«

Alle Stühle im Wartezimmer waren besetzt. Axel blieb zunächst am Eingang stehen. Als die Arzthelferin ihren Arbeitsplatz verließ, ging er schnell ins Treppenhaus zurück. Er stieg in den Keller des Hauses. Von dort aus gelangte er in den Garten. Rechts von ihm befand sich eine zwei Meter hohe Mauer, die das Gelände zu einem Parkplatz hin abgrenzte, der unmittelbar an der Benrather Schloßallee lag. Früher hatte dort eine Tankstelle gestanden. Das Gebäude war abgerissen und der Boden planiert worden.

Axel sah nach links. Er ließ den Blick von Balkon zu Balkon des dort stehenden Hauses gleiten. Niemand beobachtete ihn. Er ging zu einer kleinen Hecke an der Rückseite des Gartens, über die er ohne Mühe hinwegstieg. Jetzt befand er sich bereits auf dem Ruinengrundstück. Im Dikkicht der Holunderbüsche tauchte er unter.

Er verhielt sich einige Minuten ruhig und beobachtete die umliegenden Häuser. Auf einem der Balkone stand ein Kind von etwa fünf Jahren, das interessiert zu ihm hinuntersah. »Daniel, komm her!« hörte Axel eine weibliche Stimme, «ich habe dir einen Apfel geschält.« Das Kind winkte Axel zu und verschwand.

Axel atmete auf. Er hatte schon befürchtet, es könne seine Mutter auf ihn aufmerksam machen. Sicherheitshalber wartete er noch einige Minuten und kletterte dann schnell an der schräg abfallenden Mauer in den ersten Stock des Gebäudes.

Plötzlich drang das Geräusch von Hubschraubern an sein Ohr. Hastig kroch er an der Wand entlang in den vorderen Teil der Ruine. Er blickte nach oben und stellte beruhigt fest, daß er vom Hubschrauber aus nun nicht mehr zu sehen war. Vorsichtig zog er sich am Fenstersims hoch und schaute auf das Benrather Schloß. Er zählte drei Hubschrauber, die einer nach dem anderen hinter dem Schloß landeten.

Verdammt, fluchte er leise vor sich hin, Honecker wird doch nicht etwa per Hubschrauber gekommen sein? Sein Blick fiel auf einige Leute in blauen Overalls, die das Podest vor dem Eingang fegten. An der Seite standen zwei andere Arbeiter, die schon darauf warteten, den roten Teppich ausrollen zu können. Er wird wohl doch im Auto anrollen, dachte Axel. Im Eingangsbereich war ein Mann damit beschäftigt, die letzten Staubkörnchen mit einem großen Staubsauger zu entfernen. Endlich wurde der rote Teppich ausgerollt.

Etwa dreihundert Schaulustige hatten sich an dem kleinen See vor dem Schloß eingefunden. Einige trugen Transparente. Axel konnte die meisten der Aufschriften nicht genau entziffern. Rechts standen Personen mittleren Alters, die ein Bettlaken an Holzstangen in die Höhe hielten mit der Aufschrift: ›Wir grüßen unseren früheren KZ-Wächter.‹ Wahrscheinlich Leidensgenossen, dachte Axel. Ihr werdet gleich eure helle Freude haben.

Er sah auf die Uhr. 11.50 Uhr. Gegen zwölf Uhr sollte Honecker eintreffen. Es wurde Zeit, in den zweiten Stock des Gebäudes zu steigen. Beide Balken lagen noch schräg an der Mauer. Es bereitete ihm keine Mühe, daran empor in den zweiten Stock zu klettern.

Er hob die Fußbodendiele an und nahm langsam die Angeltasche heraus. Er öffnete sie und schob vorsichtig die Tasche über den Lauf zurück. Dann nahm er das Zielfernrohr heraus und befestigte es auf dem Gewehr. Er vergewisserte sich, daß eine Patrone im Lauf steckte, und legte die Waffe behutsam neben der Wand ab. Mit einem Blick über den Mauervorsprung überzeugte er sich davon, daß

Honecker noch nicht eingetroffen war. Nun fielen ihm auch die vielen Polizeibeamten auf, die rund um den See postiert waren. Die Sonne hatte fast den Zenit erreicht. Es war ein schöner Spätsommertag. Axel wunderte sich darüber, daß ihm in dem Parka nicht zu warm wurde. Durch seine Nervosität bedingt waren Hände und Füße eher kalt. Er bewegte die Zehen, um die Durchblutung anzuregen, und rieb sich die Hände.

Plötzlich kam Leben in die wartenden Zuschauer. Transparente wurden in die Höhe gestemmt. Eine Gruppe entrollte eine Fahne der DDR. Idioten, dachte Axel. Honeckers Wagen mußte jeden Augenblick erscheinen. In seinem Magen fühlte er wieder dieses unangenehme Kribbeln, verbunden mit einem leichten Schmerz, wie er es häufiger in Zeiten der Anspannung wahrgenommen hatte. Er nahm das Gewehr in beide Hände.

Eine Kolonne schwarzer Mercedes-Limousinen näherte sich in raschem Tempo der Einfahrt zum Schloßpark. Das erste Fahrzeug bog ab, dann das zweite. Als drittes folgte eine schwarze Limousine, die in der Mitte verlängert war.

Kalter Schweiß trat auf Axels Stirn, seine Hände wurden feucht. Er wischte sie an der Hose ab. Die längere der Limousinen hielt nun vor dem Schloßeingang. Wie Axel erwartet hatte, war sie nicht die Rampe emporgefahren, sondern hielt vor der untersten Treppenstufe. Sicherheitsbeamte stiegen aus, dann wurde die hintere Tür des Fahrzeuges geöffnet.

Axel legte das Gewehr vorsichtig auf die Mauer. Er achtete darauf, daß der Lauf nicht ins Freie hinausragte. Er kniete sich, zog die Schulterstütze in die rechte Schulter und legte seine Wange gegen den Schaft. Das Holz fühlte sich kühl an. Er bewegte Kopf und Schulter noch einmal kurz, um das Gewehr optimal seinem Körper anzupassen.

Ein eisiger Schauer lief ihm über den Rücken, als er Honeckers Gestalt mit dem Zielfernrohr erfaßte. Sein

Atem ging schneller. Er bemühte sich, das Fadenkreuz auf Honeckers Brust gerichtet zu halten. Honecker hob grüßend die Hand. Axel erkannte deutlich, wie er versuchte, sein Gesicht mit einem Lächeln zu schmücken. Axels Hände waren wieder feucht geworden. Sein Atem ging stoßweise. Obwohl das Gewehr mit dem Lauf auf der Mauer auflag, fiel es ihm unendlich schwer, das Fadenkreuz auf Honeckers Brust zu richten. Es gelang ihm auch nicht, seinen Atem lange genug anzuhalten, um für einen kurzen Augenblick das Ziel sicher anzuvisieren. Er hatte schon mehrfach abdrücken wollen und den Finger bis zum deutlich fühlbaren Druckpunkt des Abzuges durchgezogen. Im letzten Augenblick entspannte er die Hand wieder, weil ihm der Schuß nicht ausreichend sicher erschienen war.

Honecker hatte nun die Stufen der ersten kleinen Treppe genommen und ging gemessenen Schrittes auf dem Podest zur nächsten neunstufigen Treppe. Axel bemühte sich, ihm mit dem Gewehr zu folgen. Er hatte die Schulter etwas sinken lassen müssen, wodurch seine Haltung instabiler wurde. Das Zielen fiel ihm nun noch schwerer. Er spürte, wie der kalte Schweiß auf seiner Stirn lag.

›Schieß endlich!‹ befahl ihm Roland wie in den Alpträumen der letzten Nächte. Axels Atem ging stoßweise.

›Schieß endlich, du hast nicht mehr viel Zeit!‹ schien Roland wieder zu rufen.

Axel versuchte, ruhiger und gleichmäßiger zu atmen. Im Rhythmus seiner Atmung bewegte sich das Fadenkreuz des Zielfernrohrs über Honeckers Körper hinweg.

Mit einem Mal wurde er sich bewußt, daß er dabei war, einen Menschen zu erschießen. Für einen Augenblick schien der in ihm aufgestaute Haß geringer zu werden. Wieder hörte er Rolands Stimme: ›Drück ab!‹ Der Haß in ihm gewann wieder die Oberhand.

Er krümmte leicht den Zeigefinger der rechten Hand

und merkte an dem stärkerem Widerstand des Abzugs, daß er den Druckpunkt erreicht hatte. Eine Bewegung seines Zeigefingers von wenigen Millimetern würde nun den Schuß auslösen.

Als sich Honeckers Brustkorb genau im Fadenkreuz befand, hielt Axel den Atem an, um eine weitere Bewegung des Gewehrs zu verhindern. Im gleichen Augenblick trat einer der Leibwächter so hinter Honecker, daß Axel sein Ziel nicht mehr treffen konnte.

›Erschieß zuerst den Leibwächter und dann Honecker!‹ riet Roland ihm eindringlich. Axel war wie gelähmt, kaum fähig sich zu rühren. ›Einen Menschen erschießen?‹ schoß es ihm durch den Kopf. Sein Atem ging noch schneller. Ein Zittern durchlief seinen Körper. Irgend etwas in ihm widersetzte sich plötzlich Rolands Befehlen. Er spürte stechende Schmerzen in seinem Rücken.

Ich werde nicht schießen, sagte er sich.

›Du mußt! Der Soldat, der mich auf Honeckers Befehl hin erschossen hat, hatte keine Skrupel‹, hörte er wieder deutlich Rolands Stimme.

Axels innerer Widerstand war stärker. Mit einem gewaltsamen Ruck riß er das Gewehr vom Mauerabsatz, auf den er den Lauf aufgelegt hatte, herunter. Durch die abrupte Bewegung stieß sein rechter Zeigefinger so gegen den Abzug, daß sich ein Schuß löste. Eine der Fensterscheiben neben der Tür, durch die Honecker gerade das Benrather Schloß betrat, ging zu Bruch.

Die Zuschauer schrien auf. Ein Straßenbahnzug fuhr an der Ruine, in der Axel sich versteckt hatte, vorbei und übertönte durch das Rattern seiner Räder die Schreie der Zuschauer und die Kommandos der Einsatzleiter der Polizei, die augenblicklich in hektische Aktivität verfielen. Ein Polizeibeamter sprang mit erhobenen Händen auf den Straßenbahnzug zu, um ihn sofort zum Halten zu bewegen. Der Fahrer leitete eine Notbremsung ein. Mit quietschenden Rädern und ohrenbetäubendem Lärm kam die Straßenbahn innerhalb weniger Meter zum Stehen.

Für kurze Zeit war Axel wie benommen. Dann hatte er nur noch den Gedanken zu fliehen. Er versteckte das Gewehr unter der losen Diele des Fußbodens und kletterte, jedes Geräusch vermeidend, in den ersten Stock des Gebäudes. An einem Mauerrest stützte er sich mit einer Hand auf und sprang ins Erdgeschoß hinab.

Sechzehntes Kapitel

Juli 1988

Der Schwurgerichtssaal des Düsseldorfer Landgerichts ist schon eine halbe Stunde vor dem eigentlichen Prozeßbeginn überfüllt. Trotz der sommerlichen Hitze, die seit Tagen über der Stadt lastet, sind mehr Menschen gekommen, als der Zuschauerraum fassen kann. Jeder will den Beginn dieses spektakulären Prozesses persönlich miterleben. Gerichtswachtmeister rennen geschäftig umher in dem Bemühen, bis zum Beginn der Verhandlung Ordnung in das herrschende Chaos zu bringen. An der Tür zum Zuschauerraum halten zwei von ihnen die Leute zurück, die noch versuchen, sich in den überfüllten Saal zu drängen.

Vor der hölzernen Barriere, die den Zuschauerraum von dem Teil des Saales, in dem die unmittelbaren Prozeßbeteiligten ihre Plätze haben, abtrennt, drängen sich Vertreter der Presse. Fotografen überprüfen zum letzten Mal ihre Kameras, Scheinwerfer flammen auf. Ihr Licht mischt sich mit den Sonnenstrahlen, die in diffuser Form durch die undurchsichtig verglasten Scheiben des Gerichtssaals fallen. Die von nervöser Spannung getragene Atmosphäre ist mit der zu vergleichen, die in einer römischen Arena vor dem Einzug der Gladiatoren herrschte.

Plötzlich kommt Bewegung in die Gruppe der wartenden Pressevertreter. Augen, Kameras und Scheinwerfer richten sich auf die Tür des Gerichtssaals. Die Journalisten bilden eine Gasse, durch die der erste der Gladiatoren den Saal betreten soll. Blitzlichter flammen auf, als Oberstaatsanwalt Pramor im Eingang erscheint. Pramor ist bei der Staatsanwaltschaft Düsseldorf für Kapitalverbrechen zuständig und tritt sehr häufig bei einer der beiden Schwurgerichtskammern des Düsseldorfer Landgerichts auf. Er kennt den Presserummel, der üblicherweise vor spektakulären Prozessen herrscht. Ein derartiges Aufgebot von Journalisten hat jedoch auch er selten erlebt.

Es ist deutlich zu sehen, daß er beim ersten Aufflackern der Blitzlichter seine rundliche Figur strafft. Sein in der Regel mürrischer Gesichtsausdruck, zu dem die kleinen wachen, dunklen Augen nicht zu passen scheinen, hellt sich auf. Auf seiner leichten Stirnglatze, die sich zwischen den schwarzen, teilweise ergrauten Haaren gebildet hat, perlen Schweißtropfen. Er ist mit einem graumelierten Anzug bekleidet, zu dem er das vorgeschriebene weiße Hemd und eine weiße Krawatte trägt. Seine schwarze Robe hat er lässig über die linke Schulter geworfen.

Durch das Spalier der wartenden Journalisten bahnt er sich einen Weg zu seinem Platz in der Nähe des Fensters. Er legt zunächst ein dickes Aktenbündel auf den Tisch, dazu die beiden Kurzkommentare zur Strafprozeßordnung und zum Strafgesetzbuch und zieht umständlich seine Robe an.

Die Journalisten wenden sich wie auf ein stilles Kommando hin von ihm ab, als der nächste Verfahrensbeteiligte sich anschickt, den Saal zu betreten. Der Verteidiger des Angeklagten, Rechtsanwalt Gelhard, erscheint im Türrahmen. Beim Anblick der Fotografen bemüht auch er sich, seinem Gesicht ein freundliches, zuversichtliches Aussehen zu verleihen. Dennoch wirkt er angestrengt. Seine mittelblonden Haare, die modisch kurz geschnitten sind, scheinen nicht so perfekt frisiert zu sein, wie es üblicherweise der Fall ist. Er sieht übernächtigt aus. Er trägt eine goldfarbene Brille mit kleinen runden Gläsern, die ihm ein intellektuelles Aussehen geben soll. Als Folge eines Verkehrsunfalls zieht er das rechte Bein etwas nach, als er den Saal betritt. Über seinem dunkelblauen Anzug trägt er bereits die schwarze Robe, deren Ärmel abgewetzt wirken. Da er sich auf Strafsachen spezialisiert hat, kennt er die anderen Prozeßbeteiligten, insbesondere auch Oberstaatsanwalt Pramor. Er versucht, möglichst konzentriert auszusehen, geht um die Verteidigerbank herum, setzt sich auf einen der Stühle und beginnt, die Prozeßakten aus einer schwarzen Ledertasche herauszunehmen.

In diesem Augenblick wird der Angeklagte von zwei Gerichtswachtmeistern aus einer seitlich hinter dem Richtertisch liegenden Tür in den Saal geführt. Sofort prasselt ein Blitzlichtgewitter auf ihn nieder. Er blinzelt nervös und verschreckt in die Kameras. Als er sich auf einen Stuhl hinter seinen Anwalt setzt, scheint seine große, ausgesprochen kräftige Gestalt unter dem Eindruck der Journalisten in sich zusammenzusinken. Mit zusammengezogenen Augenbrauen als sichtbarem Ausdruck der Qual, die ihm die Fotokameras bereiten, begrüßt er seinen Verteidiger. Als er den Kopf senkt, fallen die hellblonden, mittellangen Haare wie ein Vorhang zum Schutz vor neugierigen Blikken in sein Gesicht. Er hört das Surren der Fernsehkameras, das ihn an Hornissen erinnert, die bereit sind zuzustechen.

Nach kurzer Zeit bemühen sich vier Gerichtswachtmeister, die Bildjournalisten aus dem Saal zu drängen. Während des Prozesses ist Filmen und Fotografieren verboten. Nachdem die Tür des Saals durch einen Wachtmeister geschlossen worden ist, betreten die Mitglieder des Gerichts durch eine Seitentür den Schwurgerichtssaal. Die Anwesenden erheben sich. Drei Berufsrichter und zwei Schöffen stellen sich vor ihre Stühle. Der Vorsitzende blickt aufmerksam in die Runde, als wolle er sich davon überzeugen, daß dem Gericht die notwendige Achtung entgegengebracht wird, und fordert die Beteiligten auf, Platz zu nehmen. Er schlägt eine der vor ihm liegenden Akten auf und wendet sich an den Angeklagten.

»Ihr Name ist Axel Jäger, geboren am 10.02.1961 in Ostberlin, zur Zeit in Untersuchungshaft in der Justizvollzugsanstalt Ulmenstraße, letzte Anschrift Südstraße 17 in Düsseldorf?«

Der Angeklagte nickt. Der Vorsitzende, Richter am Landgericht Martin Heinen, wirkt auf ihn durchaus sympathisch. Er erweckt einen offenen, unbefangenen Eindruck. Rechts neben ihm sitzt der Richter am Landgericht Rolf Engelbrecht, links neben ihm die Richterin am Landgericht Maria Haglund. Die beiden Schöffen, eine Lehrerin und ein Kommunalbeamter, haben die äußeren Plätze der Richterbank eingenommen.

»Herr Staatsanwalt!« fordert jetzt der Vorsitzende Oberstaatsanwalt Pramor auf, die Anklageschrift zu verlesen. Pramor erhebt sich und nimmt eine der Akten in die Hand.

»Axel Jäger, geboren am 10. 02. 1961 in Ostberlin, ledig, Deutscher, wird angeklagt, versucht zu haben, aus niedrigen Beweggründen einen Menschen zu töten, indem er am 09. 09. 1987 mehrere Schüsse auf den Staats- und Parteichef Erich Honecker der Deutschen Demokratischen Republik abgab, ohne ihn jedoch zu treffen. Am genannten Tag hatte sich der Angeklagte …«

Axel Jäger hat Mühe, sich auf den Vortrag des Staatsanwalts zu konzentrieren. Er kennt den Inhalt der Anklageschrift, die ihm vor einigen Monaten zugestellt wurde. Er kann seine Nervosität nur schwer unter Kontrolle bekommen. Verstohlen blickt er in den Zuschauerraum, der bis auf den letzten Platz besetzt ist. In den ersten beiden Reihen sitzen Journalisten, die sich eifrig Notizen machen und dem Vortrag des Staatsanwalts konzentriert folgen. Dahinter befinden sich Männer und Frauen unterschiedlichen Alters. In einigen Gesichtern ist Sensationsgier zu erkennen. Was wohl diese Menschen in die Gerichtssäle treibt, fragt Gelhard sich wieder einmal. Ist es Langeweile? Neugierde? Interesse an der Sache? Ist es Lust, intimste Einzelheiten aus dem Leben eines anderen zu erfahren, die er vor Gericht offenbaren muß? Sicher befinden sich auch offizielle Vertreter der DDR im Zuschauerraum.

Er blickt zu den Mitgliedern des Gerichts hinüber. Einer der Schöffen dreht nervös seinen Kugelschreiber in der Hand. Der Vorsitzende blättert in den Akten. An der Wand hinter den Richtern hängt ein überdimensionales dunkelbraun gestrichenes Kreuz.

Als der Staatsanwalt seinen Vortrag beendet hat, sieht der Vorsitzende Axel an.

»Es steht Ihnen frei, sich zur Sache zu äußern«, belehrt er Axel. »Wir werden uns aber zunächst mit Ihrer Person befassen. Ich meine, daß Ihre persönliche Entwicklung für die Beurteilung dieses Falles eine wichtige Rolle spielt. Berichten Sie doch zunächst über Ihren bisherigen persönlichen Werdegang.«

Der positive Eindruck, den Axel von dem Vorsitzenden hat, verstärkt sich. Sein Verteidiger hat ihn mehrfach darauf hingewiesen, wie wichtig eine ausführliche Darlegung seines Lebenslaufes ist. Axel hat sich Notizen gemacht, um alle Aspekte, die ihm und Rechtsanwalt Gelhard wichtig erscheinen, vorbringen zu können. Plötzlich hat Axel das Gefühl, daß seine Nervosität deutlich nachzulassen beginnt. Die verbleibende Anspannung empfindet er nicht als störend, sondern als ein gesteigertes Maß an Konzentration.

»Am 10.02.1961 wurde ich in Ost-Berlin geboren. Einige Tage vor dem Bau der Berliner Mauer im August 1961 ist mein Vater nach West-Berlin geflohen. Wie mir meine Großmutter später erzählt hat, hat mein Vater meine Mutter damals bedrängt, mit ihm in den Westen zu gehen. Er wußte, daß der Bau der Mauer kurz bevor stand. Meine Mutter wollte jedoch in Ost-Berlin bleiben. Er ging schließlich allein. Die Ehe meiner Eltern wurde einige Jahre später geschieden. Meine Mutter hat wieder geheiratet. Ich bin zusammen mit meinem älteren Bruder Roland bei meiner Mutter und meinem Stiefvater aufgewachsen.

Wenn es Ihnen recht ist«, wendet Axel sich nun fragend an den Vorsitzenden, »werde ich meinen weiteren Lebensweg nicht chronologisch, sondern anhand einiger wichtiger Ereignisse erzählen.«

Der Vorsitzende nickt.

»Schon als Jugendlicher war mir bewußt geworden, daß ich in der DDR nicht leben wollte. Ich war damals mit einem Mädchen namens Karin befreundet. Wir hatten schon häufiger darüber nachgedacht, gemeinsam aus der DDR zu fliehen. Karin war sehr unentschlossen. Eines Tages schien sich eine Chance zu ergeben...«

Axel berichtete ausführlich über sein Leben in der DDR, den Fluchtversuch mit Karin, seinen Ausreiseantrag, den verhängnisvollen Gang zum Brandenburger Tor, die Gefängniszeit, seine Flucht, bei der Roland erschossen wurde. Während des Berichtes war Axel deutlich anzumerken, daß er nach wie vor von den damaligen Ereignissen betroffen war. Zuletzt hatte ihn der Vorsitzende mehrfach auffordern müssen, lauter zu sprechen, da seine Stimme kaum noch zu verstehen sei. Axel spürte nun deutlich die Betroffenheit bei den Mitgliedern des Gerichts und den Zuschauern. Selbst Oberstaatsanwalt Pramor hatte ihn während seines langen Monologs nicht ein einziges Mal unterbrochen.

Das Gericht entließ die Beteiligten vorzeitig in die Mittagspause, um vor allem auch Axel Gelegenheit zu geben, sich wieder zu fassen.

Nach Wiedereröffnung der Verhandlung forderte der Vorsitzende Axel auf, weiter über seinen persönlichen Werdegang Auskunft zu geben.

»Aufgrund der Aussagen der Zeugen bin ich sicher, daß mein Bruder getötet worden ist.

Nachdem ich ein oder zwei Tage in einem Krankenhaus verbracht hatte, fuhr ich mit dem Zug nach Düsseldorf zu meiner Tante. Düsseldorf war auch die erste westdeutsche Stadt, die ich mir bewußt angeschaut habe. Als ich am

Bahnhof die Punker, Penner und Alkoholiker, die auf dem Vorplatz herumlungerten, sah, bekam ich zunächst Angst. Ich hatte keinen Mut, jemanden anzusprechen und zu fragen, wo die Oststraße sei. Ein Taxifahrer beschrieb mir schließlich den Weg.

Meine Tante war völlig überrascht, als ich plötzlich bei ihr erschien. Nachdem ich ihr von meiner Flucht und Rolands Tod erzählt hatte, waren wir alle, mein Onkel, meine Tante und ich, sehr niedergeschlagen. Ich kann mich noch daran erinnern, daß wir an diesem Abend sehr viel Alkohol, vor allem Cognac, getrunken haben.

Einige Tage lang habe ich mich um nichts bekümmert. Ich war immer noch schockiert und hatte Mühe, das Erlebte zu verarbeiten. Zusammen mit meinem Onkel ging ich nach einer Weile zur Stadtverwaltung im Wilhelm-Marx-Haus in Düsseldorf, um mich zu erkundigen, was nun zu tun sei.

Ich habe bald festgestellt, daß die Bürokratie in der Bundesrepublik sich kaum von der in der DDR unterscheidet.

Man sagte uns, daß ein Notaufnahmeverfahren durchzuführen sei, damit ich die notwendigen Papiere, wie zum Beispiel Personalausweis, erhalte.

Einige Tage später fuhr ich mit meinem Onkel nach Gießen in das dortige Notaufnahmelager. Ich wurde zunächst von Amerikanern verhört. Sie fragten mich vor allem danach, wo ich gelebt und gearbeitet hätte. Sie waren auch sehr daran interessiert, einiges über meinen Gefängnisaufenthalt zu erfahren. Da in der Nähe von Glauchau russische Streitkräfte stationiert sind, versuchten sie, über deren Aktivitäten, Manöver und so weiter einiges in Erfahrung zu bringen. Sie stellten wohl bald fest, daß ich nur ausweichende Antworten gab. Ich wollte mich aus der Politik heraushalten. Der Preis, den ich für meine Freiheit gezahlt hatte, erschien mir hoch genug. Noch am selben Tag erhielt ich eine Urkunde, die mich von diesem Tag an zum Staatsbürger der Bundesrepublik Deutschland erklärte.

In der Folgezeit habe ich eine Unzahl von Anträgen ausgefüllt, unter anderem im Lastenausgleichsverfahren, zur Erlangung eines Vertriebenenausweises, zum Empfang von Sozialhilfe und anderes mehr. Ich wurde darauf hingewiesen, daß das Rote Kreuz kostenlose Mahlzeiten für Übersiedler zur Verfügung stelle, verschiedene Kirchen kostenlos Bettzeug und Kleidung abgäben und daß ich Anspruch auf die Gewährung eines zinslosen Darlehens in Höhe von 3.000,- DM habe, das innerhalb von zehn Jahren zurückzuzahlen sei.

Einen Flüchtlingsausweis hat man mir nicht ausgestellt, da ich nicht beweisen konnte, daß ich in der DDR aus politischen Gründen in Haft war. Den Beweis hätte ich nur durch eidesstattliche Erklärungen von Zeugen oder durch Vorlage des Urteils des DDR-Gerichts erlangen können. Ein schriftliches Urteil habe ich zwar im Gefängnis bekommen. Ich hatte jedoch nur eine Stunde Zeit, es zu lesen und mußte es dann wieder abgeben. Damals ist mir klar geworden, warum ich keine schriftliche Urteilsausfertigung erhalten habe. Nach der offiziellen Diktion der DDR-Behörden gibt es in der DDR keine politischen Häftlinge. Gerade das aber hätte ich durch das schriftliche Urteil beweisen können.

Bei der Fleischerinnung in Düsseldorf habe ich einen Antrag auf Ausstellung eines Gesellenbriefs gestellt, der jedoch abschlägig beschieden wurde. Einige Monate später habe ich die Gesellenprüfung in der Bundesrepublik wiederholt und dank des Wohlwollens der Prüfer auch eben noch bestanden. Ich habe gestaunt, wie viele verschiedene Wurst- und Fleischsorten es in der Bundesrepublik gibt. Mit den drei Wurstsorten, die ich in der DDR herzustellen gelernt hatte, hätte ich die Prüfung eigentlich nicht bestehen dürfen. Auch der theoretische Teil fiel mir sehr schwer, da unter anderem Preiskalkulationen angestellt werden mußten, mit denen ich in der DDR natürlich nichts zu tun hatte.

Nach der bestandenen Gesellenprüfung habe ich zunächst keine Arbeitsstelle gefunden und deswegen Arbeitslosenhilfe erhalten. Aufgrund einer Zeitungsannonce fand ich dann eine Beschäftigung als Statist beim Düsseldorfer Landestheater und nach einigen Wochen eine Anstellung in einer Metzgerei in Düsseldorf-Benrath. Ich habe dort auch eine kleine, preiswerte Wohnung gefunden und mich zunächst voller Elan in die Arbeit gestürzt. Die dürftige Bezahlung, nämlich 1500 Mark brutto, habe ich zunächst in Kauf genommen, da ich in erster Linie lernen und einer regelmäßigen Beschäftigung nachgehen wollte.

Bald stellte ich aber fest, daß ich regelrecht ausgebeutet wurde. Ich mußte pro Woche im Durchschnitt sechzig Stunden arbeiten. Irgendwann wurde mir dann klar, daß jede Putzfrau mehr verdiente als ich, obwohl ich die Gesellenprüfung abgelegt hatte. Ich sah, daß die Metzgersfamilie, bei der ich arbeitete, drei- oder viermal im Jahr in Urlaub fuhr und erwartete, daß ich während dieser Zeit zusammen mit einem anderen Gesellen den Laden in Schwung hielt.

Ich habe mehrfach um eine Gehaltserhöhung gebeten und auch darauf hingewiesen, daß mir tarifmäßig ein höherer Lohn zustand. Die Chefin, die in dem Betrieb das Sagen hatte, hat mir immer wieder zu verstehen gegeben, daß ich froh sein solle, überhaupt in diesem Betrieb arbeiten zu dürfen. Es gäbe genügend Arbeitslose, die meine Stelle gerne auch für weniger Lohn übernehmen würden.

Im Mai 1985 habe ich dann aus einer spontanen Verärgerung heraus fristlos gekündigt. Die Chefin gab mir seinerzeit einen Briefumschlag und sagte mir, das sei mein Urlaubsgeld. Er enthielt einen Fünfzig-Mark-Schein. Ich habe ihr das Geld zurückgegeben und gesagt, sie solle sich davon einen schönen Lippenstift kaufen, denn für mehr würde es ja wohl nicht reichen. Gleichzeitig habe ich fristlos gekündigt. Wenn ich mich recht entsinne, erfolgte die Kündigung im Mai 1985.

Nach Ablauf einer dreimonatigen Sperre bekam ich dann auch Arbeitslosengeld und habe mit Zustimmung des Arbeitsamtes meine erste große Auslandsreise angetreten. Per Anhalter bin ich über Holland, Belgien, Frankreich und Spanien bis nach Portugal gereist. Ich war überrascht, wie einfach es ist, von einem Land in das andere zu gelangen. Teilweise habe ich nicht einmal meinen Ausweis vorzeigen müssen. Ich war etwa neun Monate unterwegs. Ich habe hier und da gearbeitet, um mir meinen Lebensunterhalt zu verdienen. Während dieser Zeit glaubte ich, meine schrecklichen Erlebnisse aus der DDR vollständig verarbeitet zu haben.

Im März 1986 bin ich in die Bundesrepublik zurückgekehrt. Ich habe mich bei allen größeren Firmen in Düsseldorf und Umgebung persönlich beworben und bei einer großen Chemiefirma auch tatsächlich eine Arbeitsstelle gefunden. Man hat mich zunächst für ein halbes Jahr als Urlaubsvertretung und Aushilfe eingestellt.

Nach etwa drei Monaten sollte ich aber wieder entlassen werden. Als Grund wurde angegeben, die Abteilung sei überbesetzt. Durch Zufall fiel mir damals eine Betriebszeitung in die Hand, in der es als soziale Großtat der Firma dargestellt wurde, daß vierzehn neue Stellen geschaffen worden seien, um Arbeitslosen eine Arbeitsstelle zu geben.

Ich habe mich an die Gewerkschaft gewandt, weil ich hoffte zu erreichen, daß der mir mündlich zugesicherte Halbjahres-Vertrag auch eingehalten würde. Man teilte mir jedoch mit, daß die Kündigung rechtmäßig sei. Erst als ich drohte, mich an die Presse zu wenden, nahm die Firma die Kündigung zurück.

Nach einigen Monaten fand man einen anderen Weg, mich loszuwerden. Eines Tages ist mir am Arbeitsplatz übel geworden. Ein Kollege brachte mich zum Betriebsarzt. Der untersuchte mich und sagte mir, ich sei ein Epileptiker. Ich war zunächst wie vor den Kopf gestoßen und habe ihn gebeten, mich an die Uniklinik zu überweisen, was er auch widerspruchslos getan hat. Zwei Feuerwehrleute der Betriebsfeuerwehr brachten mich zur Ambulanz der Uni-Klinik.

Die Feuerwehrleute gaben bei der Anmeldung an, sie brächten einen Epileptiker. Sie gaben einen Briefumschlag mit einem Arztbericht ab. Ich wurde einem jungen Arzt – ich vermute, daß er soeben seine Facharztausbildung begonnen hatte – vorgestellt, der den Arztbericht sehr eingehend studierte, mich selbst aber nur flüchtig untersuchte und dann die Diagnose bestätigte. So wurde ich aus gesundheitlichen Gründen von der Firma umgehend entlassen. Ich kann mich noch genau daran erinnern, daß dies im Dezember 1986 passierte. Aus Protest habe ich mich zwei Tage vor Weihnachten vor den Haupteingang des Werkes gesetzt. Ich hatte mir ein Pappschild umgehängt und darauf geschrieben: Arbeitsloser Epileptiker bittet um eine Spende. Bereits nach kurzer Zeit hat mich die Wachmannschaft der Firma unsanft von meinem Platz entfernt.

Im Januar 1987 fand ich eine Anstellung beim Schlachthof in Düsseldorf. Nach wenigen Tagen verstärkte sich immer mehr mein Eindruck, nicht in einem kapitalistischen Land zu arbeiten, sondern bei einer landwirtschaftlichen Fleischzentrale in der DDR. Die Arbeitsweise schien mir die gleiche zu sein. Auf einen Mitarbeiter kamen drei Vorarbeiter.

Ich habe mich zunächst beherrscht, um meine Arbeitsstelle nicht wieder zu verlieren, und mich allen Anweisungen gefügt, auch wenn sie in meinen Augen noch so unsinnig erschienen. An einem Tag kam es dann knüppeldick. Ein Vorgesetzter sagte mir, ich solle bei der Rinderschlachtung aushelfen. Kaum war ich dort angekommen, erschien der nächste Vorgesetzte, wies mich an, meine Arbeit sofort liegenzulassen und im Kühlhaus eine gefrorene Rinderhälfte auseinanderzuschneiden. Sie können sich vorstellen, welche Mühe es bereitet, gefrorenes Fleisch zu zerteilen.

Ich hatte eine gehörige Wut im Bauch, habe mich aber beherrscht und unverdrossen gearbeitet. Als ich mich eine Dreiviertelstunde lang abgemüht hatte, erschien der dritte Vorgesetzte und beauftragte mich, die Geschlingewagen mit einem Schlauch abzuspülen. Ich habe dies als Schikane angesehen, denn es ist nicht Aufgabe eines Gesellen, diese Arbeit auszuführen, sondern die von Hilfskräften. Ich habe aber auch diese Arbeit widerspruchslos angefangen. Nun erschien der erste Vorgesetzte, der mich beauftragt hatte, bei der Rinderschlachtung auszuhelfen, und machte mir Vorhaltungen, daß ich die Arbeit, die er mir zugewiesen hatte, nicht ausführe. Ich habe mich bemüht, ruhig zu bleiben, mir aber zunächst demonstrativ eine Zigarette angesteckt und ihm gesagt, er solle sich doch mit den anderen, die mir Anweisungen erteilt hätten, zunächst darüber einigen, welche Arbeit ich nun erledigen solle. Er hat die anderen Vorgesetzten beschimpft und mir klarzumachen versucht, daß nur er Anweisungen zu erteilen habe, was aber nicht zutraf.

Ich hatte meine Zigarette noch nicht zu Ende geraucht, als ich in die Personalabteilung bestellt wurde. Man teilte mir lapidar mit, daß mein auf ein halbes Jahr befristeter Arbeitsvertrag nicht in ein unbefristetes Arbeitsverhältnis übergehen würde. Ich habe versucht, dem Personalsachbearbeiter klarzumachen, in welch verzwickter Situation ich mich wegen der unterschiedlichen Anweisungen verschiedener Vorgesetzter befunden hatte. Er ließ sich jedoch auf nichts ein.

Ich habe sofort fristlos gekündigt und bin zunächst mit Zustimmung des Arbeitsamtes für zwei Monate nach Portugal in Urlaub gefahren. Ich hatte dort während meines letzten Aufenthalts Freunde kennengelernt, die ich besuchte.

Im April 1987 fand ich dann eine Stelle als LKW-Fahrer,

die unbefristet war und ordentlich bezahlt wurde. Zu meinem Arbeitgeber hatte ich sofort ein Verhältnis ausgebaut, daß durch gegenseitiges Vertrauen geprägt war. Einige Monate später erfuhr ich, daß Honecker die Bundesrepublik besuchen würde. Von diesem Zeitpunkt an habe ich keine Nacht mehr ruhig geschlafen.«

»Und damit kommen wir endlich zur Sache«, sagte Oberstaatsanwalt Pramor unwirsch.

»Aber heute jedenfalls nicht mehr«, ergriff der Vorsitzende das Wort. »Ich unterbreche für heute die Verhandlung. Wir sehen uns am Dienstag der kommenden Woche wieder.«

Demonstrativ schlug Oberstaatsanwalt Pramor seine Akten zu.

Siebzehntes Kapitel

Juli 1988

Auch am zweiten Verhandlungstag war das Zuschauerinteresse ungebrochen. Wieder hatten nicht alle, die den Prozeß persönlich verfolgen wollten, Platz im Zuschauerraum gefunden. Axel war erleichtert, daß an diesem Tag keine Fotografen erschienen waren. Nach Auskunft seines Verteidigers war mit deren Anwesenheit erst wieder zur Urteilsverkündung zu rechnen. Nur die schreibenden Journalisten hatten in den ersten beiden Reihen des Zuschauerraumes ihre Plätze eingenommen.

Der Vorsitzende eröffnete die Sitzung und wandte sich an Axel. »Wir haben uns am letzten Verhandlungstag sehr ausführlich mit Ihrem persönlichen Werdegang befaßt. Ich gehe davon aus, daß Sie uns dazu alles erzählt haben, was Ihnen notwendig erschien.«

Axel und sein Verteidiger nickten.

»Ich habe Sie bereits darüber belehrt«, fuhr der Vorsitzende fort, »daß es Ihnen freisteht, zur Sache Angaben zu machen. Wenn Sie Angaben machen wollen, haben Sie jetzt Gelegenheit dazu.«

Unsicher sah Axel seinen Verteidiger an. Als dieser ihm aufmunternd zunickte, begann er zunächst stockend, dann immer freier und selbstbewußter zu sprechen.

Er schilderte, daß er im August 1987 aus der Presse erfahren hatte, daß Honecker der Bundesrepublik Deutschland einen Besuch abstatten wollte. Obwohl er geglaubt hatte, seine Erlebnisse in der DDR verarbeitet zu haben und auch über den Tod seines Bruders Roland hinweggekommen zu sein, habe er von diesem Zeitpunkt an Alpträume gehabt, in denen auch sein Bruder Roland erschienen sei und ihn aufgefordert habe, seinen Tod zu rächen und Honecker zu töten.

Er habe zunächst völlig legal versucht, Anzeige zu erstatten, sei deswegen jedoch belächelt worden. Die Mächtigen seien eben nicht zu greifen, bemerkte er mit deutlich ironischem Unterton. Völlig emotionslos berichtete er dann über seine Vorbereitungen und die Durchführung des geplanten Attentats.

»Wenn ich Sie richtig verstanden habe, haben Sie lediglich einen Schuß abgegeben. Dieser Schuß hat sich versehentlich gelöst, als Sie das Gewehr zur Seite legen wollten«, fragte der Vorsitzende.

Axel nickte.

»Es trifft aber doch zu, daß die Polizei bei Ihrer Festnahme zwei leere Patronenhülsen in Ihrer rechten Jackentasche gefunden hat. Nach dem Gutachten eines Waffensachverständigen des Landeskriminalamtes, den wir später noch hören werden, sind diese Patronen mit der Waffe abgeschossen worden, die in der Ruine gegenüber dem Benrather Schloß gefunden wurde und auf der eindeutig Ihre Fingerabdrücke sind. Sie bestreiten ja auch nicht, mit dieser Waffe zumindest einmal geschossen zu haben.«

»Das ist so nicht richtig«, unterbrach ihn der Verteidiger. »Der Angeklagte hat ausgesagt, daß sich versehentlich ein Schuß aus der Waffe gelöst habe. So wie Sie es dargestellt haben, hat er bewußt und gewollt einen Schuß auf Honecker abgegeben, und das war gerade nicht der Fall.«

»Einverstanden, Herr Verteidiger«, lenkte der Vorsitzende sofort ein und wandte sich wieder an Axel. »Wenn sich aus der Waffe aber lediglich ein Schuß gelöst hat, wie erklären Sie dann, daß bei Ihrer Festnahme in Ihrer Jakkentasche zwei Patronenhülsen gefunden wurden? Ist es nicht möglich, daß doch drei Schuß abgegeben wurden?«

Axel überlegte kurz. Dieses Problem hatte er ausführlich mit seinem Verteidiger besprochen. Wenn das Gericht es für erwiesen halten würde, daß mehrere Schüsse abgegeben wurden, würde ihm niemand glauben, daß er im entscheidenden Augenblick nicht schießen wollte.

»Als ich das Attentat plante«, begann Axel so ruhig wie möglich zu sprechen, »und ich durch Zufall den Schlüssel zum Waffenschrank meines damaligen Arbeitgebers fand, bin ich an einem Sonntagmorgen etwa eine Woche vor der Tat in ein größeres Waldgebiet in der Nähe von Rheinbach in der Eifel gefahren. Ich hatte vor, mich dort mit der Waffe vertraut zu machen. In aller Herrgottsfrühe – es wird so zwischen fünf und sechs Uhr morgens gewesen sein – habe ich zirka zwanzig Schuß auf den Stamm einer Birke abgegeben, die auf einer kleinen Lichtung stand. Ich habe später, um keine Spuren zu hinterlassen, die Patronenhülsen, soweit ich sie noch gefunden habe, aufgesammelt und in meine Jacke gesteckt.

Bei der Rückfahrt nach Düsseldorf habe ich die Patronenhülsen auf einem Autobahnrastplatz in eine Mülltonne geworfen. Zur gleichen Zeit fuhr ein Polizeifahrzeug auf den Parkplatz, was mir einen gehörigen Schrecken einjagte. Ich bin gleich weiter gegangen zur Toilette, um keinen Verdacht zu erregen. Ich hatte also keine Zeit, meine Jackentasche sorgfältig auszuleeren. Ich nehme an, daß die beiden Patronenhülsen noch in der Jacke geblieben sind, zumal sich eine angebrochene Tafel Schokolade und einige Bonbons ebenfalls in der Tasche befanden. Sicher ist jedenfalls, daß ich am Benrather Schloß nicht bewußt geschossen habe, sondern sich ein Schuß beim Absetzen des Gewehres gelöst hat.«

»Haben Sie Erfahrung im Umgang mit Waffen?« fragte Gelhard unvermittelt.

»Ich habe an der vormilitärischen Ausbildung in der DDR teilgenommen und dabei auch den Umgang mit verschiedenen Waffen gelernt. Außerdem war ich als Jugendlicher dreimal Bezirksmeister im Kleinkaliber-Dreistellungskampf.«

Als weitere Fragen nicht gestellt wurden, ließ der Vorsitzende den ersten Zeugen in den Sitzungssaal rufen.

»Mein Name ist Fritz Wagner, Kriminalhauptkommissar bei der Kripo Düsseldorf, 42 Jahre alt, mit dem Angeklagten nicht verwandt oder verschwägert«, gab der Zeuge an. Berufsbedingt trat er häufig bei Gericht als Zeuge auf und wußte, welche Angaben zur Person das Gericht von ihm erwartete. Entspannt und selbstbewußt schaute er den Vorsitzenden an.

»Herr Wagner«, begann der Vorsitzende die Befragung, »der Angeklagte hat uns geschildert, er habe in der Nähe von Rheinbach in der Eifel in einem Waldgebiet Schießübungen gemacht. Wie ich der Akte entnehme, haben Sie seinerzeit diesbezüglich entsprechende Ermittlungen angestellt. Welches Ergebnis hatten Ihre Nachforschungen?«

»Wir sind mit dem Angeklagten in das von ihm angegebene Waldstück gefahren, haben allerdings die Birke, auf die er geschossen haben will, nicht gefunden. Nach Auskunft der Forstverwaltung existierte die Lichtung, die der Angeklagte beschrieben hat, zu der Zeit, als wir dort waren, aber nicht mehr. Das fragliche Waldstück war kurz zuvor gerodet und neu bepflanzt worden.«

Der nächste Zeuge, der Forstbeamte Flöther, bestätigte die Rodung und Neubepflanzung des Waldstücks. Er gab darüber hinaus an, keine Einschüsse in den gefällten Bäumen festgestellt zu haben.

»Mein Name ist Peter Eickmann, Polizeibeamter, 28 Jahre, nicht verwandt oder verschwägert mit dem Angeklagten«, leierte der dritte Zeuge seine Angaben zur Person professionell herunter.

»Sie waren zur Tatzeit dienstlich beim Benrather Schloß. Schildern Sie uns doch bitte, was Sie dort gesehen und gehört haben«, forderte ihn der Vorsitzende auf.

»Ich habe an der Westseite des Benrather Schlosses unmittelbar an der Benrather Schloßallee gestanden. Meine Aufgabe bestand darin, den Verkehr anzuhalten, damit die Fahrzeugkolonne mit dem Staatsbesuch ungehindert beim Benrather Schloß vorfahren konnte. Nachdem die Fahrzeuge an mir vorübergefahren waren, habe ich den Verkehr wieder freigegeben und mich an den Straßenrand gestellt.

Während die Blaskapelle spielte, habe ich dann deutlich einen Schuß gehört. Zu dieser Zeit näherte sich eine Straßenbahn. Ich bin auf die Fahrbahn gesprungen, um die Straßenbahn anzuhalten. Es bestand die Möglichkeit, daß aus der fahrenden Straßenbahn heraus geschossen worden war. Die Straßenbahn bremste stark ab. Es entstand ein ziemliches Tohuwabohu. Leute schrien, Bremsen von Fahrzeugen kreischten, die Blaskapelle kam aus dem Rhythmus und hörte schließlich zu spielen auf. Ich war dann darauf konzentriert, dafür zu sorgen, daß keiner der in meiner Nähe Stehenden wegging, da ja alle zumindest als Zeugen in Betracht kamen.«

»Sie sagten eben«, unterbrach ihn der Vorsitzende, »daß Sie den Schuß gehört hätten. War es ein Schuß oder waren es mehrere Schüsse?«

»Ich habe nur einen Schuß gehört.«

»Halten Sie es für möglich, daß mehrere Schüsse gefallen sind?« beteiligte sich jetzt Oberstaatsanwalt Pramor an der Vernehmung.

»Das ist durchaus denkbar. Sie müssen sich vorstellen, daß die Notbremsung der Straßenbahn und das Schreien der Zuschauer einen erheblichen Lärm verursachten.«

Als vierter Zeuge betrat der siebzigjährige Dieter Franzen den Saal.

»Ich habe deutlich drei Schüsse gehört«, anwortete er mit lauter Stimme auf die Frage des Vorsitzenden.

»Gab es zu der Zeit, als Sie die Schüsse gehört haben«, mischte sich Gelhard in die Vernehmung ein, »andere laute Geräusche?«

»Die Blaskapelle spielte«, sagte Franzen.

»Sie haben also drei Schüsse gehört, während die Blaskapelle spielte.« Gelhard sprach leiser als zuvor. »Andere Geräusche gab es nicht?«

»Ich verstehe Sie nicht. Sprechen Sie doch lauter!« forderte Franzen den Anwalt auf.

»Hören Sie schlecht, Herr Franzen?« ergriff der Vorsitzende das Wort.

»Nur wenn jemand so leise spricht wie der Rechtsanwalt.«

»Haben Sie denn nicht das Kreischen der bremsenden Straßenbahn gehört?« bohrte Gelhard weiter.

»Daran kann ich mich nicht erinnern.«

Das Gericht vernahm fünf weitere Zeugen, deren Aussagen sich mit der des Polizisten Eickmann im wesentlichen deckten. Lediglich zwei unbeteiligte Zuschauer berichteten von nur einem Schuß.

—

Am dritten Verhandlungstag stand Rechtsanwalt Gelhard vor dem Eingang zum Sitzungssaal und rauchte eine Zigarette. Vom Ende des Ganges her näherte sich Oberstaatsanwalt Pramor mit beschwingten Schritten. Er sieht heute irgendwie frohgelaunt aus, dachte Gelhard.

»Haben Sie heute Geburtstag, Herr Pramor?« fragte er, als der Staatsanwalt an ihm vorüberkam.

»Das nicht gerade«, antwortete Pramor. »Aber heute bekommt der Prozeß seine entscheidende Wende.«

Strahlend schritt er an Gelhard vorbei in den Gerichtssaal. Der Verteidiger folgte ihm.

Der Vorsitzende stellte die Anwesenheit aller Beteiligten fest. Pramor erhob sich umständlich und kündigte an, einen Beweisantrag stellen zu wollen. Der Vorsitzende erteilte ihm das Wort.

Nachdem er einen Blick in den Zuschauerraum geworfen hatte, so als wolle er sich der Aufmerksamkeit aller versichern, begann Pramor, den angekündigten Beweisantrag vorzulesen.

»In der Strafsache gegen Axel Jäger, Aktenzeichen bekannt, beantrage ich, zum Beweis für die Tatsache, daß der Angeklagte dreimal auf Honecker geschossen hat, den Zeugen Stefan Beckers zu vernehmen.«

Während Pramor den Beweisantrag näher begründete, drehte Gelhard sich zu Axel um und schaute ihn fragend an. Axel zuckte die Schultern.

Das Gericht gab dem Beweisantrag statt. Offensichtlich hatte Pramor sich schon mit dem Zeugen über sein Erscheinen in der Verhandlung verständigt, denn kurz darauf wurde ein Mann in den Gerichtssaal hineingeführt. Bereits an der Tür machte er einen Diener in Richtung des Gerichts und ging zielsicher auf den Platz zu, den er als Zeuge einnehmen sollte. Er vermied es, Axel anzusehen. Der Vorsitzende fragte nach den Personalien des Zeugen.

»Mein Name ist Stefan Beckers, ich wohne hier in Düsseldorf in der Thüringer Straße 8. Ich bin 38 Jahre alt.«

»Sind Sie mit dem Angeklagten verwandt oder verschwägert?«

»Nein.«

»Was sind Sie von Beruf, Herr Beckers?«

»Ich habe Dreher gelernt, bin aber zur Zeit arbeitslos.«

»Der Angeklagte soll Ihnen etwas über seinen Attentatsversuch auf Honecker erzählt haben«, begann der Vorsitzende die Vernehmung.

»Das ist richtig, Herr Vorsitzender. Im April dieses Jahres habe ich einige Wochen in der ›Ulm‹ hier in Düsseldorf in Untersuchungshaft gesessen. Da das Gefängnis völlig überfüllt war, waren Jäger und ich damit einverstanden, zusammen in eine Zelle gelegt zu werden. Ich hab mir gedacht, da hast du etwas Unterhaltung. Nach den ersten Tagen haben wir Vertrauen zueinander gefunden. Da haben wir uns einige Erlebnisse aus unserem Leben erzählt.

Der Jäger hat mir auch gesagt, weswegen er einsitzt. Anfangs hat er immer behauptet, der Schuß auf Honecker sei ein Versehen gewesen. Eines Nachts aber hat er im Schlaf so laut geschrien, daß ich erschrocken wachgeworden bin. Er saß im Bett und war total fertig. Er weinte. Jäger war völlig verschwitzt.

Ich hab ihn gefragt, was denn los sei. Er sagte mir, er hätte wieder diesen Alptraum gehabt. Er hat immer wieder auf Honecker geschossen, ihn aber nicht getroffen. Honecker hat nur gelacht. Sein Bruder hat immer wieder gerufen, nun ziel doch endlich richtig.

Dann habe ich ihn gefragt: Du wolltest ihn doch gar nicht umbringen? Er antwortete, daß er das ja wohl nicht zugeben könne. Dann würde man ihn wegen Mordversuchs verurteilen. Unter Knastbrüdern kann man sich das doch erzählen, habe ich ihm gesagt, und er rückte schließlich mit der Sprache heraus.

Er hat mir erzählt, daß er in der Ruine gelegen und Schwierigkeiten hatte, Honecker ins Visier zu bekommen. Er hat, als Honecker ins Schloß gehen wollte, erst einmal vorbeigeschossen. Dann hat er noch einmal kurz gezielt und zwei Schüsse hintereinander abgegeben. Als auch die vorbei gingen, hat er schnell die Patronenhülsen aufgesammelt, in der Eile aber nur zwei gefunden und sie in seine Jackentasche gesteckt. Kurz darauf ist er dann festgenommen worden.«

»Das hat Ihnen der Angeklagte wirklich erzählt?«

»So wahr ich hier sitze, Herr Vorsitzender. Welchen Grund sollte ich denn haben, vor Gericht zu lügen?«

»Welchen Grund sollte denn der Angeklagte gehabt haben, Ihnen das zu erzählen? Sie kannten sich doch kaum«, fragte der Vorsitzende.

»Sie hätten sehen sollen, wie fertig er in dieser Nacht war. Das reinste Nervenbündel. Der mußte die wahre Geschichte jemandem erzählen, um vor seinen Alpträumen Ruhe zu bekommen. Wenn ich hier lüge, soll mich sofort der Schlag treffen.«

Axel hatte zunächst schweigend zugehört. Er atmete schwer. Kalter Schweiß war auf seine Stirn getreten.

»Du lügst doch«, schrie er dann völlig außer sich den Zeugen an. »Ich habe mit dir nie über diese Sache gesprochen.«

Er war aufgesprungen und hatte seine Hände auf die Holzbrüstung, die seinen Platz umgab, gestützt. Einer der Gerichtswachtmeister war vor die Brüstung getreten, um zu verhindern, daß Axel den Zeugen angriff.

»Beherrschen Sie sich, Herr Angeklagter!« schrie der Vorsitzende Axel in scharfer Form an. »Wenn Sie sich nicht zusammenreißen, lasse ich Sie aus dem Sitzungssaal entfernen. Setzen Sie sich sofort wieder hin!«

Widerwillig folgte Axel dieser Anweisung. Er fixierte den Zeugen mit seinen Augen. Beckers sah ihn nicht an. Er hatte nicht einmal zu Axel hingesehen, als dieser ihn außer sich vor Wut anschrie. Das Gesicht des Zeugen hatte sich rot verfärbt.

»Muß ich mir das gefallen lassen, Herr Vorsitzender?« trat Beckers die Flucht nach vorn an.

»Seien Sie ruhig, Herr Zeuge«, wurde er vom Vorsitzenden zurechtgewiesen. »Ich unterbreche die Sitzung für einige Minuten, um dem Angeklagten Gelegenheit zu geben, seine Fassung zurückzugewinnen. Ich empfehle Ihnen, Herr Verteidiger, mäßigend auf den Angeklagten einzuwirken. Ich weise nochmals darauf hin, daß ich den Angeklagten beim nächsten derartigen Vorfall aus dem Saal entfernen lassen werde.«

Während die Mitglieder des Gerichts den Sitzungssaal durch eine Tür hinter dem Richtertisch verließen, wandte sich Gelhard an Axel. »Sie müssen sich beruhigen, Herr Jäger. Wir können hier nur mit kühlem Kopf etwas erreichen, nicht mit hitzigen Drohgebärden.«

Axel atmete immer noch schwer. Er überlegte fieberhaft, warum Beckers, mit dem er sich tatsächlich in der Untersuchungshaft gut verstanden hatte, eine derartig falsche Aussage machte. Steckte Sensationsgier dahinter? Wollte er in diesem spektakulären Prozeß als wahrscheinlich entscheidender Zeuge das Interesse der Journalisten wecken, um seinen Namen in den Zeitungen wiederzufinden?

»Aber der lügt«, wandte sich Axel an Gelhard. »Es stimmt, daß ich Alpträume gehabt habe. Es stimmt auch, daß ich nachts hin und wieder geschrien habe und Beckers dadurch wach geworden ist. Wir haben auch über mich und dieses Verfahren gesprochen. Aber ich habe ihm nie erzählt, dreimal geschossen zu haben. Nur ein Schuß ist gefallen, und der hat sich versehentlich gelöst, so wie ich es hier geschildert habe.«

»Warten wir doch zunächst ab, was eine weitere Befragung dieses Zeugen ergibt«, schlug Gelhard vor. »Wichtig ist jetzt, daß Sie versuchen, sich unter Kontrolle zu halten.«

Die Mitglieder des Gerichts kehrten in den Sitzungssaal zurück. Der Vorsitzende musterte Axel eindringlich und setzte dann die Verhandlung fort.

»Sind Fragen an den Zeugen? Seitens des Gerichts?« Der Vorsitzende sah die beiden anderen Berufsrichter und die Schöffen an. Da keine Reaktion erfolgte, blickte er zum Staatsanwalt hinüber.

»Keine Fragen, Herr Vorsitzender«, sagte Pramor, der mit der Aussage des Zeugen zufrieden zu sein schien.

»Ich habe einige Fragen«, meldete sich Rechtsanwalt Gelhard zu Wort.

»Herr Beckers!« wandte sich der Verteidiger an den Zeugen. »Ich muß Ihre Zeit leider noch in Anspruch nehmen, aber wahrscheinlich wird es nicht lange dauern. Sie sagten uns eben, daß der Angeklagte einmal vorbeigeschossen hat und dann, nachdem er noch einmal kurz gezielt hat, zwei Schüsse hintereinander abgegeben hätte. Das ist doch richtig, oder?

»Das stimmt«, antwortete Beckers kurz.

»Hat er es Ihnen wirklich so erzählt?«

»Da bin ich mir ganz sicher.«

»Er hat also einmal gezielt und zwei Schüsse hintereinander abgegeben«, rekapitulierte Gelhard nochmals.

Beckers nickte. Wenn er antwortete, sah er nur kurz zu Gelhard hinüber.

»Hat er etwas darüber erzählt, daß er nach dem ersten oder zweiten Schuß nachladen mußte?«

»Nachladen?« schien Beckers zu überlegen. »Von Nachladen ist nicht gesprochen worden.«

»Weswegen haben Sie eigentlich in Untersuchungshaft gesessen?« Gelhard wechselte bewußt das Thema.

»Muß ich das beantworten?« fragte Beckers den Vorsitzenden.

»Dazu sind Sie verpflichtet«, antwortete der Vorsitzende kurz, der offensichtlich ahnte, worauf Gelhard hinaus wollte.

»Wegen verschiedener Einbrüche.«

»Wie lange haben Sie gesessen?«

»Vier Monate. Dann wurde der Haftbefehl außer Vollzug gesetzt.«

»Der Angeklagte hat Ihnen gesagt, daß er nach dem ersten Schuß zwei Schüsse hintereinander abgegeben hat. Wie hat er das gemacht?«

»Wie soll er das schon gemacht haben. Er hat halt zweimal abgedrückt.« Der Zeuge lächelte Gelhard arrogant an. Er glaubte, nun die Oberhand gewonnen zu haben.

»Zwischen diesen beiden Schüssen hat er also nicht nachgeladen?«

»Ich habe schon gesagt, daß er zweimal abgedrückt hat. Von Nachladen war nie die Rede.« Beckers schaute Gelhard nachsichtig an.

»Und das können Sie beschwören?«

»Selbstverständlich.«

»Damit würden Sie aber einen Meineid leisten, Herr Beckers.« Gelhard wirkte nun aggressiv. Er sprach lauter. »Bei diesem Gewehr muß nach jedem Schuß nachgeladen, daß heißt der Ladehebel nach hinten gezogen und wieder nach vorne geschoben werden, damit eine neue Patrone ins Patronenlager eingeführt wird. Das hat uns der Sachverständige am letzten Verhandlungstag genau erläutert. Sie haben also gerade gelogen.«

»Ich habe nicht ...«, versuchte Beckers sich zu rechtfertigen.

Gelhard ließ ihn jedoch nicht zu Wort kommen. »Wenn Sie insofern gelogen haben, stelle ich mir die Frage, ob nicht Ihre ganze Aussage gelogen ist. Ich weise Sie darauf hin, daß Sie jetzt noch die Möglichkeit haben, Ihre Aussage zu revidieren. Sie können damit eine Bestrafung eventuell noch verhindern, erreichen aber zumindest eine mildere Strafe wegen der Falschaussage, die Sie hier gemacht haben«, schrie Gelhard. Sein Oberkörper war nach vorn gebeugt, sein Blick starr auf den Zeugen gerichtet.

»Meine Aussage ist richtig. Von Nachladen hat der Angeklagte mir nichts erzählt.« Beckers betonte jedes einzelne Wort. Damit hatte der Zeuge den Schwachpunkt in Gelhards Argumentation, wenn auch unbewußt, offengelegt. Beckers konnte nur das wiedergeben, was Axel ihm erzählt hatte, dachte der Verteidiger. Es wäre ungeschickt gewesen, zu diesem Komplex weitere Fragen zu stellen.

»Hatten Sie den Eindruck, daß der Angeklagte Vertrauen zu Ihnen hatte?« Gelhard wirkte äußerlich wieder vollkommen ruhig.

»Ja, er hatte Vertrauen zu mir.«

»Meinen Sie nicht, daß Sie dieses Vertrauen durch Ihre Aussage mißbrauchen?«

»Um Vertrauensmißbrauch geht es hier nicht«, mischte sich Staatsanwalt Pramor ein. »Der Zeuge kommt hier seiner Pflicht nach, vor Gericht wahrheitsgemäß auszusagen. Also was soll die Frage, Herr Verteidiger?«

Gelhard ging nicht auf Pramors Frage ein. »Wie hat eigentlich die Staatsanwaltschaft davon erfahren, daß Sie diese Angaben machen können, Herr Beckers?« befragte Gelhard den Zeugen weiter.

»Ich habe in der Zeitung über den Verlauf des Prozesses gelesen und dann einen Reporter angerufen. Der hat mir geraten, mich mit Oberstaatsanwalt Pramor in Verbindung zu setzen.«

»Wieso rufen Sie einen Reporter an, wenn Sie eine Aussage machen wollen?«

»Weil der geschrieben hat, daß es fraglich ist, ob der Angeklagte verurteilt werden kann.«

»Ihnen geht es also darum, eine Verurteilung des Angeklagten zu erreichen«, stellte Gelhard fest. »Keine weiteren Fragen mehr, Herr Vorsitzender.«

Achtzehntes Kapitel

August 1988

Am Abend des dritten Verhandlungstages saß Rechtsanwalt Gelhard mit Privatdetektiv Charles Dreyer an seinem Schreibtisch in der Kanzlei.

»Das habe ich bis heute noch nicht erlebt, daß sich ein Zeuge bei der Staatsanwaltschaft meldet, um eine Aussage in einem laufenden Prozeß zu machen. Sie können sich nicht vorstellen, mit welcher hämischen Freude Oberstaatsanwalt Pramor ihn heute aus dem Hut gezaubert hat. Er habe in der Zeitung von der falschen Sachdarstellung des Angeklagten gelesen und sich gemeldet, um der Wahrheit die Ehre zu geben.«

Dreyer hörte dem Anwalt schweigend zu. Sie kannten sich schon seit Jahren und hatten in einigen Prozessen zusammengearbeitet. Gelhard rechnete sich der neuen Generation von Strafverteidigern zu, die ihr Heil weniger darin sahen, glänzende Plädoyers zu halten, sondern zu versuchen, durch die oft mühselige Kleinarbeit eigener Ermittlungen den Gang eines Strafverfahrens zu beeinflussen.

In der Regel führte Dreyer für Gelhard solche Ermittlungen durch. Er war als Privatdetektiv tätig, liebte es jedoch nicht, als solcher bezeichnet zu werden. Die Berufsbezeichnung ›Privatdetektiv‹ war nicht geschützt, so daß jeder gegen Zahlung von fünf Mark Verwaltungsgebühr ein Gewerbe als ›Privatdetektiv‹ anmelden konnte. Zu diesen Amateurdetektiven wollte Dreyer nicht gezählt werden. Immerhin hatte er achtzehn Jahre bei der Kriminalpolizei Dienst getan und zuletzt den Rang eines Kriminalhauptkommissars bekleidet.

Eingeweihte sahen in ihm den Könner der Düsseldorfer Detektivszene. Zwar hatte Dreyer für seine Körpergröße von 1,80 Meter einige Kilogramm zu viel Gewicht. Die überflüssigen Pfunde waren jedoch so verteilt, daß er nicht dick, sondern kräftig wirkte.

»Ich bin mir sicher, daß mit diesem Zeugen etwas nicht stimmt. Mir ist bei der Befragung zwar nicht gelungen, ihn in so erhebliche Widersprüche zu verwickeln, daß das Gericht ihm nicht glauben wird. Aber der Prozeß ist ja noch nicht zu Ende. Die Aussage war einfach zu glatt. Sie klang wie auswendig gelernt. Und wenn jemand immer wieder betont, daß er nicht lüge, sondern die Wahrheit sagt, gibt dies allen Anlaß zur Skepsis.«

»Und was ist, wenn Ihr Mandant lügt? Oder wenn er sich so in seine Version der Tat hineingesteigert hat, daß er selbst daran glaubt, nur versehentlich einen Schuß abgegeben zu haben? Glauben Sie nicht vielleicht nur blind Ihrem Mandanten, weil es für Sie selbst ein spektakulärer Erfolg sein würde, einen Freispruch des ›Honecker-Attentäters‹, wie die Presse ihn nennt, zu erreichen?« Dreyer spielte wieder einmal den Advocatus Diaboli. Auch das schätzte der Anwalt an ihm.

»Kann ja sein«, lenkte Gelhard ein. »Aber mein Gefühl hat mich selten betrogen. Jedenfalls ist es angezeigt, den Zeugen eine Weile zu beobachten. Ich würde Sie bitten, ihn in den nächsten Tagen nicht aus den Augen zu lassen und wenn möglich, die Observation selbst durchzuführen.« Gelhard verstand es immer wieder, Dreyer einen Fall so schmackhaft zu machen, daß er sich selbst darum kümmerte.

»Wer bezahlt mich denn eigentlich?«

»Wer redet hier von Bezahlung?« fragte Gelhard zurück. »Die Sache ist so spektakulär, daß Sie, falls wir mit Ihrer Hilfe die Aussage des Zeugen widerlegen oder entscheidend erschüttern können, soviel Beifall ernten werden, daß dies doch wohl Entlohnung genug ist.«

Dreyer kannte Gelhards ironische Art und wartete ab. Er sah den Anwalt weiterhin interessiert an, ohne eine Reaktion zu zeigen.

»Also schön«, gab Gelhard wieder nach. »Die Bezahlung ist gesichert. Ich habe mit einer Illustrierten im Namen des Mandanten einen Exklusivvertrag abgeschlossen, der ihm eine fünfstellige Summe einbringt.«

»Sie haben Ihren Mandanten an die Presse verkauft?«

Dreyer war völlig überrascht. »Ich kann mich noch daran erinnern, wie Sie diese Praxis mancher Strafverteidiger vehement verurteilt haben. Wie Sie gewettert haben wegen angeblicher Verstöße gegen das Standesrecht, die Schweigepflicht des Anwalts und die Menschenwürde schlechthin.«

»Augenblick mal«, unterbrach ihn Gelhard. »Sogar ich lerne dazu. Wenn Sie wollen, können Sie sich diesen Ordner einmal ansehen.« Gelhard zeigte mit dem Daumen auf eine Bücherwand hinter seinem Schreibtisch. »Wenn diese Rechnungen, die teilweise seit Jahren offen stehen, auf einen Schlag bezahlt würden, würde sich mein Jahresumsatz glatt verdoppeln. Auch ich will für meine Arbeit bezahlt werden und habe einsehen müssen, daß der Angeklagte, der vom Verteidiger besonderen Einsatz verlangt, nicht erwarten kann, daß der Anwalt als Pflichtverteidiger arbeitet und Gebührensätze erhält, die kaum die Praxiskosten decken. Wenn das einzige Kapital des Mandanten seine spektakuläre Lebensgeschichte ist, läßt es sich häufig nicht vermeiden, zur Absicherung einer Verteidigung, die ihren Namen verdient, den Weg des Verkaufs der Lebensgeschichte zu gehen. Ich habe das einsehen müssen, obwohl mich in jedem einzelnen Fall immer wieder Skrupel plagen.«

»Meine Sätze sind Ihnen ja bekannt«, sagte Dreyer, um das Thema zu beenden.

Es dauerte noch eine Stunde, bis Gelhard den Privatdetektiv in alle Einzelheiten des Falles eingeweiht hatte.

—

Am nächsten Morgen saß Dreyer in seinem Fahrzeug, das er schräg gegenüber dem Eingang des Hauses, in dem sich die Wohnung des Zeugen Beckers befand, geparkt hatte. Erst gegen Mittag erschien Beckers, der genau der Beschreibung entsprach, die Gelhard dem Detektiv gegeben hatte. 38 Jahre alt, etwa 1,70 Meter groß, schlank, mit bereits leicht schütterem Haar. Auch das Foto, das Dreyer inzwischen von einem Freund und früheren Kollegen der Düsseldorfer Kripo erhalten hatte, zeigte eindeutig den Mann, der gerade das Haus verließ.

Als Beckers nicht in eines der am Straßenrand geparkten Autos einstieg, folgte Dreyer ihm zu Fuß. Beckers besuchte zunächst eine Eckkneipe und bummelte dann über die Schadowstraße, wo er sich neu einkleidete. Er trug nun eine relativ weitgeschnittene, beigefarbene Hose, dazu ein hellbeige gestreiftes Hemd, einen bordeauxroten Gürtel und neue Schuhe in der gleichen Farbe. Er scheint in Geberlaune zu sein, dachte Dreyer. Beckers fuhr anschließend mit einem Taxi zur BMW-Niederlassung in der Grafenberger Allee in Düsseldorf. Durch die großen Scheiben des vollständig verglasten Austellungsraumes beobachtete Dreyer, wie Beckers die verschiedensten Neuwagen begutachtete. Er unterhielt sich längere Zeit mit einem der Verkäufer und ließ sich einige Prospekte geben.

Nach einem ausgiebigen Abendessen in einem italienischen Restaurant mit erheblichem Alkoholkonsum fuhr Beckers mit einem Taxi in die Rethorystraße. Vor den Häusern 73 bis 75 hielt der Wagen an.

Und zum Abschluß in den Edelpuff, dachte Dreyer und stieg seinerseits aus dem Taxi, um Beckers in das Düsseldorfer Bordell zu folgen. Als Beckers in der ersten Etage des Hauses verschwand, klopfte Dreyer an eine Tür mit der Aufschrift ›Hausmeister‹.

Ohne ein ›Herein‹ abzuwarten, betrat er den spärlich beleuchteten Raum. In der Mitte des Zimmers stand ein großer, hellgrauer Schreibtisch. An den Wänden waren Regale angebracht, in denen eine Fülle von Aktenordnern standen. Aus Dreyers Sicht gesehen links befand sich eine Schalttafel, auf der verschiedene Lämpchen schwach leuchteten.

»Hallo Werner«, begrüßte Dreyer den Hausmeister des Bordells. Werner Köpp saß am Schreibtisch und spielte mit einem Briefbeschwerer, der aus dem Unterteil einer Granate gefertigt worden war.

»Na, das ist eine Überraschung«, begrüßte der Hausmeister den Detektiv. »Gibt es was Neues?«

»Bevor ich dir erzähle, wie weit ich in deiner Sache vorgedrungen bin, sag mir doch bitte, von wem der Freier, der kurz vor mir hereingekommen ist, verarztet wird.«

Der Hausmeister zog kurz die Augenbrauen hoch, fragte aber nicht, warum Dreyer das wissen wolle. Sie kannten sich beide recht gut aus der Zeit, als Dreyer bei der Düsseldorfer Kripo gearbeitet hatte. Damals waren sie häufiger miteinander in Kontakt gekommen. Werner Köpp hatte sich wie Dreyer stets als korrekt und in manchen Fällen sogar als kooperativ erwiesen. Er war von bulliger Gestalt. Sein Markenzeichen war die stark geschwungene schmale Hakennase. Sein Händedruck war branchenüblich hart.

»Meinst du den blonden mit der beigen Hose?« fragte Köpp und zeigte auf einen Monitor. Der Bildschirm bot einen Überblick über den Salon, in dem sich vier Damen in Positur gesetzt hatten, als Beckers erschienen war. Beckers unterhielt sich gerade mit Mona, einer rassig wirkenden, schwarzhaarigen Prostituierten.

»Richtig«, sagte Dreyer. »Ich verfolge ihn schon den ganzen Tag.«

»Ist aber keiner aus der Szene«, stellte Werner fest.

Dreyer schüttelte den Kopf. Offensichtlich waren Mona und Beckers sich handelseinig geworden. Sie verließen den Salon über eine Treppe. An der ersten Stufe stolperte Beckers und wäre hingefallen, wenn Mona ihn nicht gestützt hätte.

»Scheint aber schon getankt zu haben«, bemerkte Köpp und verdrehte die Augen.

Nach über einer Stunde erschien Beckers wieder. Dreyer beobachtet ihn zunächst über den Monitor und sah ihn dann durch einen Einwegspiegel in der Tür am Hausmeisterzimmer vorbeigehen. Er gab seinem Mitarbeiter, der auf der Straße wartete, am Fenster ein Zeichen, damit dieser die weitere Verfolgung übernahm.

Charles Dreyer und Werner Köpp gingen zu Mona ins zweite Stockwerk hinauf. »Das ist Charly Dreyer«, stellte Köpp den Detektiv vor, »ein alter Freund von mir, der beste Privatdetektiv Düsseldorfs. Vielleicht kannst du ihm ein paar Fragen beantworten. Er ist an deinem letzten Freier interessiert.«

»Du weißt, daß ich über Freier normalerweise nichts erzähle, Werner. Aber das war ein Oberarschloch. Hat mir die ganze Zeit erzählt, wie reich er ist. Er hätte gerade viel Geld bekommen. Für eine Stunde Arbeit hätte man ihm 75 000 Mark gezahlt. Einen Teil davon habe ich ihm gleich wieder abgenommen, weil er immer wieder neue Sonderwünsche hatte. Aber darüber erzähle ich dir nun wirklich nichts.«

»Eure Spielchen interessieren mich auch nicht«, betonte Dreyer. »Hat er denn mehr erzählt über den tollen Job, für den er das Geld bekommen hat?«

»Der hat nur wirres Zeug geredet. Ich glaube nicht einmal, daß das stimmt mit dem Geld. Für eine große Sache ist der zu dumm. Er hat gefaselt, er sei Geschichtenerzähler und habe einigen Leuten einen Traum erzählt. Da Geschichtenerzähler Spezialisten seien, würden sie eben auch wie Spezialisten bezahlt. Und dann tat er geheimnisvoll, indem er sagte, sein Auftritt hätte auch in der Zeitung gestanden. Aber der ist völlig meschugge.«.

»Hat er denn sonst keine Einzelheiten berichtet?« wollte Dreyer noch wissen.

Mona schüttelte den Kopf.

»Ich glaube, du hast mir sehr geholfen, Mona. Aber weniger mir, sondern einem armen Schwein, das offensichtlich aus politischen Gründen für eine Tat büßen soll, die er nicht begangen hat.«

—

Dreyer fuhr unmittelbar zu Gelhards Wohnung. Er mußte einige Male schellen, bevor die Haustür geöffnet wurde.

»Ach, Herr Dreyer«, begrüßte ihn schlaftrunken der Rechtsanwalt.

Er sah angegriffener aus als sonst und wirkte mürrisch. In der Regel war er schlecht ansprechbar, wenn er in großen Strafprozessen plädierte. Er hatte seine ganze Überzeugungskraft in dieses Plädoyer gesetzt, war aber wieder einmal nicht zufrieden mit sich selbst gewesen. Schon häufiger hatte er festgestellt, wenn er gedanklich einen Prozeß und das Plädoyer Revue passieren ließ, daß er das eine oder andere Argument noch zugunsten des Angeklagten hätte vorbringen können. Es gab kaum Fälle, in denen Gelhard mit sich selbst zufrieden war. Das nagte an ihm und förderte seinen Alkoholkonsum.

Auch an diesem Abend hatte er erst nach einigen Glas Cognac einschlafen können. Nachdem sie in geräumigen Sesseln im Wohnzimmer des Anwalts Platz genommen hatten, erzählte Gelhard zunächst den Verlauf der Sitzung dieses Tages.

—

Der vierte Verhandlungstag hatte mit der Vernehmung der Sachverständigen begonnen. Der Psychiater Dr. Spielburg und der Psychologe Dr. Hunold waren jeweils auf ihrem Fachgebiet zu dem Ergebnis gekommen, daß Axel in vollem Umfang schuldfähig sei. Etwas anderes hatte Gelhard auch nicht erwartet.

Nach dem Schluß der Beweisaufnahme hatte Oberstaatsanwalt Pramor mit seinem Plädoyer begonnen.

»Hohes Gericht! Herr Verteidiger! Meine Damen und Herren! Nach dem Ergebnis der Hauptverhandlung steht nach meiner Überzeugung folgender Sachverhalt fest:

Im August 1987 erfuhr der Angeklagte aus Zeitungsberichten, daß der Staats- und Parteichef der DDR, Erich Honecker, die Bundesrepublik besuchen würde. Auf dem Programm stand auch ein Treffen Honeckers mit der Landesregierung Nordrhein-Westfalens, das unter anderem im Benrather Schloß in Düsseldorf stattfinden sollte. Von diesem Zeitpunkt an plagten den Angeklagten Alpträume, in denen immer wieder sein Bruder Roland, der bei einem Fluchtversuch über die deutsch-deutsche Grenze erschossen wurde, erschien und von dem Angeklagten verlangte, seinen Tod zu rächen. Der Angeklagte versuchte zunächst, über einen Rechtsanwalt Anzeige gegen Honecker zu erstatten, was – und das hätte ich ihm gleich sagen können – natürlich nicht zum Erfolg führte.«

Pramor sah triumphierend zu den Zuschauern hinüber.

»Wenn der Staat mir nicht hilft, werde ich mir selbst helfen, wird sich der Angeklagte gesagt haben, als er sich entschloß, Selbstjustiz zu üben. Er plante das Attentat sehr sorgfältig. Zunächst suchte er eine Stelle, von der aus er auf Honecker schießen konnte. Direkt gegenüber dem Hauptgebäude des Benrather Schlosses fand er eine Ruine, die ihm für seine Zwecke geeignet zu sein schien. Er nahm aus dem Waffenschrank seines Arbeitgebers, der sich in Urlaub befand, ein Jagdgewehr und versteckte es bereits einen Tag vor dem Attentat unter einer losen Diele im Fußboden. Am Tattag legte er sich hinter einen Mauervorsprung im zweiten Stock dieses Gebäudes und wartete auf Honeckers Ankunft.«

Axel hörte Pramor gespannt zu. Draußen schien die Sonne. Pramors schwarze Robe bildete einen starken Kontrast zu den von der Sonne hell erleuchteten Scheiben des

Gerichtssaals. Der Staatsanwalt agierte vor diesem Hintergrund wie ein von Gott gesandter Racheengel, den der heilige Geist über die Sonnenstrahlen mit allen Geistesgaben versorgte, die er für sein schwieriges Amt brauchte. Nur die Milchglasscheiben verhinderten, daß die Sonnenstrahlen Pramor ungefiltert erreichten. Axel fielen Gelhards Worte: ›Staatsanwälte sitzen immer mit dem Rücken zum Fenster‹, wieder ein.

»Als dann Honecker erschien, zielte der Angeklagte sorgfältig. Der erste Schuß verfehlte Honecker und zerschlug eine Scheibe im Benrather Schloß. Bei dem dann einsetzenden Chaos gelang es dem Angeklagten nicht, mit zwei weiteren Schüssen, die er noch abgab, sein Ziel zu treffen. Gott sei Dank, kann ich nur sagen. Ein erfolgreiches Attentat hätte unvorstellbare politische Verwicklungen zur Folge gehabt.

Der Angeklagte behauptet nun, er habe nicht absichtlich auf Honecker geschossen. Als er die weitere Ausführung der Tat aufgeben wollte und das Gewehr von der Mauer nahm, habe sich versehentlich ein Schluß gelöst. Das ist eine reine Schutzbehauptung des Angeklagten, die ich nun widerlegen werde.«

Wieder schaute Pramor in den Zuschauerraum, um die Wirkung seiner Worte zu überprüfen. Einige der Zuschauer sahen ihn ausdruckslos an. Andere schienen ihn mit ihren Blicken anfeuern zu wollen. Die Journalisten in den ersten beiden Reihen der Zuschauerbänke machten Notizen.

»Gegen den Angeklagten spricht seine eigene Aussage dem Zeugen Beckers gegenüber. Er habe bei seiner Tat einfach Pech gehabt, als er Honecker dreimal verfehlte.

Ich habe keinen Zweifel daran, daß die Aussage dieses Zeugen glaubhaft ist. Es ist kein einziger Anhaltspunkt dafür ersichtlich, warum Beckers gelogen haben sollte. Vielleicht stellt sich der eine oder andere die Frage, warum der Angeklagte gerade dem Zeugen Beckers gegenüber ein Geständnis abgelegt hat. Die Antwort ist nicht sehr schwierig. Weil er dem Druck, der seit der Tat auf ihm lastete, nicht mehr standhielt. Er hatte auch nach der Tat noch Alpträume. Er hatte zu Beckers Vertrauen gefaßt. Beckers war für ihn ein Leidensgenosse, bei dem er sich Erleichterung verschaffen wollte, indem er sich die Sache von der Seele redete.

Offiziellen Stellen gegenüber, etwa der Kriminalpolizei oder dem Gericht, hat und wird dieser Angeklagte seine Tat nicht zugeben. Er weiß, daß ein solches Geständnis ihn für lange Zeit hinter Gitter bringt. Beim Zeugen Beckers hat er so weit nicht gedacht, zumal er sich wegen des gerade durchlittenen Alptraumes in einer psychischen Ausnahmesituation befand.«

Axel schüttelte den Kopf.

»Wenn ich das sage, ist mir durchaus bewußt, das der Zeugenbeweis das schlechteste Beweismittel ist, das wir kennen. Zeugen können lügen oder sich irren. Aber die glaubhafte Aussage des Zeugen Beckers über das Geständnis des Angeklagten wird durch andere Tatsachen gestützt, nämlich die beiden Patronenhülsen in der Jackentasche des Angeklagten, die genaue Planung des Attentats, das überaus starke Motiv und schließlich auch die Aussage des Zeugen Franzen.

Ich will dies näher erläutern. In der Tasche der Jacke, die der Angeklagte bei der Tat trug, wurden zwei Patronenhülsen gefunden. Der Angeklagte erklärt dies damit, daß er nach seinen Schießübungen vergessen habe, die Tasche sorgfältig auszuleeren. Dieses Märchen nehme ich dem Angeklagten nicht ab.«

Zum ersten Mal sah Pramor Axel scharf an. Axel blickte zu Boden.

»Der Angeklagte hat das Attentat bis ins Detail geplant. Er hat aus mehreren Waffen, die sein Arbeitgeber besitzt, genau diejenige herausgesucht, die für das Attentat am besten geeignet war. Er hat den Tatort optimal gewählt. Er hat das Gewehr in einer Angeltasche bereits einen Tag vor dem Attentat zum Tatort transportiert und dort versteckt. Bei einer derartig sorgfältigen Planung wäre es dem Angeklagten nicht entgangen, daß sich zwei Patronenhülsen in seiner Jackentasche befanden.«

Zum zweiten Mal blickte Pramor Axel an. Axel versuchte teilnahmslos an ihm vorbei zum Fenster zu sehen.

Schwache Argumentation, dachte Gelhard.

»Einer der hier vernommenen Zeugen, Herr Franzen, hat deutlich drei Schüsse gehört. Als Jäger, der seinem Hobby schon jahrzehntelang nachgeht, kann er Schüsse von anderen Geräuschen unterscheiden. Gegen die Richtigkeit der Bekundung des Zeugen Jäger kann auch nicht ins Feld geführt werden, daß andere Zeugen nur einen oder auch überhaupt keinen Schuß gehört hätten. Der Polizeibeamte Eickmann war nach der Abgabe des ersten Schusses auf andere Aufgaben konzentriert. Er hielt die Straßenbahn an, die bei ihrer Notbremsung so laute Geräusche verursachte, daß der Zeuge die nächsten beiden Schüsse nicht hörte. Schließlich nimmt der Mensch mit seinen Sinnen nur das wahr, auf das er sein Augenmerk gerade richtet. Wer mit seinem PKW über eine belebte Kreuzung fährt und sich dabei ganz auf das Verkehrsgeschehen konzentrieren muß, wundert sich später darüber, daß er nicht bemerkt hat, daß im Autoradio, während er die Kreuzung passierte, bereits seine Lieblingsmusik gespielt wurde. Das wird jedem unter uns schon einmal aufgefallen sein. Wie ich bereits sagte, der Mensch nimmt nur das wahr, was er wahrnehmen will. Seine Wahrnehmung, optisch wie akustisch, ist nur selektiv.

Schließlich gebe ich noch folgendes zu bedenken. Ist es denn glaubhaft, daß ein Angeklagter, der von derartig starken Motiven zur Tat gedrängt wird, im letzten Augenblick die weitere Ausführung der Tat aufgibt? Daß er sein Rachebedürfnis und seinen Haß, die sich jahrelang in ihm angestaut, ja ihn beherrscht und fast zur Raserei getrieben haben, in Sekunden vergißt?«

Zum dritten Mal sah Pramor Axel unbewegt und unerbittlich an. Jetzt hielt Axel seinem Blick stand.

»Der Angeklagte ist ein hartgesottener Mensch. Er hat in der DDR ständig gegen den Staat und die dort existierende Rechtsordnung opponiert. Er ist zum Brandenburger Tor spaziert und hat dabei in Kauf genommen, eventuell niedergeschossen zu werden. Er hat vierzig Monate in Gefängnissen der DDR verbracht und dabei nur das getan, was er sich jeweils vorgenommen hatte. Als er nicht mehr in der Chlorgasherstellung oder in der Ziegelei arbeiten wollte, hat er seine Tätigkeit eingestellt und war durch keine noch so harte Maßnahme dazu zu bewegen, seine Arbeit wieder aufzunehmen. Und dieser Angeklagte ...«

Pramor zeigte mit ausgestrecktem Arm auf Axel.

»... soll kurz vor dem Erreichen seines Zieles aufgegeben haben?«

Pramor sprach zunächst nicht weiter, um seinen letzten Worten eine stärkere Wirkung zu verleihen. Er sah zur Richterbank hinüber, blickte zum Verteidiger und wandte sich schließlich zum Zuschauerraum.

»Nicht umsonst ist dieser Angeklagte, wie er uns geschildert hat, in den jeweiligen Gefängnissen der DDR als gewalttätig eingestuft worden. Gibt es ein stärkeres Motiv als Haß und Rache?«

Pramor hielt wiederum inne.

»Und nur um Rache ging es dem Angeklagten. Rache für den Tod seines Bruders, Rache für vierzig Monate DDR-Gefängnis, vielleicht auch unbewußt Rache für sein eigenes Scheitern in der Bundesrepublik. Diese Rache war übermächtig, sie ließ kein Nachgeben zu.

Das alles steht nach meiner Überzeugung fest. Der psychologische und der psychiatrische Sachverständige hatten keine Zweifel daran, daß der Angeklagte zur Tatzeit in vollem Umfange schuldfähig war. Da Rache der klassische

Fall eines niedrigen Beweggrundes im Sinne des Gesetzes ist, ist der Angeklagte wegen versuchten Mordes an dem Staats- und Parteichef der DDR, Erich Honecker, zu bestrafen. Der Versuch kann milder bestraft werden als die vollendete Tat.«

Pramor straffte sich. Dann richtete er sich an den Vorsitzenden:

»Ich beantrage deshalb, den Angeklagten mit einer Freiheitsstrafe von vierzehn Jahren zu bestrafen.«

Axel stöhnte. Es war ihm schwergefallen, Pramor widerspruchslos zuzuhören. Immer wieder hatte er ihn unterbrechen wollen, um Aussagen Pramors richtigzustellen, Schlußfolgerungen zu berichtigen und Verdächtigungen zurückzuweisen.

Gelhard hatte dies vorausgesehen. Schon vor dem Beginn der Verhandlung hatte er Axel eindringlich darauf hingewiesen, sich an die Spielregeln zu halten, um nicht den Unwillen des Gerichts zu erregen. Widerspruch an der richtigen Stelle, hatte Gelhard gesagt. Zuerst plädiert die Staatsanwaltschaft, dann die Verteidigung und schließlich hat der Angeklagte das letzte Wort.

Nun erhob sich Gelhard. Er begann zunächst langsam und bedächtig zu sprechen.

»Hohes Gericht! Herr Staatsanwalt! Meine Damen und Herren! Ich stehe noch ganz unter dem Eindruck des Plädoyers der Staatsanwaltschaft. Es ist immer wieder beeindruckend, ein Plädoyer des sehr erfahrenen Oberstaatsanwaltes Pramor zu hören. Es scheint, als habe sich alles so abgespielt, wie er es gerade dargestellt hat. Ich war zunächst versucht, kampflos das Feld zu räumen.«

Entsetzt starrte Axel auf seinen Verteidiger. Ich erwarte, daß Sie mich verteidigen und keine Lobrede auf die Staatsanwaltschaft halten, dachte er.

Pramor, der Gelhard schon länger kannte, schaute den Verteidiger skeptisch an. Mit zusammengekniffenen Augen beobachtete er jede Geste des Anwalts und hörte aufmerksam zu.

»Was zunächst so zwingend, so einleuchtend, so nachvollziehbar geklungen hat, hält einer kritischen Würdigung nicht stand. Durchdenkt man alles, was seitens der Staatsanwaltschaft gerade vorgetragen wurde, so sind Widersprüche und Ungereimtheiten zu erkennen, die zusammengenommen so schwer wiegen, daß es keinesfalls zu einer Verurteilung des Angeklagten kommen kann.«

Gelhard sprach nun lauter und gestenreicher. Bereits im scheinbaren Zurückweichen vor den Angriffen der Staatsanwaltschaft hatte er zum Gegenschlag ausgeholt.

»Die Staatsanwaltschaft hat vor dem, was man einen strafbefreienden Rücktritt vom Versuch nennt, völlig die Augen verschlossen. Am 9. 9. 1987 lag Herr Jäger in einer Ruine gegenüber dem Benrather Schloß.« Gelhard nannte bewußt Axels Namen und verwendete nicht – wie sonst meistens üblich – die Floskel ›Der Angeklagte‹. Er wollte Axel nicht zu einem bloßen Objekt des Strafverfahrens degradieren. Über einen anonymen Angeklagten konnte das Gericht leichter den Stab brechen als über einen, der immer und immer wieder namentlich genannt wurde.

»Herr Jäger zielte auf Honecker und sah ihn deutlich im Fadenkreuz. Er bewegte den Abzug nach hinten, bis er den Druckpunkt erreichte. Eine Bewegung seines rechten Zeigefingers von nur wenigen Millimetern hätte nun genügt, den Schuß auszulösen. Dessen war Herr Jäger sich vollkommen bewußt. Jetzt war er am Ziel seiner Irrfahrt angekommen. Freiheit für Millionen, Rache für Roland, mag er in diesem Augenblick gedacht haben.

Dann wurde ihm bewußt, was er gerade tat. Er war dabei, einen Menschen zu töten. Sein Gewissen meldete sich. Es drängte sich zwischen den Abzug des Gewehres und den Finger, der den Abzug betätigte. Herr Jäger war hin und her gerissen. Roland schien ihn aufzufordern, mit dem Zeigefinger diese wenigen Millimeter noch zurückzulegen. Jetzt stand er leibhaftig vor dem, was man Mord nennt.«

Es schien, als zögerte Gelhard, weiterzusprechen. Eine kurze Pause entstand.

»Wer kennt nicht solche Augenblicke? Man hat die Faust geballt, um auf den Gegner einzuschlagen. In Gedanken hat man die ersten Worte eines Satzes, mit dem man einen anderen beleidigen will, schon gebildet, der Mund ist geöffnet ..., um sogleich wieder geschlossen zu werden. Man beißt sich auf die Lippen. Im letzten Augenblick wendet man das ab, was man soeben als Unrecht erkannt hat. Genauso stelle ich mir auch das vor, was Sekunden vor dem versehentlichen Auslösen des Schusses in Herrn Jäger vorgegangen ist. Der Mensch ist nicht Richter über Leben und Tod. Er stemmt sich dem Verlangen seines Bruders entgegen und reißt, als müsse er sich auch körperlich wehren, die Waffe von der Mauer. Und dabei löst sich der Schuß, der zum Glück nur eine Scheibe zerschlägt.«

Gelhard sprach schneller, fast hektisch.

»Dann gerät Jäger in Panik. Unter ihm auf der Straße kreischen die Bremsen und rattern die Räder der Straßenbahn, die der Fahrer mit aller Kraft abzubremsen versucht. Menschen schreien. Jäger wird von Angst erfaßt. Nur weg hier, wird er gedacht haben. Hastig legt er das Gewehr unter die lose Diele des Fußbodens. Er läßt sich nicht einmal mehr Zeit, es in die Angeltasche zurückzupacken. Und dann soll er sich seelenruhig nach irgendwelchen Patronenhülsen umgesehen haben, die beim Nachladen aus dem Gewehr hinausgeschleudert worden sind? Und das hat dieser, nach der Auffassung der Staatsanwaltschaft, hartgesottene, eiskalte und kaltblütige Angeklagte auch noch stümperhaft erledigt. Eine Patronenhülse, die unmittelbar neben dem Platz, an dem er gelegen hatte, gefunden worden ist, hat er übersehen.«

Gelhard steigerte die Lautstärke wieder.

»Herr Jäger soll also die Patronenhülsen in seine Jackentasche gesteckt haben, damit die Polizei sie dort findet. Wäre er der Mann mit der Qualifikation zum Profikiller, wie die Staatsanwaltschaft offensichtlich glaubt, hätte er die Patronenhülsen irgendwo versteckt, aber nicht bei sich getragen. Er mußte doch jederzeit mit seiner Festnahme rechnen.

Das ist die erste schwerwiegende Ungereimtheit im Sachvortrag der Staatsanwaltschaft. Weitere kommen hinzu.

Wen oder was hat der Angeklagte denn eigentlich getroffen, als er angeblich zwei weitere Schüsse abgab? Die Kriminalpolizei, die wegen der besonderen Brisanz dieses Falles mit hohem Personalaufwand äußerst sorgfältig gearbeitet hat, hat lediglich *einen* Einschuß im Benrather Schloß gefunden. Nachdem die Kugel des versehentlich ausgelösten Schusses eine Fensterscheibe durchschlagen hatte, blieb sie in einem antiken Schrank stecken. Weitere Einschüsse wurden nirgends gefunden, weder im Hauptgebäude des Benrather Schlosses noch im Boden davor. Glauben Sie denn wirklich, daß Herr Jäger, wenn er tatsächlich ein zweites oder ein drittes Mal geschossen hätte, nicht einmal das Hauptgebäude des Benrather Schlosses, das wie ein Scheunentor vor ihm stand, getroffen hätte? Er, der die vormilitärische Ausbildung in der DDR absolviert hat und drei Jahre hintereinander Bezirksmeister im Kleinkaliber-Dreistellungskampf war? Die zweite Ungereimtheit!«

Die Zuschauer hörten gebannt dem Vortrag des Verteidigers zu. Der Vorsitzende sah ihn unverwandt an. Einer der Beisitzer spielte wieder mit seinem Kugelschreiber. Das Grinsen war aus Pramors Gesicht verschwunden.

»Ich gehe außerdem davon aus, daß der Zeuge Franzen, der angeblich drei Schüsse gehört hat, sich irrt. Er stand an der Ostseite des Schlosses in der Nähe der Blaskapelle. Zeugen, die von der Akustik her wesentlich besser plaziert standen, nämlich zwischen der Ruine, in der Herr Jäger lag, und dem Hauptgebäude des Benrather Schlosses, haben nur einen beziehungsweise überhaupt keinen Schuß gehört. Der Polizeibeamte Eickmann hat geschildert, daß nach der Abgabe des ersten Schusses die Straßenbahn unter lautem Quietschen und Geratter angehalten wurde. Die Blaskapelle kam aus dem Rhythmus. Eventuell hat der Zeuge das Geräusch eines Schusses mit einem vor Schreck unrhythmisch abgegebenen Schlag auf die große Trommel verwechselt. Auch wenn er Jäger ist, was die Staatsanwaltschaft betont hat, ist sein Gehör nicht besser als das eines Durchschnittsmenschen, wohl aber seine Lust am Fabulieren.

Die dritte schwerwiegende Ungereimtheit!

Damit haben die Indizien, die die Staatsanwaltschaft zur Begründung ihrer Ansicht, die Aussage des Zeugen Bekkers sei glaubhaft, herangezogen hat, ihre Beweiskraft verloren.

Ich will mich nun mit der Aussage des Kronzeugen der Staatsanwaltschaft, Herrn Beckers, auseinandersetzen. Dieser Zeuge hat Talent zum Märchenerzähler, das hat er bei seiner Vorstellung hier bewiesen. Er hat unter anderem ausgesagt, der Angeklagte habe sich ihm anvertraut. Ich frage Sie, warum der Angeklagte das wohl getan haben sollte. Die Antwort auf diese Frage kann jedenfalls nicht lauten – und damit komme ich zur vierten Ungereimtheit – der Angeklagte habe sich in einer psychischen Ausnahmesituation befunden.«

Wieder hielt Gelhard kurz in seinem Vortrag inne.

»Derartige psychische Ausnahmesituationen hat Herr Jäger während seiner Haftzeit in der DDR so oft erlebt, daß er, falls er tatsächlich mehrfach auf Honecker geschossen hätte, die einfachsten Vorsichtsmaßregeln nicht außer Acht gelassen haben würde. Warum sollte er denn dem Zeugen Beckers vertrauen? Nur weil sie einige Tage zusammen in einer Zelle verbracht haben? Für so dumm kann doch wohl niemand den Angeklagten halten.

Gegen die Glaubwürdigkeit des Zeugen Beckers spricht auch, daß er angab, Herr Jäger habe ihm erzählt, zunächst einmal und dann noch zweimal kurz hintereinander geschossen zu haben, indem er zuletzt zweimal abdrückte. Wie uns der Waffensachverständige erklärt hat, ist das von Herrn Jäger benutzte Gewehr ein Halbautomat. Zwischen den Schüssen mußte also nachgeladen, das heißt der Verschluß des Gewehres am Repetierhebel zurück und wieder nach vorn bewegt werden, damit eine neue Patrone in das Patronenlager eingeführt werden konnte. Durch bloßes Abdrücken, wie der Zeuge Beckers uns erzählt hat, kann der zweite Schuß also nicht ausgelöst werden. Da Herr Jäger mit der Waffe relativ ungeübt war, wird es ihm auch nicht gelungen sein, so schnell nachzuladen, daß er zweimal kurz hintereinander schießen konnte.«

Schwache Argumentation, dachte Pramor.

»Die Einlassung des Angeklagten, er habe nicht bewußt und gewollt auf Honecker geschossen, vielmehr habe sich ein Schuß versehentlich gelöst, ist hier nicht widerlegt worden. Dies sage ich nicht, weil der Angeklagte mich für meine Verteidigungstätigkeit bezahlt und ich deshalb gefälligst diese Auffassung zu vertreten hätte, sondern weil ich persönlich davon überzeugt bin. Es ist also nicht bewiesen worden, daß Herr Jäger versucht hat, Honecker zu töten. Das sehr starke Motiv, meinetwegen Haß und Rache, hat ihn eben nicht daran gehindert, unmittelbar vor Vollendung der Tat vom Versuch zurückzutreten.

Dieser Rücktritt vom Versuch, auch wenn er durch moralische Skrupel und Angst vor der Ungeheuerlichkeit einer Tötung ausgelöst wurde – dieser Rücktritt ist freiwillig geschehen, so daß Herr Jäger nicht bestraft werden kann. Ich beantrage deshalb, den Angeklagten freizusprechen.«

Axel war mit Spannung Gelhards Vortrag gefolgt. Gelhard hatte zweifelsfrei die besseren Argumente vorgebracht. Jetzt konnte das Gericht ihn nicht verurteilen.

»Sie haben das letzte Wort, Herr Angeklagter«, wandte sich der Vorsitzende an Axel. »Wollen Sie noch etwas sagen, oder wollen Sie sich den Worten Ihres Verteidigers anschließen?«

»Ich ..., ich schließe mich an«, stammelte Axel. Nach den Höhen und Tiefen, die er während der Plädoyers erlebt hatte, fühlte er sich nicht mehr in der Lage, die wenigen Sätze, die er sich vor Beginn der Verhandlung zurechtgelegt hatte, vorzubringen.

—

Dreyer hatte Gelhards Darstellung gespannt zugehört. Nachdem er noch einen Schluck Cognac getrunken hatte, berichtete er über seine Ermittlungen. Gelhards Gesicht hellte sich immer mehr auf.

»Das ist natürlich ein Erfolg«, freute sich der Anwalt. »Ich muß mir nur überlegen, wie ich diesen Sachverhalt in die Hauptverhandlung einführe.«

Dreyer schüttelte den Kopf. »Was soll denn daran schwierig sein? Daß ihr Juristen immer alles so kompliziert sehen müßt. Sie benennen Beckers nochmals als Zeugen und gleichzeitig Mona.«

»Sie können doch bei dieser Summe wohl davon ausgehen, daß der Zeuge Beckers von seiner Aussage kein Jota streichen wird. Und Mona kann den letzten Beweis nicht führen. Ihr hat der Zeuge, der ziemlich betrunken war, erzählt, er hätte für eine Stunde Arbeit 75 000 Mark erhalten. Dafür hätte er einen Traum erzählt.«

Gelhard stöhnte.

»Er hat auch von einem Auftritt gesprochen und davon, daß dieser Auftritt in der Zeitung gestanden habe. Da schließt sich doch der Kreis«, ließ Dreyer nicht locker. »Aber Sie werden mir doch zugeben, daß der Beweis erst dann hundertprozentig geführt ist, wenn Beckers selbst seine Aussage richtigstellt und seine frühere, falsche widerruft«, wandte Gelhard ein.

»Aber davon können wir doch nur träumen.« Dreyer machte eine wegwerfende Handbewegung. »Bei der Summe, die zwei bis drei Jahresgehälter des Zeugen ausmachen dürfte, wird es zu diesem Widerruf nicht kommen. Versetzen Sie sich doch selbst in die Lage des Zeugen. Er muß doch befürchten, das gesamte Geld zurückzahlen zu müssen. Wenn ihm nicht sogar Schlimmeres passiert.«

»Daß er widerruft, ist natürlich unwahrscheinlich. Aber ich schlage vor, daß Sie ganz offen mit dem Zeugen sprechen und ihm zunächst darlegen, daß wir alles wissen. Dann geben Sie ihm Gelegenheit, sich an mich oder den Vorsitzenden Richter zu wenden, damit er seine Aussage richtigstellen kann. Sie können ihm sagen, daß er in dem Fall gute Aussichten hat, straffrei davonzukommen.«

Neunzehntes Kapitel

August 1988

Am fünften Verhandlungstag waren die Journalisten wieder in erheblich stärkerem Maße vertreten als an den anderen Tagen. Alle waren gespannt, die Urteilsverkündung mitzuerleben. Wieder begann ein Blitzlichtgewitter auf Axel hinunterzuprasseln, als er von zwei Wachtmeistern in den Sitzungssaal geführt wurde. Fernsehkameras surrten, starke Scheinwerfer erzeugten das zum Filmen notwendige Licht. Gelhard hatte einem der Pressevertreter gesagt, daß er zunächst noch einmal die Vernehmung von Zeugen beantragen werde. Er stand deshalb neben dem Angeklagten im Rampenlicht, während Oberstaatsanwalt Pramor etwas verärgert über das Desinteresse an seiner Person mit mürrischem Blick in seinen Akten blätterte.

Gelhard hatte dem Vorsitzenden bereits angekündigt, daß die Urteilsverkündung zunächst noch aufgeschoben werden müsse, da er noch einen Beweisantrag zu stellen habe. Der Vorsitzende war auch in groben Zügen darüber informiert, welches Ziel die erneuten Vernehmungen der Zeugen Beckers und Mona verfolgten. Er erteilte deshalb, nachdem das Gericht an der Richterbank Platz genommen hatte, sofort Rechtsanwalt Gelhard das Wort.

Pramor war völlig überrascht. Der Vorsitzende hatte es unterlassen, ihn über die neue Situation zu informieren. Mit demonstrativ vor der Brust verschränkten Armen und gespielter Lässigkeit hörte er Gelhard zu, der seinen Beweisantrag verlas.

»... beantrage ich, die Zeugen Stefan Beckers und Margarete Niebüll, Künstlername Mona, zu vernehmen ...«

Pramor hatte seine lässige Haltung aufgegeben und saß kerzengerade mit funkelnden Augen an seinem Tisch. Auf die Aufforderung des Vorsitzenden hin, zu diesem Beweisantrag Stellung zu nehmen, schüttelte er nur unwirsch den Kopf.

Nachdem dem Beweisantrag stattgegeben worden war, wurde Beckers hereingerufen. Er gab seine Personalien an.

»Sie sind von Beruf Dreher. Ist das richtig?«

»Ich habe Dreher gelernt, das ist richtig. Aber seit einigen Tagen bin ich Geschichtenerzähler«, antwortete Beckers.

»Geschichtenerzähler?« wiederholte der Vorsitzende langsam die Berufsangabe. »Was machen Sie als Geschichtenerzähler?«

»Ich erzähle Geschichten, Herr Vorsitzender. Wissen Sie, es gibt immer weniger Eltern, die ihren Kindern persönlich Geschichten erzählen. Man schenkt den Kindern lieber Musikkassetten, das ist rationeller. Immer mehr Eltern sehen aber ein, daß es wertvoller für die Kinder ist, wenn ihnen die Märchen direkt erzählt werden, da der Erzähler dadurch die Möglichkeit hat, den weiteren Fortgang der Erzählung auf die Reaktionen der Kinder abzustellen.«

»Wie viele Aufträge haben Sie denn schon erhalten?« fragte Gelhard wütend. Er ignorierte die Reihenfolge, in der die Zeugen befragt werden sollten, und den erstaunten Blick des Vorsitzenden.

»Bis heute noch keinen. Aber ich bin schon dabei, die Werbetrommel zu rühren. Falls Sie selbst Kinder haben, komme ich gerne zu einem Stundensatz von 75 Mark zu Ihnen.«

»Ordentlicher Stundenlohn«, warf Pramor ein.

»Wer hat Sie denn dafür bezahlt, daß Sie uns in dieser Verhandlung eine Geschichte erzählt haben?« kam der Vorsitzende zum Kern der Sache.

»Ich bin mir meiner Wahrheitspflicht bewußt gewesen, Herr Vorsitzender. Selbstverständlich habe ich Ihnen hier in der Verhandlung keine Geschichte erzählt, sondern ausschließlich die Wahrheit gesagt.«

Der Vorsitzende schaute Gelhard fragend an.

»Sie haben hier die Chance«, sprach Gelhard nun den Zeugen an, »Ihre Aussage richtigzustellen. Was das für positive Konsequenzen hat, wissen Sie ja. Nutzen Sie doch diese Gelegenheit!«

»Ich finde es gut, wie Sie sich für Ihren Mandanten einsetzen, Herr Verteidiger«, konterte der Zeuge. »Aber ich muß Sie enttäuschen. Ich habe nichts richtigzustellen und bleibe bei meiner Aussage, die ich bereits germacht habe.«

»Durch Ihre falsche Aussage bringen Sie einen Menschen unschuldig hinter Gitter, der Ihnen einmal vertraut hat«, machte Gelhard einen letzten Versuch, den Zeugen umzustimmen. »Sie haben doch selbst genügend Zeit im Gefängnis verbracht, daß Sie beurteilen können, was Sie ihm damit antun.«

Beckers blieb unbeeindruckt. Er vermied es allerdings nach wie vor, Gelhard oder Axel anzusehen.

»Ich glaube, wir sollten die nächste Zeugin hören und Herrn Beckers noch nicht entlassen. Dann wird sich zeigen, daß auch diese Aussage wieder falsch ist.«

Der Vorsitzende nickte. Beckers nahm in der ersten Zuschauerreihe Platz. Mona wurde in den Gerichtssaal geführt.

»Würden Sie uns bitte Ihre Personalien geben.«

»Margarete Niebüll, 26 Jahre alt, …« Sie zögerte.

»Ihren Beruf, bitte.«

»Prostituierte«, antwortete sie, als habe sie Hausfrau oder Kindergärtnerin angegeben.

»Kennen Sie den Zeugen mit dem hellgrünen Jackett in der ersten Reihe?«

Mona drehte sich um. »Den kenne ich beruflich.«

»Wann haben Sie ihn zuletzt gesehen?«

»Vor drei oder vier Tagen hat er mich abends in der Rethorystraße besucht.«

»Der Zeuge soll Ihnen etwas darüber erzählt haben, daß er in kurzer Zeit sehr viel Geld verdient hat. Stimmt das?«

»Von viel Geld ist nicht gesprochen worden. Er war reichlich betrunken. Ich habe seine Erzählung sowieso nicht ernst genommen. Er hat mir gesagt, er sei Geschichtenerzähler und nehme 75 Mark pro Stunde.«

Gelhard sah zu Beckers hinüber. Der lächelte kurz, versuchte dann aber, seine Gesichtszüge wieder zu einem Pokergesicht zu ordnen.

»Es soll von 75 000 Mark ...« Der Vorsitzende betonte tausend, »... die Rede gewesen sein, die der Zeuge innerhalb einer Stunde verdient haben will?« bohrte der Richter weiter.

»An einen derartig hohen Stundenlohn könnte ich mich doch wahrhaftig erinnern. Aber davon ist sicher nicht gesprochen worden.«

Gelhard platzte fast vor Ungeduld. Kurzerhand fiel er dem Vorsitzenden ins Wort.

»Sagt Ihnen der Name Dreyer etwas?«

»Nein.«

»Kennen Sie einen Düsseldorfer Privatdetektiv mit Namen Charles oder Charly Dreyer?«

»Ach den meinen Sie. Ich habe ihn vor einigen Tagen kurz kennengelernt. Er war zusammen mit Werner, unserem Hausmeister, bei mir.«

»Dieser Privatdetektiv hat mir berichtet, Sie hätten ihm gesagt, der Zeuge Beckers habe angegeben, in einer Stunde 75 000 Mark verdient zu haben. Wollen Sie das leugnen?«

»Nein, das ist richtig. Es stimmt, daß ich diesem Privatdetektiv erzählte, Beckers habe von 75 000 für eine Stunde Arbeit gesprochen.«

»Dann haben Sie also eben die Unwahrheit gesagt.«

»Wieso?« fragte Mona mit arrogantem Gesichtsausdruck.

Pramor ließ seinen Kugelschreiber fallen und lächelte Gelhard an.

»Weil Sie uns gerade gesagt haben, der Zeuge Beckers hätte nicht von 75 000 Mark für eine Stunde Arbeit gesprochen. Aber Sie haben das doch dem Privatdetektiv erzählt, oder etwa nicht?«

»Ich habe dem Privatdetektiv etwas Falsches erzählt. Solche Schnüffler gehen mir auf die Nerven. Ich habe ihm gesagt, daß ich über Kunden keine Auskunft gebe. Wenn er dennoch weiter nachfragt, muß er sich nicht wundern, wenn er unrichtige Antworten erhält.« Monas Kaltschnäuzigkeit war kaum zu überbieten.

»Es hat wohl keinen Sinn, länger zu fragen«, sagte Gelhard zum Vorsitzenden gewandt. »Ich beantrage, die Sitzung kurz zu unterbrechen, damit ich einen weiteren Beweisantrag formulieren kann.«

»Die beiden Zeugen können doch wahrscheinlich entlassen werden«, fragte der Vorsitzende.

Pramor und Gelhard nickten fast gleichzeitig.

Während der Verhandlungspause schrieb Gelhard einen Beweisantrag, demzufolge die Zeugen Charles Dreyer und Werner Köpp vernommen werden sollten. Wenn das Gericht diesem Antrag entspräche, müßte es einen neuen Verhandlungstermin anberaumen, so daß er und Dreyer Zeit fänden, weitere Ermittlungen anzustellen, in der Hoffnung, Beckers Aussage doch noch zu widerlegen.

Nachdem das Gericht wieder zusammengetreten war, verlas er den Antrag. Das Gericht zog sich zu einer kurzen Beratung zurück.

»Der Beweisantrag wird abgelehnt«, verkündete der Vorsitzende, nachdem das Gericht den Sitzungssaal wieder betreten hatte. »Die vom Verteidiger des Angeklagten aufgestellte Behauptung, die Zeugin Niebüll habe dem Privatdetektiv Dreyer und dem Hausmeister Köpp gegenüber ausgesagt, der Zeuge Beckers hätte ihr anvertraut, er habe für eine Stunde Arbeit 75 000 Mark verdient, ist bereits bewiesen. Die Zeugin hat dies selbst bekundet, aber eingeräumt, daß die Aussage falsch war. Dies entspricht im übrigen auch der Aussage des Zeugen Beckers.«

Der Vorsitzende sah Gelhard fragend an.

Natürlich hatte das Gericht recht, dachte Gelhard. Ihm war ein Fehler unterlaufen, als er diesen Beweisantrag formulierte. Er benötigte dringend weitere Zeit für Ermittlungen und überlegte fieberhaft, auf welchem Weg er diese Zeit gewinnen könne.

»Ich beantrage eine erneute Unterbrechung der Sitzung, damit ich einen weiteren Beweisantrag formulieren kann.«

Das Recht hatte er jederzeit. Das Problem bestand nur darin, ein Beweisthema zu finden, das nicht wieder entweder bereits als bewiesen angesehen werden oder aber vom Gericht eventuell als wahr unterstellt werden konnte.

»Ich bitte den Verteidiger und den Staatsanwalt, kurz zur Richterbank zu treten«, sagte der Vorsitzende. »Was haben Sie vor, Herr Gelhard?« flüsterte er dann.

»Ich will mit offenen Karten spielen. Ich benötige dringend mindestens einen Tag Zeit, um weitere Ermittlungen anstellen zu können. Ich bin davon überzeugt, daß beide Zeugen hier gelogen haben. Überlegen Sie sich doch, was für eine hanebüchene Geschichte uns da erzählt wird, von einem Mann, der als Geschichtenerzähler einen Stundenlohn von 75 Mark verlangt. Das ist doch alles zurechtgeschustert, um die Zahl fünfundsiebzig, die zweifelsfrei zwischen den Zeugen Niebüll und Beckers gefallen ist, zu rechtfertigen. Ich werde mir ein neues Beweisthema einfallen lassen müssen, um diese Zeit zu erhalten.«

»Herr Pramor«, sprach der Vorsitzende den Staatsanwalt an, »wären Sie mit einer Vertagung einverstanden?«

»Aber wir jagen doch Hirngespinsten nach«, äußerte sich Pramor. »Ich will, daß dieser Prozeß endlich zu Ende geht. Ich habe schließlich auch noch andere Akten zu bearbeiten.«

»Dann nehmen Sie bitte wieder Platz.«

Während er zu seinem Stuhl ging, überlegte Gelhard fieberhaft, welches Beweisthema ihn über die Zeit retten könnte. Kaum hatte er sich wieder gesetzt, verkündete der Vorsitzende seine Entscheidung.

»Es ergeht folgender Beschluß: Die Sitzung wird vertagt auf den 18. 07. 1988, 9.00 Uhr, hier in diesem Saal.«

Gelhard fiel ein Stein vom Herzen. Das waren volle zwei Tage, die Dreyer die Möglichkeit geben würden, weitere Ermittlungen anzustellen.

—

Gelhard war erleichtert, als er zu Beginn des sechsten Verhandlungstages Dreyer tatsächlich wie angekündigt mit einer Frau auf sich zukommen sah.

»Tag, Herr Gelhard«, begrüßte Dreyer ihn strahlend. »Darf ich Ihnen Frau Beckers vorstellen?«

»Mit dem größten Vergnügen.«

Der Anwalt schüttelte ihr die Hand. Er merkte, daß sie sehr nervös war. Ihre Hand war feucht und kalt.

»Na, dann wollen wir mal«, munterte Gelhard sie auf, nahm seine Aktentasche und betrat mit Dreyer und der Zeugin den Gerichtssaal. Durch ein Kopfnicken signalisierte er dem Gerichtswachtmeister, daß die Verhandlung nunmehr beginnen könne. Ein schnarrendes Geräusch ertönte, als der Wachtmeister über eine Klingelanlage das Gericht davon informierte. Die Sitzung wurde durch den Vorsitzenden eröffnet.

»Die Verteidigung hat noch einen Beweisantrag angekündigt«, wandte sich der Vorsitzende an Gelhard.

»Zunächst sollten Sie, Herr Vorsitzender, Frau Beckers, die in der ersten Reihe der Zuschauerbänke sitzt, bitten, den Saal zu verlassen, da sie in meinem Beweisantrag als Zeugin angegeben wird und das Beweisthema zunächst nicht erfahren darf.«

Nachdem Frau Beckers den Sitzungssaal verlassen hatte, verlas Gelhard den neuen Beweisantrag, dem nach Beratung durch das Gericht stattgegeben wurde. Frau Beckers wurde wieder in den Sitzungssaal gerufen und darüber belehrt, daß sie vor Gericht die Wahrheit sagen müsse. Vorsorglich belehrte der Vorsitzende sie auch darüber, daß sie keine Aussage zu machen brauche, mit der sie sich oder eventuell ihren Ehemann strafrechtlich belasten würde.

»Mein Name ist Agnes Beckers, 33 Jahre alt, Hausfrau von Beruf«, beantwortete die Zeugin die Frage des Vorsitzenden nach ihren Personalien.

»Sie sind von der Verteidigung als Zeugin benannt worden. Wie Sie wissen, hat Ihr Ehemann in diesem Prozeß eine Aussage gemacht. Nach Ansicht der Verteidigung war diese Aussage falsch. Können Sie uns darüber irgendwelche Aufschlüsse geben?« begann der Vorsitzende die Vernehmung.

Die Zeugin antwortete zunächst nicht. Sie atmete schwer. Rechtsanwalt Gelhard spürte, wie sie mit sich rang. Er hielt den Atem an. Jetzt würde sich der Prozeß entscheiden. Gelhard ertrug die Spannung nicht mehr.

»Ich bitte Sie im Namen des Angeklagten, die Wahrheit zu sagen. Von Ihnen hängt es jetzt ab, ob der Angeklagte für lange Jahre zu Unrecht im Gefängnis sitzt oder nicht. Von Ihnen hängt es ab, ob hier ein gerechtes Urteil gefällt wird oder nicht. Ich bitte Sie nochmals«, appellierte Gelhard an die Zeugin.

Endlich begann sie zu sprechen. »Die Aussage meines Mannes war falsch.«

Ein Raunen lief durch die Zuschauerbänke. Die Journalisten in den ersten Reihen begannen, die Aussage der Zeugin wörtlich mitzuschreiben.

»Vor etwa zwei Wochen kam mein Mann wie immer betrunken nach Hause. Statt sofort über irgend etwas zu nörgeln, wie er es sonst immer tat, gab er mir einen Blumenstrauß. Er nahm mich in den Arm und küßte mich. Ich wußte nicht, wie mir geschah.

Sie müssen wissen, daß unsere Ehe nur zu Beginn in

Ordnung gewesen ist. Mein Mann wurde immer wieder straffällig und mußte eine Strafe nach der anderen verbüßen. Wir lebten meistens von der Sozialhilfe oder, allerdings nur selten, von Arbeitslosengeld oder Arbeitslosenhilfe.

Und dann kommt er plötzlich mit einem Blumenstrauß nach Hause. Er hat mir erzählt, daß er in seiner Stammkneipe von einem Mann angesprochen worden sei, der ihm für eine Stunde Arbeit 75 000 Mark zahlen wollte. Ich dachte zunächst, daß sei wieder eines seiner Hirngespinste. Aber er zog rund 10 000 Mark aus der Tasche, die er als Vorschuß erhalten hatte. Ich habe ihn dann gefragt, was er in dieser Stunde tun müsse. Er solle doch hoffentlich niemanden umbringen.«

Im Gerichtssaal waren nur die Worte der Zeugin zu hören. Alle anderen Geräusche waren verstummt. Die Mitglieder des Gerichts, Oberstaatsanwalt Pramor, Rechtsanwalt Gelhard und Axel starrten die Zeugin an. Das ist die Wende im Prozeß, dachte der Anwalt. Aus schwarz wird plötzlich weiß oder vielleicht ein helles Grau. Die schmale Grenze zwischen Freispruch und Verurteilung ist gerade überschritten.

»Mein Mann hat dann häufiger im Schlafzimmer vor dem Spiegel unseres Kleiderschranks gesessen und seine Aussage regelrecht eingeübt. Man hatte ihm einen Zettel gegeben, auf dem die wesentlichen Merkmale der Aussage notiert waren. Er hat ihn später im Waschbecken des Badezimmers verbrannt.«

»Aber was sollte Ihr Mann denn genau sagen?« fragte der Vorsitzende.

»Er sollte aussagen, der Angeklagte habe ihm nachts im Gefängnis erzählt, er hätte dreimal geschossen. Den Leuten, die meinem Mann das viele Geld gezahlt haben, lag sehr an einer Verurteilung.«

»Was für Leute waren das?« schaltete sich Pramor ein.

»Das weiß ich nicht. Auch mein Mann weiß nicht genau,

von wem das Geld eigentlich stammt und wer seine Hände im Spiel hat.«

»Sie wissen doch, daß Sie Ihren Mann erheblich belasten. Warum tun Sie das?« ließ Pramor nicht locker.

»Weil er mich mit einer Nutte betrogen hat«, schrie die Zeugin. Es entstand eine Pause, in der Frau Beckers versuchte, sich zu beruhigen.

»In all den Jahren habe ich mich bemüht, unsere Ehe aufrecht zu erhalten. Das war bei diesem Mann wahrhaftig nicht leicht. Aber jetzt will ich nicht mehr.«

Nachdem Pramor und Gelhard erneut plädiert hatten, zog sich das Gericht zur Beratung zurück. Die Berufsrichter legten ihre Roben ab.

»Unerträglich bei dieser Hitze«, stöhnte der Vorsitzende Richter Martin Heinen.

Als alle Platz genommen hatte, eröffnete der Vorsitzende die Beratung. »An diesen Prozeß werde ich mich eine Weile lang erinnern. Wir waren kurz davor, ein Fehlurteil zu fällen. Gott sei Dank, daß der Verteidiger die Ehefrau des Zeugen Beckers noch zu einer Aussage bewegen konnte. Ich glaube, wir können uns in der Beratung kurz fassen.«

»Da bin ich durchaus nicht Ihrer Ansicht«, unterbrach ihn der Beisitzer Rolf Engelbrecht. »Auch wenn einiges dafür spricht, daß die Aussage des Zeugen Beckers falsch war. Aber muß sie es denn unbedingt gewesen sein? Es ist doch auch denkbar, daß Beckers wahrheitsgemäß ausgesagt hat, die Angaben seiner Ehefrau falsch sind. Sie hatte doch aus ihrer Sicht genügend Gründe, sich an ihrem Ehemann zu rächen.«

Einer der Schöffen nickte beifällig. »Ich weiß auch nicht so recht, ob es auf die Aussagen der beiden Zeugen Beckers überhaupt ankommt. Eventuell führen die übrigen Zeugenaussagen und Indizien schon zu einer Verurteilung. Wir sollten den Fall also doch ausführlich durchsprechen.«

»Gut«, erwiderte der Vorsitzende.

»Beginnen wir zunächst mit den Aussagen der anderen Zeugen«, schlug Richterin Haglund vor.

»Das klingt ja so, als würden auch Sie eine Verurteilung ernstlich in Erwägung ziehen«, wunderte sich Heinen.

Frau Haglund nickte.

—

Auf dem Gerichtsflur ging Rechtsanwalt Gelhard nervös auf und ab. Was gibt es so lange zu überlegen? fragte er sich.

»Nein, ich gebe jetzt keine Stellungnahme ab«, wies er unwirsch einen der Journalisten zurück. »Warten Sie doch ab, wie das Gericht entscheiden wird.«

»Aber die Beratung dauert doch inzwischen länger als eine Stunde. Macht Ihnen das nicht Kopfzerbrechen angesichts der meiner Meinung nach klaren Sachlage?« hakte ein Rundfunkreporter nach und versuchte, sein Mikrophon möglichst direkt vor Gelhards Mund zu halten.

»Kein Kommentar!« sagte der Verteidiger nur und bemühte sich, die aufdringlichen Frager abzuschütteln.

—

Der Vorsitzende Richter Martin Heinen hatte sich inzwischen die sechste Zigarette angezündet.

»Wenn Einigkeit nicht erzielt werden kann, sollten wir jetzt abstimmen«, sagte er. »Ich stelle Ihnen also die erste Frage. Ist der Angeklagte wegen versuchten Mordes zu verurteilen, ja oder nein? Es geben zunächst die Schöffen ihre Stimme ab, dann die Berufsrichter. Als die Jüngste frage ich Sie zuerst, Frau Peveling.«

»Ja«, antwortete die Laienrichterin mit fester Stimme.

Der Vorsitzende notierte die Stimmabgabe.

Eins zu eins, dachte er und zählte bereits seine eigene Stimme mit, die für ›nicht schuldig‹ plädierte.

»Herr Marxen«, blickte er dann fragend den zweiten Schöffen an.

—

»Das kommt davon, wenn man immer am Fenster sitzen will«, scherzte Gelhard, als Obestaatsanwalt Pramor sich mit einem großen Taschentusch den Schweiß von der Stirn wischte. Pramor lächelte dünn. Als kurz darauf durch ein Klingelzeichen angekündigt wurde, daß die Beratung des Gerichts beendet war, beeilten sich beide, ihre Robe wieder anzulegen.

Mit ernsten Gesichtern betraten die Mitglieder des Gerichts den Saal und stellten sich hinter ihren Stühlen auf. Wie immer, wenn ein Urteil verkündet wurde, hatten sich auch alle anderen im Gerichtssaal Anwesenden von ihren Plätzen erhoben.

Wem soll eigentlich Respekt erwiesen werden? dachte Rechtsanwalt Gelhard wieder einmal. Dem Volk, in dessen Namen das Urteil verkündet wird? Dem Recht, das jederzeit droht, zum Unrecht zu werden? Den Richtern, dem Staatsanwalt oder dem Verteidiger, die sich bemühen, ein gerechtes Urteil zu finden? Der menschlichen Schwäche, den beschränkten Möglichkeiten, die Wahrheit zu erforschen? Der Routine, die vielen Richtern, Staatsanwälten und Verteidigern den Blick auf die Wahrheit oft vernebelt? Dem Angeklagten, der das Verfahren mit so wenig Murren und Gegenwehr hatte über sein Schicksal entscheiden lassen?

»Im Namen des Volkes ergeht folgendes Urteil. Der Angeklagte wird freigesprochen. Die Kosten des Verfahrens einschließlich der notwendigen Auslagen des Angeklagten fallen der Staatskasse zur Last.«

Axel Jäger kämpfte gegen die Tränen an. Augenblicklich fiel alle Anspannung von ihm ab, als sei er gerade aus einem Alptraum erwacht. Die Zukunft lag wieder in seiner Hand. Während er wie durch eine Nebelwand den Vorsitzenden ansah, der gerade das Urteil begründete, plante sein Unterbewußtsein bereits das künftige Leben.

Rechtsanwalt Gelhard versuchte, seine unbändige Freude zu verbergen. Während er tief atmete, huschte ungewollt ein Lächeln über sein Gesicht. Dann biß er leicht auf seine Unterlippe, um dem Ernst der Situation wieder Rechnung zu tragen. Es wurde schließlich Recht gesprochen. Beifallskundgebungen sind im Gerichtssaal unerwünscht. Seine Augen strahlten dennoch.

Er blickte zu Oberstaatsanwalt Pramor, dessen Gesicht keine Gefühlsregung erkennen ließ. Gelhard versuchte, seine Gedanken zu erraten. Vielleicht geht ihm gerade der alte Staatsanwalts- und Richterspruch ›An der Unschuld vieler Angeklagter sind nur die Rechtsanwälte schuld‹ durch den Kopf, dachte der Verteidiger mit Genugtuung. Ausnahmsweise einmal war er mit seiner Arbeit zufrieden. Die mündliche Urteilsbegründung interessierte ihn im Grunde nicht mehr. Hier zählte nur das Ergebnis.

Als die Sitzung beendet war, bedankte sich Axel überschwenglich bei Gelhard. Jetzt rollten die Tränen ungehemmt über seine Wangen. Unterdessen leerte sich der Gerichtssaal.

»Was haben Sie jetzt weiter vor?« fragte der Verteidiger, als Axel sich wieder gefaßt hatte.

»Ich werde so schnell wie möglich meine Sachen packen, meine Wohnung auflösen und endgültig nach Portugal ziehen. Ich habe Ihnen ja erzählt, daß ich dort Freunde habe. Ich kann in der Nähe von Faro an der Algarve ein Restaurant kaufen, in dem ich früher schon mehrmals gekellnert habe. Es liegt direkt am Strand. Mit meinen Ersparnissen und dem Geld, daß ich von der Illustrierten erhalten habe, kann ich dort gut leben, besser jedenfalls als in der Bundesrepublik. Das Klima ist angenehmer, die Menschen sind herzlicher, das Leben dort ist weniger kompliziert. Und wenn ich abends auf der Terrasse sitze und den Sonnenuntergang über dem Meer betrachte, sehe ich ein Stück der Freiheit, von der ich immer noch träume.«

»Ich möchte Ihnen jetzt nicht die Stimmung verderben. Aber als Ihr Verteidiger muß ich Ihnen sagen, daß die Staatsanwaltschaft die Möglichkeit hat, das Urteil durch Einlegung der Revision anzufechten. Wie ich Oberstaatsanwalt Pramor kenne, wird er mit Sicherheit in die Revision gehen. Ich glaube aber, daß wir diesem Verfahren vor dem Bundesgerichtshof viel gelassener entgegensehen können als der ersten Instanz, die jetzt zu Ende gegangen ist. Ich schlage vor, Sie warten mit der Betrachtung des Sonnenuntergangs in Portugal noch einige Monate.«

Zwanzigstes Kapitel

November 1989

Der neunte November ist ein besonderer Tag in der deutschen Geschichte.

Am neunten November 1918 wurde die erste deutsche Republik durch Philipp Scheidemann ausgerufen.

Am neunten November 1923 scheiterte Hitlers Putschversuch vor der Münchener Feldherrnhalle.

Am neunten November 1938 begann die Reichskristallnacht, in deren Verlauf fast hundert Juden getötet und über sechsundzwanzigtausend in Konzentrationslager verschleppt wurden.

Und dann dieser neunte November 1989!

Schon die Wettervorhersage für diesen Tag klang verheißungsvoll: »Von Osten her bestimmt allmählich Hochdruckeinfluß das Wetter in Mitteleuropa.«

Eine Berliner Zeitung veröffentlichte folgende Anzeige: ›Plötzlich und unerwartet, für uns alle unfaßbar, verstarb die Mauer. 13. 8. 1961–9. 11. 1989. Wir weinen ihr keine Träne nach.‹ Eine schöne Leiche! Was für eine Beerdigung!

—

Karin Körner läuft die Treppe zu ihrer Wohnung im Ostberliner Stadtteil Prenzlauer Berg hinauf, Unruhe treibt sie vorwärts. Auf den letzten Stufen zur dritten Etage zieht sie im Laufen den Schlüsselbund aus ihrer Hosentasche, stolpert am Ende der Treppe, kann sich aber fangen. Ihre Hände zittern, als sie versucht, den richtigen Schlüssel für die Wohnungstür zu finden. Mit der rechten Faust hämmert sie gegen die Tür, den linken Zeigefinger preßt sie auf den Klingelknopf.

»Mach auf, Helmut! Komm schon!« schreit sie. Verschlafen öffnet ihr Ehemann die Wohnungstür. Karin fällt ihm um den Hals.

»Die Grenze ist offen!«

»Quatsch!«

»Ich sage dir, die Grenze ist offen«, ruft Karin wieder. »Nimm Jens und komm mit!«

Minuten später hetzen sie an wartenden Autos vorbei zur nächsten Hauptstraße. Stoßstange an Stoßstange stehen Autos. Alle kennen nur ein Ziel, den Grenzübergang Bornholmer Straße. Nach wenigen Minuten sehen sie vor sich eine Menschenmenge und dahinter den grell erleuchteten Grenzübergang.

»Wir wollen raus!« rufen die wartenden Menschen von Mal zu Mal. Dann tritt für kurze Zeit gespenstische Stille ein.

»Wir wollen rein!« wird von Westen her der Ruf erwidert.

Über den Köpfen der ungeduldig Wartenden sind die Uniformmützen der erhöht am Grenzübergang stehenden Beamten zu erkennen. Zwischen ihnen passieren einzeln DDR-Bürger den Grenzübergang nach West-Berlin. Zunächst können noch einige Autos durchfahren, dann wird auch die Straße von den drängenden Menschen erobert. Achtundzwanzig Jahre lang war diese Grenze nur für Menschen passierbar, die ein Visum vorweisen konnten.

»Wir haben doch keine Visa«, gibt Helmut zu bedenken.

»Wir doch auch nicht«, sagt einer, der neben ihnen steht.

Noch können die Grenzbeamten eine ordnungsgemäße Grenzkontrolle durchführen und jedes Visum einzeln abstempeln. Die Wartenden sind diszipliniert. Nach wenigen Minuten setzen die ersten Diskussionen zwischen denen, die nicht über ein Visum verfügen, und den Grenzbeamten ein.

»Tor auf! Tor auf! Tor auf!« ruft die Menge.

»Mach hin!« ruft einer, »ich muß um sechs Uhr wieder arbeiten.«

Die Grenzbeamten bleiben hart.

»Wir kommen wieder, wir kommen wieder ...«, skandieren die Menschen.

Erste Rangeleien zwischen Grenzbeamten und Wartenden setzen ein.

»Keine Gewalt! Keine Gewalt!«

Die Menschen drängen in Richtung der Sperre, die üblicherweise nur von Autos passiert wird. Schulter an Schulter stehen die Beamten und halten die wartende Menge zurück. Als nach dem Weggehen eines Grenzpolizisten eine Lücke in der Mauer aus Beamtenleibern entsteht, gelingt es den ersten, den Schlagbaum ein wenig zurückzudrücken und durch die Absperrung zu schlüpfen.

Jubelrufe erschallen, Blitzlichter flackern auf, als immer mehr Menschen den Übergang passieren. Nur kurz versuchen die Grenzbeamten noch, den drehbaren Schlagbaum zu halten, sehen dann aber ein, daß sie den Wartenden nicht gewachsen sind. Der Übergang ist in voller Breite offen.

Strahlende, jubelnde, vor Freude hüpfende, weinende und glückliche Menschen passieren die Grenze. Hände werden emporgerissen und bilden das Victory-Zeichen. In West-Berlin angekommen, umarmen sich wildfremde Menschen. Von Häuserfront zu Häuserfront eine Kette bildend, marschieren sie Arm in Arm in Richtung Westen.

Helmut Körner hat seinen Sohn Jens auf die Schulter gehoben und Karin untergehakt. Ein Grenzbeamter lächelt, als sie an ihm vorbeigehen. Karin und Helmut lassen sich von der Menge mitnehmen.

—

Das Brandenburger Tor ist hell erleuchtet. Westberliner haben die an dieser Stelle drei Meter breite Mauerkrone erobert. Der gesamte Platz um das Brandenburger Tor wimmelt von Menschen. Die auf der Mauer helfen denen, die davorstehen, hinaufzuklettern. Dann marschieren Volkspolizisten auf.

»Bürger der Hauptstadt der Deutschen Demokratischen Republik Berlin, verlassen Sie umgehend den Pariser Platz!« erschallt plötzlich eine Stimme aus mehreren Lautsprechern.

Die Grenzbeamten schwärmen aus und bilden eine Kette vor der Mauer, die sich allmählich auf das Brandenburger Tor zubewegt. Nervosität breitet sich aus. Die ersten DDR-Bürger kehren in Richtung Osten um, nicht widerstandslos, teilweise betont langsam, drei Schritte zurück, einen vor. Jemand stimmt das Deutschlandlied an.

»Einigkeit und Recht und Freiheit«, zunächst zaghaft, dann zunehmend lauter. Immer mehr Menschen singen mit, singen gegen die eigene Angst.

Schließlich ist der Platz geräumt. Eine Kette von Volkspolizisten riegelt das Brandenburger Tor nach Ost-Berlin ab.

Eine Frau hat die kurze Zeit, in der es möglich war, durch das Tor zu spazieren, um wenige Minuten verpaßt. Sie weint. Mit tränenerstickter Stimme schreit sie einen der vor ihr stehenden Grenzbeamten an: »Laßt mich doch wenigstens einmal durch das Brandenburger Tor gehen, wie ich es vor dreißig Jahren zuletzt getan habe.«

Mit unbewegten Gesichtern schauen die Polizisten über sie hinweg.

»Ich will doch nur kurz durch das Brandenburger Tor, in nicht einmal fünf Minuten bin ich zurück«, schluchzt sie. Tränen rinnen ihre Wangen hinunter.

Die Gesichter der Grenzbeamten wirken betroffen. Hilflos schaut einer den Zugführer an. Er sagt nichts. Seine Augen flehen, der Frau, die so herzzerreißend weint, doch ihren bescheidenen Wunsch zu erfüllen.

»Nur einmal durch das Brandenburger Tor«, ruft sie

wieder mit tränenerstickter Stimme. »Nicht weniger, aber auch nicht mehr.«

Die Gesichter der Grenzbeamten sind versteinert. Das Flehen der Frau und ihr Weinen halten an.

Die Umstehenden mischen sich ein. »Wem schadet es denn, wenn die Frau für wenige Minuten auf dem Pariser Platz umherspaziert? Ihr seht doch, wie verzweifelt sie ist, weil sie zu spät kam.«

»Ich schwöre Ihnen, daß ich sofort zurückkomme«, läßt die weinende Frau nicht locker. »Meine zwei Jungs sind Soldat wie Sie und tun genauso ihre Pflicht. Drei Jahre lang. Und danach will einer studieren und Lehrer werden in dieser Republik, in unserer Republik. Was soll er denn den Schülern später über Sie erzählen? Ist es denn so schwer zu verstehen, daß ich nur diese wenigen hundert Meter zurücklegen will?« Ihr Mund zittert.

Einer der Grenzsoldaten hat Tränen in den Augen. Der Zugführer nimmt schließlich die Frau am Arm und führt sie bis kurz vor das Brandenburger Tor. Lauter Jubel bricht aus. Erleichtert blicken die Grenzsoldaten sich an. Die wartenden Menschen klatschen.

Zur DDR hin halten zwei Reihen von Grenzbeamten und Volkspolizisten die Menschenmenge zurück. Vereinzelt, dann in kleinen und schließlich in immer größeren Gruppen nähern sich Westberliner durch das Brandenburger Tor den Rücken der Grenzpolizisten. Die Absperrung verliert ihren Sinn. Westberliner schlüpfen durch die Reihen der Volkspolizisten. In die entstandenen Lücken drängen Ostberliner vor. Die Polizei zieht schließlich ab. Der Platz gehört wieder den Menschen ohne Uniform.

—

Axel Jäger spürt, wie ein Ruck das Flugzeug durchfährt, als das Fahrwerk ausgeklappt wird. Durch das kleine Fenster der Linienmaschine starrt er wie gebannt auf die unter ihm liegende Stadt, die in diesen Tagen das Zentrum der Welt ist. Nach der Landung läuft er zum Taxistand vor dem Flughafengebäude.

»Zum Brandenburger Tor, schnell!« sagt er beim Einsteigen.

»Wir können es versuchen«, antwortet der Fahrer und reiht das Fahrzeug in den fließenden Verkehr ein. »Wo kommen Sie her?« fragt er dann.

»Aus Faro im Süden Portugals«, antwortet Axel. »Ich habe vor einigen Stunden im portugiesischen Fernsehen die Öffnung der Grenze gesehen, sofort meine Tasche gepackt und den nächsten Flug über Frankfurt nach Berlin gebucht.«

»Leben Sie in Portugal?«

»Ich betreibe in Faro ein Restaurant.«

Eine Weile fahren sie schweigend weiter.

»Wie lange wird die Fahrt noch dauern?« fragt Axel dann.

»Etwa eine Viertelstunde. Ich fahre soweit wie möglich in Richtung zum Brandenburger Tor. Sehr weit werden wir bei dem dort herrschenden Gedränge aber wohl nicht kommen.«

Nach wenigen Minuten biegt das Taxi auf den Kurfürstendamm ein. »Da geht es schon los«, sagt der Fahrer, bremst ab und zeigt nach vorn durch die Frontscheibe. Hinter einem hellgrünen Trabant mit DDR-Kennzeichen bringt er das Taxi zum Stehen. Stoßstange an Stoßstange schieben sich die Fahrzeuge langsam vorwärts. Axel öffnet das Fenster.

»So ein Tag, so wunderschön wie heute«, singen die Menschen auf den Bürgersteigen. Die Autos hupen im Takt dazu. Eine junge Frau steigt aus dem vor ihnen stehenden Trabbi aus. Sie hält eine Flasche Rotkäppchen-Sekt in der Hand. Im Rhythmus des Liedes tanzt sie dreimal um das Fahrzeug herum, öffnet den Kofferraum und setzt sich hinein.

»Ich steige hier aus«, sagt Axel, zahlt den Fahrpreis und

verläßt das Taxi. Zwischen schunkelnden Menschen hindurch hetzt er voran. Lautsprecher stehen in den Fenstern und überschütten die Straßen mit Musik. Die Glocken der angestrahlten Gedächtniskirche läuten. Das Motorengeräusch der Trabbis erinnert an Nähmaschinen. Der Geruch des Zweitaktgemisches hängt in der Luft wie schweres Parfüm. Die ganze Stadt scheint eine riesige Party zu feiern.

»Ick faß mir pausenlos an' Kopp. Ick fahr mit meiner Karre übern Ku'damm«, hört er einen Trabbi-Fahrer rufen, als er zwischen den stehenden Fahrzeugen die Straße überquert.

An der Siegessäule biegt er in die ›Straße des 17. Juni‹ ein. Über dem Straßenschild entdeckt er ein kleineres mit der Aufschrift: ›des 9. November‹.

Da – das Brandenburger Tor! Erstmals sieht er die Quadriga von hinten. Zehntausende drängen sich auf der Straße, lachen, weinen, umarmen und küssen sich. Auf der Krone der Mauer wimmelt es von Menschen. Schwarz-rot-goldene Fahnen werden geschwenkt, Böller krachen, Leuchtraketen steigen in die Höhe und zerplatzen am Himmel in unzählige bunte Sterne.

Deutlich hört er aus dem Stimmengewirr und Jubelgeschrei ein Hämmern heraus. Er wendet sich nach rechts und zwängt sich zwischen den jubelnden Menschen hindurch in die Richtung, aus der er die Geräusche hört. Da sieht er über den Köpfen der Menschen einen Vorschlaghammer, der krachend gegen die Mauer geschlagen wird. Links von ihm versucht ein auf der Mauer kniender junger Mann, mit einem Zimmermannshammer Stücke aus dem Beton zu schlagen.

»Gib mir den Hammer!« schreit Axel, während er sich die Ärmel aufkrempelt.

»Ich knacke die Mauer alleine«, antwortet der Mann keuchend.

Wieder trifft der Vorschlaghammer den Beton. Kleine Splitter spritzen nach allen Seiten. Axel sieht eine Weile zu. »Gib her!« drängt er wieder.

Der Mann läßt den schweren Hammer zu Boden sinken. Sein Gesicht glänzt von Schweiß. Blasen haben sich an seinen Händen gebildet. Mit dem Jackenärmel wischt er sich über die Stirn. Seine Augen leuchten.

Axel tritt einen Schritt auf ihn zu und greift nach dem Stiel des Hammers. Der Mann in der schwarzen Lederjacke dreht sich so, daß der Hammer hinter seinem Rücken verschwindet.

»Hier schlag nur ich«, sagt er.

»Nur einen einzigen Schlag«, läßt Axel nicht locker.

»Keinen!« Der Mann nimmt den Hammer wieder hoch und schlägt mit aller Kraft zu.

»Ich komme aus Portugal, um hier dabei zu sein. Laß mich bitte nur einmal zuschlagen!«, ruft Axel.

Der Mann beachtet ihn nicht mehr, sondern holt wieder aus. Bei jedem Schlag feuern die Zuschauer ihn an. »Hau-ruck! Hau-ruck!«

Resigniert wendet Axel sich von ihm ab. Als er sich unmittelbar an der Mauer an den Menschen vorbeidrängt, recken sich ihm von oben Hände entgegen. Er ergreift sie und wird sofort in die Höhe gezogen.

»Auf der Mauer, auf der Lauer, sitzt 'ne kleine Wanze«, singen sie sekt-, bier- und freiheitsselig. Wunderkerzen brennen in ihren Händen. Durch eine Gasse der auf der Mauer Stehenden schreitet Axel zum östlichen Rand, wirft einen Blick auf die Menschen unter sich und springt auf das Gebiet der DDR hinab.

Langsam geht er zwischen den Feiernden und Schaulustigen auf das Brandenburger Tor zu. Er steigt über Feuerwehrschläuche, die sich wie Schlangen über den Platz ringeln, mit denen am Tag zuvor die Grenztruppen versuchten, die ersten, die die Mauer eroberten, hinunterzuspritzen.

Blitzlichter zucken durch die Nacht über dem Pariser Platz und tauchen jeweils für Sekundenbruchteile das Halbdunkel in grelles weißes Licht. Aus allen Himmelsrichtungen strömen die Menschen hier zusammen. Unter den turmhohen Säulen des Brandenburger Tores küßt sich leidenschaftlich ein Pärchen. ›Markus und Inge, 9. NOV. 1989‹ haben sie neben sich in den Stein des Tores geritzt.

Ein Koreaner hat beide Handflächen gegen den kalten Stein gepreßt und schaut andächtig nach oben.

Als Axel weiter in Richtung Osten geht, sieht er zwei DDR-Soldaten auf sich zukommen. Er erkennt schemenhaft die Mützen und Uniformen. Über ihren Schultern ragen die Läufe der Kalaschnikows heraus. Ein leichter Schmerz durchzuckt seinen Magen. Wie hypnotisiert steht er da und starrt die Grenzsoldaten an. Der hintere der beiden schaut kurz zu ihm hinüber und lächelt dann. Schon sind beide an ihm vorbeigegangen. Erst jetzt wird Axel bewußt, daß er aus einem der Gewehrläufe eine Rose herausragen sah.

Langsam geht er weiter. Mühsam steigt er über die äußerste Absperrung. Die Straße ›Unter den Linden‹ liegt nun vor ihm. Immer noch verwirrt, geht er weiter, angezogen und vorwärtsgetrieben von einer unsichtbaren Kraft. Er stolpert, rappelt sich wieder auf und stapft schwerfällig weiter.

Plötzlich bleibt er wie gebannt stehen. Es dauert eine Weile, bis ihm bewußt wird, daß er auf eine Bank zwischen den Bäumen starrt. Zehn Jahre, denkt er. Seine Kehle ist trocken. Der Atem geht stoßweise. Schwerfällig läßt er sich auf die Bank fallen und stützt sein Gesicht in die Hände. Tränen laufen aus seinen Augen, rinnen über das Gesicht und tropfen auf die Erde. Das Ziel meiner Reise, geht es ihm durch den Kopf.

Nach kurzer Zeit erhebt er sich wieder. Erneut hat ihn Unruhe ergriffen. Irgend etwas drängt ihn, nach West-Berlin zurückzukehren. Laufen oder Gehen, denkt er wie vor zehn Jahren. Dann rennt er los und hastet an immer mehr Menschen vorüber, die schließlich so dicht zusammenstehen, daß seine Schritte zwangsläufig kürzer werden müssen. Er weicht aus, stößt jemanden an, geht vorbei und murmelt: »Entschuldigung.«

Eine wildfremde Frau umarmt und küßt ihn. Axel löst sich von ihr, stolpert weiter. Allmählich lichtet sich der Tränenschleier vor seinen Augen. Die Menschen gehen dicht gedrängt langsam weiter. Sie halten Blumen in den Händen, Rosen, Chrysanthemen, Nelken, weiße, aber auch rote.

Axel schwimmt in dem Menschenstrom weiter, der in Richtung Westen vom Brandenburger Tor zur Mauer fließt. Einige Meter weiter rechts von ihm fließt der Strom von Leibern in die entgegengesetzte Richtung zum Brandenburger Tor hin von der Mauer weg. Böller krachen. Leuchtraketen steigen auf. Die Menschen singen, jubeln, küssen, tanzen und trinken gierig die Freude wie Champagner. Blitzlichter und Böller erzeugen Gewitterstimmung. Das Licht wirkt fahl.

»Karin!« schreit Axel plötzlich gegen das Stimmengewirr und reißt die Arme hoch.

Aber Karin ist in dem Strom eingezwängt, der Richtung Osten fließt. Sie hat sich im Arm eines Mannes eingehakt, auf dessen Schultern ein kleiner Junge reitet, der vergnügt ein schwarz-rot-goldenes Papierfähnchen schwenkt.

ISBN 3-378-00449-5

Gustav Kiepenheuer Verlag Leipzig und Weimar

Erste Auflage 1991
Schrift: Baskerville mager
Lichtsatz: Interdruck Leipzig GmbH
Druck und Einband: Offizin Andersen Nexö Leipzig GmbH,
Graphischer Großbetrieb
Printed in Germany